신화 · 예술적 상상력이 역사 · 노동 · 비극적인 상상력을 거쳐
미래 · 예술 · 창조적인 상상력으로 질적 도약할 수 있을 것인가.
그리하여 상처입은 역사 · 비극적 상상력을 복원할 뿐 아니라,
실패를 출구로 한, 더 거대한 전모(全貌)로 상승시킬 수 있겠는가.

삼국의 흥망과 통일

삼국시대 편

●

김정환 지음

돌베개 푸른숲

원인과 결과, 그후

　누구에게나 어렸을 적 할머니의 옛날 이야기는 재미있다. 할머니의 이야기는 초등학교 시절까지 이어진다. 중고등학교에 들어가면서부터 역사가 옛날 이야기를 대신한다.

　그런데 그게 어쩌면 그렇게도 할머니의 이야기와 다르던지. 역사는 재미있는 상상을 채우기는커녕 외워야 할 연대와 모를 한자(漢字), 그것도 뜻이 없고 소리만 남은 한자투성이로 우리를 대번에 낯설게 만든다.

　대학에 들어오면서는 좀 달라졌다. 다른 '역사서'들은 우선 원인과 결과가 있었다. 그렇다. 이상하게 우리의 역사 교과서에는 원인과 결과가 없다. 나는 그 역사의 인과관계에 현혹당했다. 그 매혹은 오래고 또 깊었다.

　하지만 역사를 인과관계만으로 설명하려 한다면 그것은 독재 아닐까? 역사란 미지로의 탐험이고, 인과관계도 그 수준이 점점 더 높아져가야 하는 것 아닐까? 등장인물의 '그후'는 물론, 인과관계 자체의 '그후'는 없는 것일까? 무엇으로 역사라는 '난해의 바다'를 헤쳐 갈 것인가.

21세기 인간은 예술적 창조성의 상상력을 최고의 가치로 추구하게 될 것이다. 나는 지난 역사를 무엇보다 문학·예술적으로 해석함으로써 역사를 위한, 21세기를 위한, '심화·확산의 줄거리'로서의 중심을 만들어보고자 하였다.

역사로 문학·예술의 창조 정신을 튼튼히 하고, 문학·예술의 창조 정신을 통해 역사를 '고뇌하는 현실'로 바꾸어낸다. 역사 창조자의 시대·전형적인 고민과 문학·예술 창조자의 시대·전형적인 고민을 중첩시킨다. 그럼으로써 당대의 보편·전형적인 인간과 역사의 영웅·주인공적인 전형과의 관계를 설정하고 설명함으로써 주인공들의 고민은 당대 보편적인 인간 고민의 정수라는 점을 설파해내고, 그 도정을 끊임없이 현재화하고, 그후 현재에 이르는 문제의 전형들을 매 단계마다 제시해준다. 그렇게 하여 살아온 '역사'를 살아갈 삶의 예술 행위를 위한 '역동의 터전'으로 마련한다. 그게 이 글을 시작할 당시 내가 스스로 설정한 과제였다.

그리고 이야기가, 이야기만 이어진다. 끝도 없이 이야기가. 왜 안 그렇겠는가. 이야기란, 쉽게 인과관계를 해명할 수 없는 사건을 '제 것으로 만드는' 가장 빠르고 또 열린 예술이다. 그러므로 사건에는 성공과 실패가 승리와 패배가 있었으되, 전해져오는 이야기는 오늘날까지 이어져왔고, 앞으로도 계속되는 것 아닌가. 그러므로 모든 예술 속에는 이야기가 열린 뼈대로 들어선 것 아니겠는가. 그 광활한 역사와 인간의 생각과 상상력 속을 이야기라는 매개 없이 어떻게 다 들여다본단 말인가.

이야기가 이어진다. 세상에서 벌어진 일을 하나도 빠짐없이, 객관적으로 기록하는 일은 불가능하다. 단, 이야기가 사실인가 아닌가를 따지기 전에, 그 '이야기'가 무엇 때문에, 무엇이 궁금해서, 삶의 어떤 경이에 놀라, 놀란 만큼 따스하게 열린 가슴으로 생겨났을까? 상상하라.

1996년 5월
김정환

사람의 뜻, 천하의 뜻 1장

삼국 초기의 왕들, 정벌·외교사

신화가 끝나고 왕의 시대가 시작된다. 이때의 역
사는 기본적으로 민중사 혹은 백성사가 아니라
왕조실록이다. 백성은 대체로 경제 생산과 징병
과 구휼의 대상으로서, 개인이 아니다. 신라가 국
가 체제를 완료하고, 진정한 삼국 시대가 열릴
때까지를 왕조사 중심으로 살펴본다.

고구려의 왕들

고구려는 산악이 험하고 평야가 드물어 늘 식량 부족에 시달렸다. 고구려 백성은 살기 위해 밖으로 영토를 넓혀갈 수밖에 없었다. 무사 계급이 우대를 받았을 것은 당연하다.

앞 권 이야기를 그대로 잇자. 대무신왕이 죽고 그 아우가 왕위에 올랐지만 곧 죽는다. 대무신왕의 아들이자 호동의 배다른 동생이 그 뒤를 이었는데, 그가 모본왕이다. 색정에 굶주린 사악한 왕비의 아들 모본왕은 역사상 희대의 잔학성을 보이고 있다.

그의 치세 동안에는 명절이 없었다. 그리고 그는 신하들을 방석처럼 깔고 앉거나 베개 삼아 누웠다. 방석과 베개 취급을 당하는 신하가 몸을 조금이라도 움직이면 그 자리에서 죽여버렸다. 그런데 두로라는 신하가 있었다. 그는 자신을 방석처럼 깔고 앉으려는 왕을 칼로 베어 죽였다.

모본왕의 잔학성은 아마도 과장된 것일 게다. 그리고 그렇게 되새

겨보면 호동에 대한 계모 왕비의 사악한 색정도 모본왕이 날 때부터 나쁜 피를 물려받았다는 암시를 위해 꾸며낸 것일 가능성도 있다. 앞으로 우리는 폭군을 여러 명 만나게 된다. 그들에 관한 역사 기록을 전부 믿어서는 안 된다.

부여와 달리 고구려에서 왕은 점차 신성불가침의 절대 권력을 상징하는 인물이 된다. 왕위 세습이 확립되고 왕권을 둘러싼 치열한 투쟁이 벌어진다. 살아 있는 왕을 죽이거나 갈아치우는 것은 '백성을 위하는 하늘의 뜻'이라는 명분 없이는 상상도 못할 일이다. 물론 폭압이 왕 살해의 원인일 수도 있다. 그러나 거꾸로일 수도 있는 것이다.

모본왕은 6년 동안 재위했다. 재위 2년 그는 한(漢)의 북평, 어양, 상곡, 태원 등으로 쳐들어갔다. 모본왕이 죽은 후 유리왕의 왕자인 고추가재사의 아들 궁이 왕위에 올랐다. 그가 '탁월한 정복가' 태조 대왕이다. 그런데 궁의 성은 고씨이다. 모본왕을 마지막으로 유리왕 계의 해씨 시대는 막을 내리고, 계루부 고씨의 왕위 계승권이 확립된다.

다만 여기서 그 폭정의 고구려적 특성에 주의할 필요는 있겠다. 모본왕의 이 끔찍한 기벽, 오만방자한 놀이와 피비린내나는 살인을 동일시하는 기벽은 전쟁과 살육이 생활화되었던 고구려인 기질의 왜곡된 반영에 다름 아니다. 백제 의자왕은 주색에 탐닉했고, 신라에는 이렇다할 폭군이 없다. 조선왕조 연산군의 잔혹과 변태적인 성희(性戲)의 혼합은 그 둘을 합친 것일까.

백제의 왕들

온조의 뒤를 이은 것은 다루왕이다. 다루왕은 성격이 관대하고 후덕했다. 그러나 말갈족의 침입을 막느라 제 뜻을 다 펴보지는 못했다. 다루왕 6년(서기 333년) 벼농사가 크게 장려되었다. 말갈의 잦은 침입은 '농업국' 백제를 괴롭히면서 어느 정도 군사화했다. 그리고 어느 정도 국가화했다.

3대 기루왕은 다루왕의 맏아들이다. 이때는 백제의 대단한 시련기였다. 기루왕 자신은 의지가 굳고 대범하고 총명한 왕이었다. 그러나 지진, 가뭄, 태풍이 잦았고 툭하면 흉년이 들이닥쳤다. 흉조를 뜻하는 기상이변도 많았다. 말갈족의 침입이 잦았다. 그러나 백제는 군사적으로 더욱 강성해져 갔다. 아니, 그런 자연적 재난에도 불구하고 왕이 처형되지 않고 총명한 왕으로 기록되었다는 것 자체가 백제 왕권의 확립을 반증하는 것이겠다.

아들 개루왕이 그뒤를 잇는데, 그가 백제 중흥의 기틀을 다진다. 재위 5년째인 132년, 그는 북한산성을 쌓아 국방을 튼튼히 했다. 말갈의 침략이 눈에 띄게 줄어들고, 백성들은 한동안 평화롭고 윤택한 세상을 누렸다. 그러나 서기 155년 신라와의 분쟁이 시작된다.

신라 아달라이사금 12년 때 아찬 길선이 반역을 꾀하다가 발각되자 도피, 백제로 넘어왔다. 아달라이사금은 글을 보내어 돌려주기를 청했다. 그러나 개루왕은 보내주지 않았다. 아달라이사금은 노하여 군사를 거느리고 백제를 침공해왔다. 그러나 개루왕은 거뜬히 물리쳤다. 이 사실(史實)이 곧바로 백제와 신라의 적대성을 의미하지는 않는다. 신라의 역적이

삼국이 성립될 당시.

곧바로 백제의 충신이 되지는 않는다는 것이다. 오히려 이 사건을 통해서 백제와 신라 자체의 국가 개념, 충성과 역적 개념이 더욱 공고해졌을 것이다.

삼국, 분쟁을 통해 국가 기틀을 다지다

신라 아찬 길선의 문제로 야기된 양국의 불화는 오래 갔다. 백제 초고왕은 즉위 다음 해 군사를 일으켜 신라 변경의 두 성을 쳐부수고 신라 백성 1천 명을 포로로 잡았다. 신라가 가만 있지 않았다. 아달라이사금은 일길찬 흥선에게 군사 2만을 주어 백제 변경을 치게 하였다. 또 정예군사 8천을 거느리고 직접 싸움터로 나왔다. 초고왕은 크게 놀라 포로 1천을 돌려주고 사신에게 크게 사죄하였다.

분쟁을 통해 백제·신라의 국가 의식이 공고해지는 사태는 계속된다. 아달라이사금이 죽고 벌휴이사금이 뒤를 이은 지 5년인 서기 188년 초고왕이 다시 신라 모산성(지금의 진천)을 친다. 그러나 벌휴이사금은 벌써 신라를 군사적으로 공고히 한 뒤였다. 군주라는 벼슬을 새로 만들었는데, 군대 우두머리라는 뜻이었다. 신라는 백제군을 거뜬히 물리쳤고 이듬해 다시 백제군이 쳐들어왔을 때 구양전투에서 백제군 5백 명을 사살·포획한다. 그러나 그 다음 해에는 크게 졌다.

신라 벌휴이사금이 죽고 내해이사금이 왕위를 이은 후에도 백제와 신라의 분쟁은 끊이지 않았다. 초고왕은 재위 48년 동안 신라를 여섯 번 침공했다. 백제군은 점점 용맹스러워졌다. 백제 6대 구수왕은 세 차례에 걸친 말갈 침입을 막아내면서 신라를 세 차례 침공한다.

개루왕은 역대 백제의 여러 왕들이 왕족 혈통의 선조로 삼을 정도로 위상이 높은 왕이었다. 5대 초고왕은 물론 8대 고이왕까지 개루왕의 아들로 기록되어 있다. 개루왕은 죽을 때 고령이었다. 고이왕의 즉위는 개루왕 사후 69년 뒤, 그러고도 고이왕은 52년 동안 재위했다. 고이왕은 개루왕의 방계였을 것이다.

벌휴이사금은 별난 재주를 지닌 임금으로 기록되어 있다. 그는 날씨를 점쳤고 풍년·흉년을 미리 예견했다. 사람의 마음을 꿰뚫어볼 줄도 알았다. 이것은 백제와의 분쟁을 통해 신라가 백제의 선진 농업술을 배우게 되었다는 것을 암시하는 대목이다. 신라는 벌휴이사금 때 농업국으로 기틀을 다지게 된다.

사실 크게 보면 삼국이 그렇다. 상호의 정벌·외교가 없었다면 삼국은 각자 국가로 서는 게 늦어졌을 것이다. 그리고 삼국의 분쟁이 없었다면 통일도, 통일 개념도 의미가 성립되지 않는다. 지금의 지역 감정과 연관하여 음미해볼 문제다.

중국, 일본, 한반도의 '더 큰 세 나라'가 고구려·백제·신라 세 나라의 형성과 균형을 규정짓는다. 한반도는 공(空)이다. 그러나 공 즉시색 색즉시공의 공이다. 진정하고 변증법적인 통일력을 발할 때 한반도는 더 큰 세 나라의 관계를 거꾸로 규정짓는다. 이것 또한 지금의 남북 통일 운동과 연관하여 음미해볼 문제다. 우린 아직 삼국 시대 삼국의 의미조차 제대로 파악하지 못하고 있는 것이다.

가야는? 가야가 신라에 사신을 보내 화친을 청한 것은 서기 201년 내해이사금 때다. 신라와 백제의 싸움이 1백 년 동안 이어지던 중이었다. 백제는 아직 초고왕 때. 가야가 사신을 보내 신라에 화친을 청했다. 내해이사금은 기꺼이 응했다. 내해이사금 14년, 가야는 신라에 원병을 청한다. 바닷가의 여덟 나라(포상팔국)가 힘을 합하여 가야를 침공한 것이다. 포상팔국은 바다를 통해 중국에서 무기를 직접 수입하는 강국들이었다. 신라는 원병을 보내 이들을 물리쳤다. 백제와의 잦은 전투로 군사력이 그만큼 강력해졌던 것이다.

	고구려	백제		신라		
	관등	복색	관등	경위	복색	외위
1	대대로		좌평	이벌찬(각간·서벌한)		
2	태대형		달솔	이척찬(이찬)		
3	울절(주부)	자색	은솔	잡찬(소판)	자색	
4	태대사자		덕솔	파진찬(해간)		
5	조의두대형		한솔	대아찬		
6	대사자		나솔	아찬(아척간)		
7	대형		장덕	일길찬(을길간)	비색	약간1
8	발위사자		시덕	사찬(살찬)		술간2
9	상위사자	비색	고덕	급벌찬(급찬)		고간3
10	소사자		계덕	대나마(대나말)	청색	귀간4
11	소형		대덕	나마(나말)		선간5
12	제형		문독	대사(한사)		상간6
13	선인		무독	사지(소사)		간7
14	자위		좌군	길사(계지·길차·당)	황색	일벌8
15		청색	진무	대오(대오지)		일척9
16			극우	소오(소오지)		피일10
17				조위(선저지)		아척11
				진골	6두품 5두품 4두품	
				골품		

삼국의 관등과 복색, 그리고 신라의 골품.

신라보다 앞서가는 백제

그러나 이때는 백제가 신라를 군사적으로, 또 문화적으로 압도했던 때다. 백제 구수왕의 뒤를 이은 것은 고이왕. 그는 구수왕의 장자 사반왕이 너무 어려 폐위시키고 자신이 왕좌에 올랐지만 백제 왕국의 토대를 튼튼히 하여 그를 백제의 사실상 시조로 보기도 한다.

그는 즉위 후 곧바로 국가 체제를 정비하고 집권력을 강화시켰다. 내외 병마권을 관장하는 좌장 벼슬을 설치, 족장들의 독자적인 군사력을 약화시켰다. 백제의 '6좌평·16관등제'는 이때 토대가 이루어졌다. 좌평은 귀족회의 의장 같은 것이다. 이 직급을 통해 대소 부족장들이 체계적으로 지배층 안으로 흡수되었다.

고이왕은 관리들의 뇌물 수수를 금지하는 범장지법을 제정, 뇌물을 받은 자는 뇌물액의 세 배를 추징하고 종신금고형에 처했다. 그리고 남쪽 평야 지대를 논으로 개간, 농업 생산력을 크게 증대시켰다.

대외 관계도 고이왕에 이르러 전환기를 맞는다. 마한의 목지국 세력을 압도하여 한강 유역의 실질적인 주도 세력으로 떠오르며, 낙랑·대방 등 중국 군현에 대해 이제까지 소극적인 방어 자세만 취하던 것이 역전된다. 유주 자사 관구검이 대방 태수와 낙랑 태수를 대동하고 고구려를 치는 틈을 타서 고이왕은 낙랑군 변경을 공격한다. '오랑캐로 오랑캐를 제압한다'는 종래 중국의 한반도 정책은 군현과 대등한 '국가' 세력으로 부상한 백제 때문에 점차 수정되지 않을 수 없게 된다.

고이왕이 설치한 남당(南堂)은 왕의 자리와 신하의 자리가 뚜렷하게 구분된 고대의 정청으로, 확고해진 왕의 지배력과 권위를 뚜렷하게 상징한다.

고대 왕국의 틀은 고구려, 백제, 신라 순으로 잡혀졌다. 신라는 백제보다 1백 년이 더 지나서야 그 틀이 온전히 잡힌다. 11대, 12대 이사금 때에 신라는 백제에게 두 번이나 침략을 당하였다.

신라의 국가 체제

13대 미추이사금 때에 이르러서야 신라는 고대 왕국으로 발돋움하는 싹을 틔우게 된다. 미추이사금은 김알지 계보이다. 미추는 선왕의 사위이다. 재위 23년에 죽었다.

미추이사금에 대해서는 설화가 있다. 14대 유례이사금 14년에 이서고국(지금의 청도)이 금성으로 쳐들어왔다. 전세는 신라 쪽에 매우 불리하게 전개되었다. 그런데 갑자기 원군이 나타났다. 그들은 귀에

대나무잎을 꽂고 있었다. 이서고
국군은 그 원군에 밀려 퇴각했다.
원군도 제 갈길을 가고 있었다.
어느 나라 군대지? 신라 장수가
그들을 쫓아가보니 미추이사금 능
위에 대나무잎이 수북했다. 아, 선
왕이 도우셨구나…….

왕호	시대	의미
거서간	혁거세	밝은 해
차차웅	남해	무(巫)
이사금	유리~흘해	연장자
마립간	내물~소지	우두머리
왕	지증왕 이후	중국식 왕명
	(법흥~진덕)	(불교식 왕명)
	(무열왕 이후)	(중국식 시호제)

신라의 왕호 변천.

미추이사금은 나라를 부강하게
만들기 위해 많은 일을 했다. 그
러나 가장 중요한 것은 애국심을
고취시켰다는 점이다.

유례이사금은 석씨계로 조분이사금의 맏아들이다. 별빛이 입 속으
로 들어오는 태몽을 꾸고 잉태되었다는 이야기가 전한다. 이것은
그가 야합(野合)의 결과로 태어났다는 암시는 아니고, 그의 신적인
권위를 높이기 위한 것일 터다. 그만큼은 우리가 역사 속으로 들어
왔다.

유례이사금 때는 일례군, 사도성(지금의 영덕), 장봉성 등지에 일
본군의 침공이 있었다. 이에 유례이사금은 백제와 연합하여 일본 원
정을 꾀했다. 그러나 서불한·홍권 등의 만류로 그만두었다. 이때 원
정이 이루어졌다면 한반도의 역사, 그리고 일본사는 크게 달라졌을
것이다. 일본은 왜구로서 매우 오랫동안, 아니 임진왜란을 거쳐 최근
6·25 전쟁에 이르기까지 한반도의 불화의 틈새 사이에서 어부지리
를 누려왔기 때문이다.

유례이사금은 293년에 사도성을 개축하고 사벌주(지금의 상주) 호
민 80여 가구를 이주시켰다. 297년에는 이서고국을 멸한다.

그 다음이 기림이사금. 그 다음이 흘해이사금이다. 312년 왜왕이

사신을 보내어 아들의 혼인을 청해왔다. 그는 아찬 급리의 딸을 시집 보내어 화친을 꾀하였지만, 곧 단교한다. 일본군이 풍도와 변방 민가를 약탈하고 금성까지 포위해 들어온다. 그러나 그는 곧 격퇴시켰다.

17대 내물‘마립간’에 이르러 신라는 고대 왕국으로 탈바꿈한다. 때는 4세기경. 한반도의 본격적인 삼국 정립(鼎立) 시대는 이때부터다. 내물마립간은 다시 김알지계. ≪삼국사기≫에는 미추이사금의 사위로, ≪삼국유사≫에는 그 동생 혹은 조카로 기록되어 있다.

마립간이란 이사금보다 강화된 왕권을 뜻하는 용어다. 신라 귀족(대등)들이 구성하는 귀족 회의가 중앙 정청 ‘남당’으로 바뀌고 그 위에 마립간이 최고통치자로 군림한다. 내물마립간 이후 김씨가 왕위를 독점적으로 세습하는 것도 같은 맥락이다.

진정한 삼국 시대가 열리다

내물마립간(356~402년)에 의한 고대 국가 신라의 완성은 한반도에 진정한 삼국 시대를 열었다. 이것은 국제 관계를 이전과 질적으로 다르게 발전시켰다. 신라는 377년, 382년 두 차례에 걸쳐 중국 전진과 외교 관계를 맺는데, 그것을 주선한 것이 고구려 사신이었다.

382년 전진에 파견된 신라 사신 위두와 전진 왕 부견 사이에 다음과 같은 대화가 오갔다는 기록이 남아 있다.

부견 : 그대가 말하는 해동(신라)의 일이 전과 같지 않으니 어떻게 된 것인가.

위두 : 중국에서 시대가 달라지고 명호(名號)가 바뀌는 것과 마찬가지겠지요.

외교라는 것. 게오르그
그로즈, <위대한 동맹>.

이는 신라의 국가 체제 정비, 그리고 그것에 대한 애국적 자부심
을 여실히 보여준다. 미추이사금에서 내물마립간에 이르는 신라 고
대 왕국 형성사를 압축해놓은 셈이다.

하지만 거꾸로도 맞을지 모른다. 신라가 고대 왕국으로 발돋움한
것은 정작 그런 외교적 문제 때문이었던 것인지도 모른다. 백제 근
초고왕의 마한 정복, 그리고 백제군의 낙동강 유역 진출은 신라를
극도로 긴장시켰을 것이다. 백제는 일본과 연합하여 364년과 393년
등 여러 차례 신라를 침범했다. 국가 제도 정비는 이에 대항하기 위
해 단행된 것이다. 물론 동전의 양면이겠다.

그러고도 신라는 백제·일본 연합군에 홀로 맞설 수 없었다. 고구
려에 대한 군사 원조 요청, 그리고 중국과의 외교 수립은 당시 그

연합군을 물리치기 위한 신라의 최선책이었다.

399년 내물마립간은 고구려에 군사 지원을 요청한다. 당시 고구려 왕은 그 유명한 광개토대왕. 그는 5만의 보병·기병군을 신라 국경 지대로 파견, 백제·일본 연합군을 크게 격파했다. 물론 이 같은 고구려·신라 관계는 신라의 자주적 발전을 상당 부분 저해했다.

392년 내물마립간은 아찬 대서지의 아들 실성을 고구려에 볼모로 보냈다. 그리고 401년 내물마립간이 죽은 후 실성이 여러 아들을 물리치고 왕위에 오른다. 고구려의 입김이 작용했음은 물론이다. 내물마립간은 전국에 관원을 파견하여 백성을 위문했고, 하슬라(지금의 강릉)에 흉년이 들자 일년 동안 세를 면제해주기도 했다 한다.

어쨌거나 한반도가 한·중·일 관계에서 공(空)이라면, 신라는 한반도 내의 공이다. 그 공을 화려하고 강력한 색의 에너지로 전화시켜내어 신라가 삼국 통일의 주역으로 오르게 되는 그 과정을 우리는 앞 권에서 신라의 기나긴 건국 신화를 살피며 정말 '신화적'으로 짐작해보았다. 앞으로는 그 실제 광경이 펼쳐질 것이다.

하지만 우리는 그것의 화려하고 비극적인 전경(前景)이자 배경으로서 고구려 초기의 왕들을 더듬어보자. 신라가 내물마립간에 이를 때면 고구려는 이미 중국과 만주 대륙 패권을 다투는 강국으로 성장해 있는 것이다.

고구려 태조왕(53~146년)

고구려가 고대 국가의 확고한 기틀을 다진 것은 서기 1세기 무렵 태조왕 때다. 태조왕은 날 때부터 눈을 뜨고 주위를 두리번거렸다고 한다. 고구려다운 탄생 설화라 하겠다.

즉위 당시 7세라 태후가 섭정했지만 즉위 4년째인 56년 옥저를 완전히 정복, 영토가 동으로 동해, 남으로 살수에 이르렀다. 68년 부

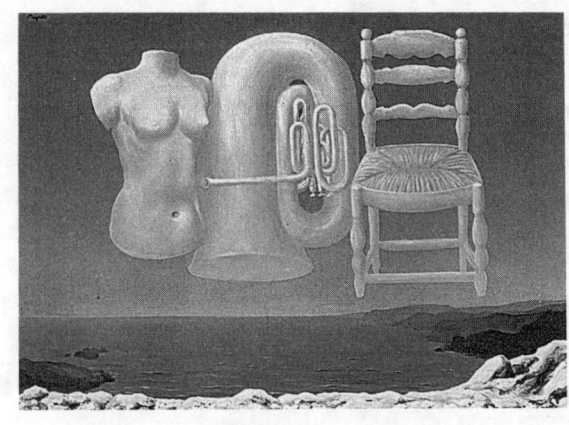

고구려의 하늘. 르네 마그
리트, <심상찮은 날씨>.

여 망명 세력 갈사국을 병합했다. 72년에 조나를 공격, 왕을 사로잡
았고, 74년에는 주나 왕자 을음을 사로잡는 등 태조왕의 고구려는
주변 소국들을 거침없이 평정해갔다.

중국 후한에 대해서는 사절을 파견해서 평화 공세를 펴는 한편,
적극적인 투쟁을 통해 영토를 넓혀가는 등 양면 작전을 폈고, 교활
하고 기민한 술수도 마다하지 않았다.

55년 요서 지역에 10성을 쌓아 침공에 대비하던 그가 50년 후에
는 후한 요동군을, 그리고 111년과 118년에는 예맥족과 합세하여 현
도군 및 낙랑군을 침공한다.

121년 후한·현도·요동 연합군의 침공을 받게 되자 겉으로는 항
복하는 체하면서 불시에 역공, 현도군 후성을 불태워버린다. 4월에는
요동의 선비족과 연합하여 요동군 요대현을 기습, 요동 태수 채풍을
살해한다. 그해 12월과 이듬해에는 마한·예맥과 연합하여 현도·요
동을 공격한다. 146년에는 요동군을 공격, 대방 현령을 살해하고 낙
랑태수의 처자를 생포했다.

그러나 이것만으로는 고대 국가의 기틀이 마련되었다고 할 수 없

다. 고구려는 태조왕 시대에 국내적으로도 탄탄한 국가 토대를 세운다. 평정된 소부족 족장들을 귀족으로 임명, 왕권 체제 속으로 흡수한다. 계루부, 순노부, 관노부 등의 귀족 회의 정치가 끝나고 계루부에 의한 왕위 계승이 확립된다. 부자 세습 전통도 이때 기초가 잡힌다. 98년 8개월에 걸쳐 책성 시찰, 102년 재시찰, 114년 남해 지방 순행 등을 통해 태조왕은 중앙 통제력을 강화시켜 나갔다.

그가 죽은 것은 146년, 나이 119세 때다. 그의 죽음도 고구려적이다. 그는 무력을 통해 권력을 장악하고 왕위까지 노리는 동생 수성에게 신하들의 반대에도 불구하고 왕위를 물려주었다. 그리고 별궁에서 은거하다 죽었는데, 살해당했다는 설이 지배적이다.

차대왕 수성은 나이 76세에 즉위했다. 그는 용감했지만 편협했고 권모술수에 능했으며 정치 보복을 일삼았다. 그는 태조왕 측근은 물론 두 아들까지 제거하더니, 급기야 자신의 아우 백고까지 핍박했다. 정정이 그렇게 불안한 터에 나라에 천재지변이 되풀이되었다. 아니, 거꾸로인지 모른다.

차대왕의 문제는 부자 세습의 대세를 거슬렀다는 점이다. 그 거스름이 나라의 운명을 위태롭게 한다는 증거로서 늘상 있던 천재지변에 특별한 의미가 부여되었을 수도 있다. 자연과 왕을 동일시하는 부여 문화가 한 단계 질 높은 정치성을 띠게 되는 것이다. 어쨌거나 165년 절노부 귀족 명림답부가 난을 일으켜 그를 살해하고, 산 속에 숨어 있던 백고를 왕으로 모셨다. 그가 신대왕이다.

그뒤로도 고구려의 화려한 국외 정벌사와 피비린 국내 정쟁사는 한참을 이어져야 신라의 내물마립간 시대에 도달한다. 고국천왕─산상왕─동천왕─중천왕─서천왕─봉상왕─미천왕─고국원왕 등 8대를 거쳐야 하는 것이다. 그러나 이때는 왕의 시대가 아니라 신하의 시대이다.

명립답부, 을파소, 밀우, 유유와 득래, 그리고 박제상

2장

고구려 신하와 신라 신하

그 다음은 당연히 신하의 시대이다. 어떤 신하는 혁명적이고 어떤 신하는 백성적이다. 그러나 왕권을 확립하기 위한 신하라는 점에서는 같다. 국가를 위한 신하? 아직은 아니다. 그들은 새로운 왕의 출현이나, 기존 왕의 참회와 영광을 완성시키기 위한 신하이다. 다만 고구려의 신하와 신라의 신하는 어떻게 다른가.

명림답부의 병법과 진보성

이 '신하의 시대'는 왕권 확립을 보여주는 다른 표현이자, 보다 질 높은 표현이다. 훌륭한 신하는 왕권이 확립되어야만 나온다. 왕이 없다면 신하도 없을 것이기 때문이다. 동시에 정치 권력이 보다 체계화되고 세분화된다는 의미를 갖는다. 그리고 마지막으로 충신들의 역사는 왕조사를 장식하는 교묘한 매개이지만, 왕조사보다 더 구체적이고 총체적인 시대상을 반영하기도 한다. 그 신하들의 이야기로 고구려 왕조사를 이어보자. 그러면 우리는 다시 '후진국' 신라에 가 닿을 수 있을 것이다.

명림답부는 혁명적인 신하다. 그는 포악한 임금 차대왕을 시해하고 새로운 임금 신대왕(165~179년)을 세웠다. 서기 165년의 일이다. 이듬해에 그는 국상에 취임하는데, 국상이란 최초로 설치된 직책으로 고구려 지배세력 회의체의 의장격이다. 그는 172년, 후한 현도 태수의 침입을 지구전 전술로 버텨내고, 퇴각하는 군대를 대파했다. 이

지구전 및 퇴각군 기습 전술은 고구려가 중국이라는 거대한 세력에 맞서면서 대대로 사용하는 기본 전술이 된다. 그의 병법은 이렇게 요약된다.

병력이 많은 자는 싸워야 하고, 병력이 적은 자는 지켜야 한다. 중국 군대의 취약점은 천리 밖에서 군량을 운반해와야 한다는 것이다. 그들이 지구전에 약한 까닭이다. 참호를 깊이 파고 성을 높게 쌓고 곡식을 거두어들여 들판을 비우고 성문을 걸어잠그고 기다린다. 그들이 굶주림에 지쳐 돌아갈 때 그 후방을 친다……

고구려인은 용맹할 뿐만 아니라 백전노장의 지혜와 비정한 현실주의적 감각도 갖고 있었음을 알 수 있다. 고구려가 유격전을 구사하는 유랑민 습성을 온전히 벗고, 터를 잡은 국가의 안정을 꾀하는 대목도 엿보인다.

그러나 보다 근본적인 그의 진보성은 그런 군사적인 데에 있지 않다. 그는 강력한 정치·군사적인 실세였음에도 불구하고 자신이나 자신의 부족을 위해 역사의 흐름을 역류시키지 않았다. 정치 체제를 형제 세습·귀족 통치 쪽으로 복고시키지 않고 왕권 강화 쪽으로 자신을 헌신했던 것이다. 179년 그가 113세로 죽자 왕은 크게 애도, 7일 동안 조회를 파했고 같은 해에 자신도 숨을 거두었다. 명림답부가 속한 절노부는 그뒤 왕족인 계루부와 밀착, 왕비 가문으로 성장한다.

그러나 명림답부만으로는 신하의 개념이 완성되지 않는다. 아니, 오히려 그의 다음 대에 명림답부 가문은 역적을 배출한다.

신대왕 다음 왕은 고국천왕(179~197년). 신대왕의 둘째 아들 남무다. 그는 키가 9척이고 힘이 장사였다 한다. 한나라 요동 태수의 침공을 직접 출정하여 깨부셨다. 그러나 명림답부의 후손인 외척들의 횡포가 갈수록 심해졌다. 특히 어비류와 좌가려는 사치가 극에 달했고 남의 땅과 집을 함부로 빼앗고 사람들을 종으로 삼았다.

새로운 유형의 신하 을파소

고국천왕이 참다못해 이들을 처벌하려 하자 이들은 오히려 왕을 죽이려 했고, 그 기도가 실패로 돌아가자 연나부로 도망가 숨었다가 이듬해 무리를 모아 궁궐로 쳐들어왔다. 명림답부 가문은 삽시간에 왕에 맞서는 역도의 가문으로 전락한다. 고국천왕은 난을 진압하고, 앞으로는 사사로운 정에 끌려 관리를 임명하지 않겠다고 선언한다. 그리고 신하들에게 왕을 보좌하고 백성을 편케 할 어진 이를 천거하게 한다.

새로운 유형의 신하는 그렇게 탄생한다. 을파소. 민생을 위한 신하. 그가 등장하는 과정은 물론 순탄치 않다. 신하들이 이구동성으로 추천한 것은 동부 지방 사람 안류였다. 안류가 신하들의 낡은 사고를 깨는 매개였다. 그가 말한다.

'신은 용렬하고 어리석어 쓸 만한 인물이 못 됩니다. 서압록곡 좌물촌에 을파소란 사람이 있습니다……. 세상이 알아주지 않으므로 농사일에 전념하고 있습니다만 왕께서 나라를 제대로 다스리려 하신다면…….'

왕은 신하들의 반대를 무릅쓰고 을파소를 등용한다. 그러나 왕도 한 번 실책한다. 을파소를 파격적으로 중외대부에 임명하지만 을파소는 거절한다. 그 직책으로는 뜻을 온전히 펼칠 수가 없겠기 때문이다. 을파소는 더욱 파격적인 조치를 요구하고 왕은 그것을 받아들인다. 그를 국상이라는 일인지하 만인지상 자리에 임명하는 것이다.

을파소는 사심없이 일했고 왕명에 충실했다. 그러나 이것만으로는 새로운 신하의 등장 과정이 충분치 않다. 신하와 왕실 인척들이 '시골 촌뜨기' 을파소를 미워하고 그의 말을 따르지 않았다. 을파소는 정사가 엉망진창인 세월을 묵묵히 보냈다.

마침내 왕이 신하와 인척들을 모아놓고 특별교서를 내린다. 국상에게 복종치 않는 자는 지위고하를 막론하고 멸족시키겠다……. 을파소는 감읍하여 새로운 각오로 국정에 임했다. 그는 무엇보다 백성의 생활을 안정시키는 데 온 힘을 기울였다. 우리나라 최초의 빈민 구제법인 진대법은 그가 제정한 것이다.

고구려 신하.

진대법의 의미

늙고 병든 자, 고아 등 스스로 살아갈 수 없는 사람에게 곡식을 지급한다. 가난한 백성들의 자립을 돕기 위해 매년 3월에서 7월까지 백성들에게 등급별로 관곡을 꾸어주고 추수가 끝난 10월에 갚도록 법을 제정한다……. 을파소는 그 자신이 오랜 세월 농사를 지었기 때문에 농민의 참상을 누구보다 잘 알고 있었다. 흉년이 들면 대량 기아 사태가 벌어지고 지주들의 횡포는 무지막지했다.

진대법은 국가가 백성을 굶주리게 하지 않는 일을 맡게 된 것을 의미한다. 다른 한편, 고국천왕은 진대법을 실시함으로써 왕권을 더욱 강화시켰다. 군사력만으로 왕권을 강화하던 시기가 고국천왕 대에 마무리된다. 왕권에 저항하는 세력과 농민들의 결탁을 막고 농민들을 적극적으로 포섭할 필요가 있었다. 을파소는 기존 지배 세력들의 반발에도 불구하고 사회 안정을 통한 왕권 강화에 크게 이바지하였다. 하지만 '왕을 위한 신하'의 전범은 그것으로 완성되지 않을 터다. 그리고 그것으로 가기 전에 우리는 당혹스러울 정도로 망측한 왕위 계승사를 통과해야 한다.

왕권 부자 상속 제도로 가는 길

고국천왕 대에 왕권의 부자 상속 제도도 완전히 굳어지게 된다. 그러나 정작 고국천왕에게 아들이 없었다. 게다가 그는 급사했다. 왕후 우씨는 그 사실을 아무에게도 알리지 않고 한밤중에 큰 시동생 발기를 찾아갔다. 왕에게 아들이 없으니 당신께서 왕위를 계승하라고 그녀는 말했다. 그러나 그는 고지식한 원칙론자였다. 그런 중대한 문제는 하늘의 뜻에 따라 정해지는 것이다. 왕후가 밤나들이를 하다니 예가 아니다……

왕후 우씨는 그 집을 나와 둘째 시동생 연우에게 갔다. 연우는 신중하고 또 눈치가 빨랐다. 권력의 냄새를 맡은 그는 정장을 하고 형수를 맞았다. 그리고 술과 음식을 대접했다. 우씨는 이제까지의 일을 털어놓았다. 연우는 아무 말 없이 더 깍듯이 형수를 모셨다. 고기를 직접 썰다가 손을 베자 왕후는 허리띠를 풀어 다친 손가락을 감쌌다. 두 남녀의 눈빛이 끈적끈적하게 서로를 휘감는다. 그러나 연우는 아무 행동도 취하지 않았다.

왕후가 일어서며 그에게 궁궐까지 바래다 달라고 한다. 연우는 그 뜻을 금방 알아차린다. 가는 도중 우씨가 연우의 손을 잡았다. 둘은 함께 궁궐로 들어갔다. 다음날 동틀 무렵, 우씨는 신하들을 모아놓고 왕이 세상을 떠났으며 연우를 왕으로 하라는 유언을 남겼다고 발표한다. 이 연우가 산상왕(197~227년)이다.

망측한 이야기는 끔찍한 비극으로 치닫는다. 그 소식을 듣고 발기

고구려 왕과 왕비.

가 격분, 자기 부하들을 끌고 와서 궁궐을 감싼다. 그런데 그의 명분
은 불의 타도가 아니라 왕위 서열이다. 연우가 서열을 무시하고 왕
에 올랐다는 것이다. 연우는 궁궐 문을 닫아걸고 사흘 동안 밖으로
나오지 않는다. 발기의 궁궐 공격은 실패하고 여론이 연우 쪽으로
기운다. 발기가 선왕의 유언을 따르지 않는다고 여겼던 까닭이다.

발기는 왕후와의 일을 천하에 알리고 선왕 유언의 신빙성에 정면
으로 의문을 제기해야 했다. 그러나 부끄러운 일이라 하여 입에 담
지 않았다. 발기의 실책은 계속 심화, 악화된다. 그는 가족을 데리고
요동으로 망명, 요동 태수에게 도움을 청한다. 요동 태수는 쾌히 3만
의 군사를 빌려준다.

연우는 아우 계수를 보내 막게 한다. 결과는 발기의 대패. 도망가
던 발기가 추격의 선봉에 선 계수에게 소리친다. 네가 지금 큰형인
나를 죽이려 하는가! 계수가 차마 죽이지 못하고 다만 치명적으로
꾸짖는다. 작은형이 큰형보다 먼저 왕위에 오른 것은 물론 잘못된
일이다. 하지만 한때의 격한 마음으로 다른 나라 군대를 끌고 와 자
기 나라를 치는 것은 더 잘못된 일이다. 죽은 후 무슨 면목으로 조
상을 뵈려 하는가…… 발기는 너무도 부끄러워 스스로 목을 베고

죽는다. 계수는 슬피 울며 형의 시신을 거두어 가매장하고 돌아온다.

발기와 연우, 그리고 계수

연우는 권력을 챙긴 후 가족의 정을 이용했다. 그가 계수를 선봉장으로 삼은 것은 고도의 술책이었다. 발기는 가족의 예를 챙기다가 권력을 놓쳤고 이방인까지 끌어들여 제 나라를 침공, 역적으로 죽었다. 이 이야기는 국가·왕권의 논리가 모든 것을 압도하는 광경을 보여줌과 동시에, 고구려에서는 왕의 자격에 마키아벨리적인 권모술수의 요소가 자연스럽게 포함된다는 것을 다시 한 번 보여준다.

하지만 아직 두 가지 이야기가 남았다. 연우는 계수를 질책한다. 발기는 대역죄인이다. 형이므로 추격해 죽이지 않은 것으로 예는 충분하다. 그런데 서럽게 울며 시체를 묻어주다니. 그것은 국법을 어긴 것이다…….

연우는 계수가 딴마음을 가지고 있을까 봐 불안했다. 그런데 계수가 연우의 문제·하자를 해결해주는 방식으로 위기를 벗어난다. 아무리 선왕의 유언이라지만 형이 있는데 동생이 왕자리를 사양치 않은 것은 허물이다. 내가 시체를 가매장하고 온 것은 왕의 미덕을 이루기 위해서였다. 왕께서 형의 악행을 잊고 관용을 베풀어 왕자로서 예를 갖춘 장례를 치른다면 사람들은 왕을 형제 간의 우애를 다한 사람으로 칭송할 것이다……. 과연 그랬다. 왕은 계수의 말대로 했다.

여기서 계수는 왕권과 형제 간 우의의 충돌을 해결한 충신의 역할을 훌륭히 해내고 있다. 계수에 의해 연우는 왕으로 완성되는 것이다. 자, 이제 우씨 이야기가 남았다.

우씨와 주통촌 처녀

왕은 우씨를 왕후로 삼았다. 형이 죽으면 동생이 형수를 취하는

고구려 금동 신발.

당시 고구려 풍속으로 크게 이상할 것은 없다. 그러나 왕후의 계략에 의한 잘못된 왕위 세습이라는 문제는 여전히 남는다. 왕후 우씨는 첫 남편 고국천왕보다 둘째 남편 산상왕을 더 사랑했지만, 10년이 지나도록 두 사람 사이에 자식이 없다.

고구려의 도읍을 옮기게 했던 돼지가 다시 등장한다. 어느 날 제사에 쓸 돼지가 달아났다. 제사 담당관이 그 돼지를 쫓다가 당도한 곳은 주통촌. 20세의 처녀가 싱글벙글 웃으며 앞질러 뛰어가 돼지를 잡아준다. 그 이야기를 들은 왕은 한밤중에 몰래 궁궐을 빠져나와 그 처녀의 집을 찾는다. 매우 아름다웠다. 왕이 그녀와 동침하려 하자 처녀가 명을 받들며 소원을 말한다. 혹시 제게 아이라도 생기면 반드시 거두어주십시오…….

왕후 우씨가 몇 달 뒤 이 사실을 알고 질투에 불타 군대를 보내 그녀를 죽이라 했다. 처녀는 남장을 하고 달아났으나 군인들에게 붙잡히고 말았다. 그러나 처녀가 호령한다.

"나를 죽이라는 게 왕후의 명령이냐? 지금 내 뱃속에서는 대왕의 아기가 자라고 있다."

이것은 마치 '부자 상속의 대세를 그르치려느냐, 우씨의 악행을 다시 반복하려느냐'는 호통으로 들린다. 군인들은 감히 그녀에게 손을 대지 못하고 왕후에게 그대로 보고한다. 왕후는 펄펄 뛰며 반드시 죽이고 오라고 재차 명령을 내리지만 때는 늦었다. 자신의 아이임을 확인한 왕이 주통촌 처녀를 받아들인다. 그리고 그녀가 난 아이 교체를 태자로 임명한다. 그가 동천왕(227~248년)이다. 여기서 신하의 역할을 하는 것은 말할 것도 없이 주통촌 처녀이다.

남은 이야기

왕후 우씨는 절노부 출신이고, 주통촌 처녀는 관노부 출신이다. 발기를 도운 것은 소노부. 발기를 도와 고구려 분열을 조장하려 했던 요동 공손씨와는 산상왕 재위 기간 내내 긴장 관계가 계속되었다. 산상왕은 공손씨의 영역인 현도군을 공격했고, 217년에 요동·요서 지방 출신 하요 등 1천여 호가 고구려로 투항해왔다. '돼지'의 등장이 시사하듯 198년 환도성(지금의 집안)을 쌓고 11년 뒤 그곳으로 수도를 옮겼다는 설도 있다.

왕비 우씨 이야기에 약간의 에필로그가 있다. 왕후는 동천왕이 자신을 핍박할까 봐 걱정이 되었다. 그녀는 어느 날 왕의 마음을 떠보려고 왕이 탈 말의 갈기를 잘라버렸다. 동천왕은 다행히 인자한 사람이었다. '말의 갈기가 없으니 불쌍하다.' 그렇게 한마디 하고 그만이었다. 왕의 너그러운 성품에 감복한 우씨가 죽을 때 동천왕에게 부탁을 한다. 선대의 잘못을 해결해달라는 내용이다.

"내가 두 번 결혼하였으니 가서 고국천왕을 뵐 낯이 없소. 부디 산상왕 곁에 묻어주시오."

동천왕은 우씨의 부탁을 들어주었다. 그러나 저승의 고국천왕이 가만 있을 리 없었다. 고국천왕의 혼이 무당에게 내려 말한다. 부끄럽고 부끄럽도다. 무슨 물건으로 나를 가려다오……. 동천왕은 고국

고구려 토기.

천왕 능 앞에 소나무를 일곱 겹으로 심어 앞이 보이지 않게 하였다.

자, 이제 모계 사회와 왕위 형제 세습 및 형사취수(兄死娶嫂)의 '망측한' 잔재가 모두 해결되고 부자 상속의 왕권이 완전히 확립되면서, 고구려적인 신하 유형 또한 화려하게 꽃을 피운다. 중국에 그 유명한 조조·유비·손권의 삼국 시대가 열리던 때였다.

동천왕과 중국

중국이 황건적의 난으로 극심한 혼란을 겪고 있었으므로 고구려는 상대적으로 평화스러웠다. 그러나 중국에 위·촉·오 세 나라가 정립하면서 그 삼국 간의 세력 다툼이 곧장 고구려에 영향을 끼치게 된다. 동천왕이 택한 것은 위나라였다. 위나라가 먼저 사신을 보내자 곧바로 화친을 맺었고, 오나라가 보내는 사신은 목을 베어 위나라에 전했다. 그러나 동천왕의 속셈은 위나라의 도움을 받아 요동 지방의 호족 공손연을 치려는 것이다. 위나라도 같은 입장이었다. 공손연은 스스로를 연왕이라 칭하며 위나라에 복종하기를 거부하고 있었다. 동천왕의 군대는 그 유명한 장수 사마의가 이끄는 위나라 군대와 합세, 공손연을 간단히 토벌했다.

그러나 그 다음이 문제였다. 동천왕은 곧바로 위나라를 쳤다. 242년 요동 서안평을 차지한 것이다. 서안평은 압록강 하구 지금의 평주 의주 건너편. 요동 지방과 낙랑·대방(지금의 평양) 지대를 연결하는 교통 요지이자 전략 요충지였다. 위나라는 즉각 반격, 요서 지방을 다스리는 관구검이 군사 1만 명을 거느리고 고구려를 침공해 들어왔다. 왕은 보병·기병 2만으로 맞서 대승을 거둔다. 그리고 기고만장해진다. 왕은 철갑중무장 정예 기병 5천을 이끌고 최후의 일격을 가하려고 나선다.

그러나 위나라는 강국, 관구검은 노련한 장수였다. 그가 흐트러진

옥으로 만든 말머리. 중국 한, 2000년경.

군대를 수습하여 재빨리 결사 항쟁의 방진을 만든다. 사각의 밀집대오. 퇴로를 스스로 차단한 위나라 군대의 가공할 위력 앞에 고구려군대는 맥없이 무너졌다. 전사 1만 8천 명. 동천왕은 기병 1천여 명을 겨우 추스려 압록벌로 달아났다. 그 속에 밀우와 유유가 섞여 있었다.

관구검은 두 달이 채 지나기 전에 대군을 이끌고 다시 쳐들어왔다. 고구려군은 혼비백산했다. 수도인 국내성이 함락되고, 동천왕은 남옥저를 향해 달아났다. 위나라군은 추격의 고삐를 늦추지 않았다. 남옥저 죽령에 이르렀을 때 군사는 거의 다 흩어진 상태였다. 그 몇 안 남은 군사 속에 밀우와 유유가 또 섞여 있었다.

낭만주의자 하나, 현실주의자 셋

밀우가 말한다. 다 살 수는 없다. 죽을 자와 살 자를 분명히 갈라야 한다. 왕은 당연히 살아야 하고, 나는 죽을 편에 속하겠다. 결사대를 모집하여 적을 교란시키는 동안 왕은 몸을 피하시라……

밀우의 결사대는 용감했다. 왕은 샛길로 빠져나와 한숨을 돌리고 흩어진 군사들을 수습했다. 왕은 밀우를 버리지 않았다. 밀우를 구하라 밀우를……. 유옥구가 나섰다. 밀우는 다행히 정신을 잃었을 뿐 숨이 끊어지지는 않은 상태였다. 유옥구가 들쳐업고 온 밀우를 왕은 자기 무릎에 눕혀 직접 간호한다. 고구려 병사들은 크게 감동하여 왕의 곁을 떠나지 않는다.

여기서의 신하관은 명림답부나 을파소와 다르다. 이들은 무엇보다 전통적인 지구전 전술을 벗어난 왕의 거듭된 실책을 메우기 위해 존재한다. 왕은 신성불가침으로, 더 이상 잘잘못을 가릴 대상이 아니다. 신하의 충성심이 왕을 더욱 빛낼 뿐이다.

그 충신은 밀우와 유옥구로 끝나지 않는다. 왕은 샛길을 헤치며 남옥저에 이르렀다. 그러나 위나라 군대의 추격이 여전했다. 바닷가에 이르면 더 이상 도망갈 곳도 없다. 동천왕은 기고만장과 정반대로 급격한 절망의 나락으로 떨어진다. 유유가 아뢴다. 제가 거짓으로 항복을 하여 적장을 죽이겠으니 왕께서는 그때 적을 치시라……. 마치 고구려의 전통적인 책략이 새로운 왕을, 왕권을 뒷받침하는 형국이다.

유유의 계책은 성공한다. 유유는 음식을 바치는 체하다가 그릇에 숨겨놓은 칼로 적장의 가슴을 찌르고 자결한다. 동천왕은 군대를 셋으로 나누어 지휘관이 없는 위나라 군대를 기습한다. 위나라 군대는 낙랑 쪽으로 달아나고 동천왕은 국내성을 탈환한다. 그런 동천왕의 기억에 떠오르는 신하가 또 있었다.

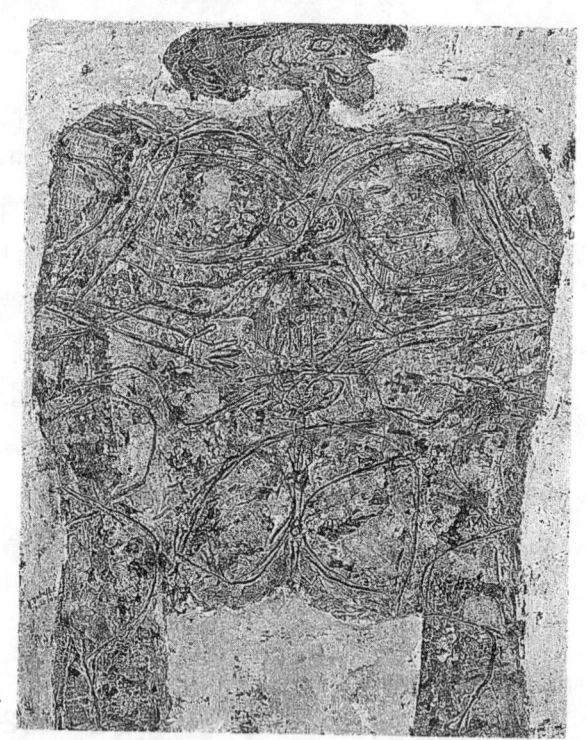

복잡해지는 마음의 세상.
장 뒤뷔페, <형이상학>.

득래. 그는 서안평 공격을 중지하라고 간언한 신하였다. 위나라는 강국이다. 위나라가 공격해 들어온다면 고구려는 멸망하고 백성이 해를 입게 될 것이다……. 이 점에서 그는 전통적인 지구전술의 대변자였다. 그는 정세를 왕보다 더 잘 읽었다. 그리고 왕의 마음을 바꾸려고 단식투쟁을 썼다. 이 점에서 그는 제 몸을 깎아 왕을 떠받드는 새로운 유형의 신하다. 그는 죽으면서까지 '이 땅이 장차 쑥밭이 될 것'이라고 탄식했을 뿐, 결코 왕을 원망하지 않았다. 그런데 이 충신은 기구한 운명을 겪는다. 관구검이 국내성을 함락했을 당시 '죽은' 그를 높여주는 것이다.

충신의 길은 그만큼 복잡하다. 사회가 그만큼 복잡해졌다는 이야기겠다. 밀우, 유유, 득래 모두 왕의 낭만주의적인 허물을 목숨 걸고 메워준 현실주의자이다. 그래서 어떻게 되었는가. 왕의 낭만주의가 패망으로 끝나지 않고 고구려의 꿈과 기상으로 전화된다. 그래서 또 어떻게 되었는가.

동천왕이 죽자 신하와 백성이 모두 크게 슬퍼한다. 자결하여 왕과 함께 묻히려는 신하가 줄을 이었다. 새로 왕위에 오른 중천왕이 법으로 그것을 금지했다. 그러나 소용없었다. 장례식날 묘소에서 많은 이들이 자살하였다. 사람들이 나뭇가지를 베어 그 시체를 덮어주었다. 그래서 그 지명이 시원(柴原), 즉 '나뭇가지로 덮인 들'이다.

다시, 왕들

고구려의 왕과 신하상은 그렇게 완성된다. 그러나 완성은 다시 시작이다. 그 시작 이후 왕과 신하의 상이 반복되지 않고 질적으로 발전했다면 고구려는 패망하지 않았을 것이다. 연개소문의 쿠데타는 어떤 역사적 의미를 갖는 것일까. 하지만 그 이야기는 한참 뒤로 미루고, 신라의 내물마립간 시대까지 고구려 왕·신하사를 이어보자.

중천왕(248~270년)은 외모가 준수하고 지략이 뛰어났다. 즉위와 더불어 동생이 모반하자 처형했고, 250년 국상 명림어수에게 군사 지휘권까지 주어 국상의 권한을 강화시켰다. 이듬해 투기가 심한 관 나부인을 서해바다에 수장해버린다. 259년 중국 위나라 군대가 침략 해오자 태자하 상류에서 격파했다.

그뒤를 이은 서천왕(270~292년)은 중천왕의 둘째 아들로 총명하 고 인자해서 백성들로부터 사랑과 존경을 받았다. 그는 국상도 부자 세습시킨다. 273년 나라에 기근이 들자 창고를 열고 백성들을 구제 한다. 280년 침입해오는 숙신을 대반격, 숙신 추장을 죽이고 숙신 사 람 6백여 호를 집단 이주시키고 항복한 부락 6, 7개를 고구려에 귀 속시켰다.

이때의 고구려 장수는 달가. 서천왕은 그에게 숙신 지역을 다스리 게 한다. 286년에 다시 두 동생이 왕위 찬탈을 기도하다가 처단된다. 그의 무덤은 서천왕릉.

봉상왕(292~300년)은 서천왕의 아들이지만 폭정으로 나라를 크게 망쳤다. 그는 고구려의 온갖 부정적인 기질을 집약해놓은 것 같은 성품의 소유자였다. 어려서부터 교만하고 의심이 많았다. 즉위하던 해 백성들의 신망이 높던 충신 달가를 죽이고, 이듬해에는 동생 돌 고를 처형한다. 그는 돌고의 아들 을불까지 집요하게 추적한다.

293년과 296년 선비족 모용외군의 침략을 받고 한 번은 퇴치하지 만 한 번은 국토를 유린당한다. 296년에 모용씨 군대가 고구려에 침 입했을 때 서천왕릉을 도굴했는데, 도굴자들이 갑자기 죽고 무덤에 서 음악소리가 울려나와 모용씨의 군대가 서둘러 고구려에서 철수했 다는 이야기가 전한다. 이것은 봉상왕의 권력운이 이미 다했다는 암 시였을까, 아니면 폭정의 잔명을 더 연장시키려는 술책으로 퍼뜨린 것이었을까?

어쨌든 300년, 흉년이 계속되는 데도 궁궐 대증축을 강행한 것이 봉산왕을 결국 무너뜨린다. 국상 창조리는 증축의 부당함을 여러 차례 간하지만 왕이 듣지 않고 오히려 그를 죽이려 하자, 다른 신하들과 왕의 폐위를 도모했다. 이때 봉상왕에게 남은 세력은 없었다. 왕은 두 아들과 더불어 자살한다.

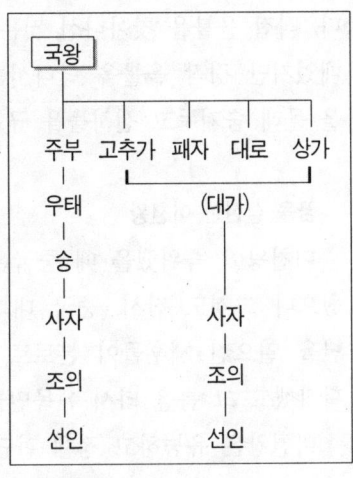
3세기경 고구려 관직.

신하의 왕, 왕의 정화 의식

창조리는 명림답부와 같은 유형의 신하다. 그는 낡은 왕을 무너뜨리고 새로운 왕을 추대한다. 그가 세운 왕은 미천왕(300~331년), 돌고의 아들 을불이다. 그러나 을불이 왕이 되는 과정은 매우 길다. 전왕의 폭정에 대한, 혹은 역사의 반복에 대한 정화(淨化) 의식이었을까.

을불은 신분을 숨기고 밑바닥 생활을 한다. 처음은 머슴 생활이다. 그런데 음모라는 이름의 주인이 또 고구려적으로 고약하다. 낮에는 하루종일 나무를 하고 밤에는 저수지로 나가 개구리에게 돌을 던져야 한다. 주인이 개구리 소리 때문에 잠을 못 자겠다는 것이다. 두 번째는 소금장사. 이번에는 고약한 노파를 만난다. 그 노파는 소금이 탐나자 자기 신발을 소금 짐 속에 넣어두고는 을불을 신발 도적으로 몰았다. 관가에 끌려간 을불은 실컷 얻어맞고 소금을 합의금으로 모두 넘겨준다.

창조리가 을불을 수소문한 것은 왕을 몰아내기로 결심하고서부터다. 직접 을불을 찾아나선 것은 조불과 소우. 둘은 고구려 전역을 헤매었지만 정작 을불을 만나서는 한눈에 알아보았다. 창조리는 을불을 몰래 숨겨두고 신하들을 규합해갔다.

꿈을 실현한 미천왕

미천왕이 즉위했을 때 중국은 사마의가 삼국을 통일하여 진을 세웠으나 그것도 잠시, 중국 대륙이 다시 혼란에 빠져들던 시기였다. 난을 일으킨 제후들이 본토로 진출한 유목민들을 끌어들여 세력을 확장했고 그 틈을 타서 유목민들의 무력 침략이 시작된다.

미천왕은 유능하고 정세 판단이 빨랐다. 그리고 대외 정책에 치중하라는 창조리의 의견을 겸허히 받아들였다. 그는 새로 대두하는 선비족에게 힘을 낭비하느니 혼란에 빠진 중국 진의 현도군을 공격했다. 그의 작전은 대성공, 남녀 8천 명을 포로로 잡아왔다. 그리고 311년 미천왕은 마침내 동천왕의 꿈이었던 서안평을 차지한다. 그렇다. 이제까지의 과정은 꿈을 실현하기 위한 과정이었다.

고구려는 기세를 몰아 낙랑군과 대방군을 차지한다. 그 다음은 요동. 선비족도 목표는 요동이었다. 아직 고구려의 힘이 달린다. 선비족이 급성장, 연나라를 세운다. 이것이 전연이다. 전연의 군대가 미천왕의 묘를 도굴, 시신을 탈취해간다. 고구려는 신하의 예를 갖추어 공물을 바치고서야 시신을 되찾아올 수 있었다. 고구려는 그뒤 강력한 국가로 성장하지만, 우리는 우선 우리의 신하사를 완성하자. 드디어 신라 내물마립간 시대까지 온 것이다.

신라 충신 박제상

박제상. 그는 혁거세의 후손, 제5대 파사이사금의 5대손 내물마립간(356~402년) 때부터 눌지마립간(417~458년) 때까지 활동했던 신라

≪삼국사기≫ 권45. 열전 박제상 편(왼쪽). ≪오륜행실도≫의 제상 충렬.

충신이다. 그때 신라는 무척 어려운 시기였다. 왕의 잘못 때문이 아니다. 신라에 비해 훨씬 강성해진 백제가 신라를 위협한다. 신라는 북쪽의 고구려와 남쪽의 일본에게 군사 원조를 요청할 수밖에 없었다.

그러나 아직 그들과 대등한 관계가 아니므로 아주 굴욕적인 조건을 감수해야 했다. 402년 내물마립간의 셋째 아들 미사흔이, 412년에는 둘째 아들 복호가 각각 일본과 고구려에 인질로 보내진다. 원조는 시원찮았고 그 두 인질을 이용하여 고구려와 일본은 신라 내정을 공공연히 간섭한다.

내물마립간의 첫째 아들 눌지마립간은 즉위하자마자 두 동생을 구출하기로 결심한다. 신하들이 모두 박제상을 적당한 인물로 천거한다. 그는 언변과 담력, 그리고 지혜와 국가에 대한 충성심을 갖춘 자였다. 국외 정세에도 밝았다. 그러나 더 중요한 것이 있다. 그는 죽음보다 더 고통스럽고 길고 지루한 고난을 견딜 만한 인내심이 있는 자였다.

그는 우선 고구려로 들어가 장수왕을 설득, 복호를 빼내온다. 그리고 귀국한 후 집에도 들르지 않고 곧장 일본으로 떠난다. 일본에 도착한 그는 신라에 반역한 도망자 행세를 한다. 마침 백제 사신이 도착하여 고구려와 신라가 연합, 일본 침략을 준비 중이라고 일본을 자극하였다. 일본은 미사흔과 박제상을 향도로 삼아 신라를 침략코자 하였다. 일본의 침략 군대와 함께 신라로 향하다가 박제상은 일본 군대를 속이고 미사흔을 탈출시킨다. 그러나 자신은 붙잡힌다.

고통의 예술적 발전

여기서부터 그의 진면목이 드러난다. 일본 왕이 그를 신하로 삼기 위해 온갖 회유와 협박을 동원했지만 그는 '신라의 개나 돼지가 될지언정 결코 왜의 신하가 될 수 없다'고 버티다가 끝내 사형당한다. 그리고 여기서부터 신라 신하관의 진면목도 시작된다. 신라 사람들은 박제상이 일본 왕에게 당한 고통을 갈수록 더욱 극심한 것으로 바꾸어왔다. 발바닥이 벗겨져 무수한 못 위를 걷고 그러고도 복종을 거부하여 불에 타 죽는 지경에 이르기까지. 이것은 일본 왕의 야만성을 강조하기 위한 것이라기보다는 고통과 인내 그 자체를 예술적 매개를 통해 거대한 호국 정신력으로 전화시켜 가는 신라 특유의 과정이다.

박제상 부인의 예술적 발전도 흥미롭다. 그녀는 남편이 집을 떠나자 '몸부림쳐 울었'고, 다시 일본행 만류에 실패하자 '다리를 뻗고 울었'다. 그러나 일본에 간 남편이 영 소식이 없자 그녀는 '망부석'이 된다. 죽어 치술령 신모(神母)가 되었다는 설화도 있고, 부인과 딸이 모두 죽어 새가 되었다는 설화도 있다.

망부석 이전. 빌렘 데 쿠
닝, <여자 1>.

　어쨌거나 수난과 죽음까지 예술 안으로 포괄하여 강력한 삶의 에
너지로 전화시키는 신라 정신이 불교와 만나 시간·역사적 후진성을
극복하고 삼국 통일을 이루는 가장 강력한 정신적·문화적 토대로
작용하는 과정을 우리는 또 후에 보게 될 것이다. 여기서는 이쯤하
고 신하사를 마무리짓자. 신하를 따라오다가 우리는 왕조사를 앞질
러버렸다. 물론 충분히 그럴 법하다. 신하사가 갖는 보다 현실적인
성격 때문이든, 시공을 초월해버리는 신라 정신 때문이든.

하늘의 뜻 3장

재앙과 천재지변, 그리고 백제의 왕들

역사 이상의 것이 역사를 좌우하기도 한다. 삼국
시대에 발생한 재앙과 천재지변들은 그 역사적
의미가 매우 깊다. 극심한 재앙이 백제 멸망의
한 원인이 되는 것인지도 모른다. 아니, 그런 이
야기보다도, 우리는 원인과 결과 사이의 거리를
좀더 폭넓게 함으로써 역사관을 풍부하게 할 필
요가 있다. 하늘의 뜻은 아직 다 파악되지 않았
으므로.

역사 이상의 것

백제는 역사에서 사라진 나라다. 고구려는 명목상 고려가 이었다. 조선은 전주 이씨가 건국하고 망할 때까지 다스렸지만 백제를 잇지 않았다. 아니, 이을 수가 없었다. 이미 그 기록이 지워졌던 까닭이다. 역사적으로 남아 있는 백제의 기록은 그만큼 적다. 아예 일본 기록을 참조해야 할 정도인데 일본 기록조차 이 시기의 것은 우리에게 추정 이상의 도움을 주지 못한다.

어쨌든 고구려와 백제를 멸하고도 고구려, 백제의 후손들에게 한반도를 통치할 기회를 한 번씩 준 것은 역사의 뜻이었을까, 하늘의 뜻이었을까? 우리는 사라진 백제를 생각하며 재앙 및 천재지변에 눈을 돌려보도록 하자. 백제가 망한 것은 하늘의 뜻이었다. 천재지변과 재앙도 하늘의 뜻이었다. 그러나 백제의 멸망을 어떻게 해석하느냐, 그리고 천재지변과 재앙을 어떻게 해석하느냐는 모두 사람의 뜻에 달려 있다.

이 방법이 흥미로운 이유가 하나 더 있다. 백제는 부여의 후예, 흉년의 책임을 왕에게 묻던 전통을 지녔던 부족의 후예이다. 신라에서는 정반대로 나라의 길흉을 점성술로 따지는 일이 매우 중요한 정치적 의미를 갖고 있었다. 첨성대는 천문학보다 점성술과 더 깊은 연관이 있다. 어느 나라에서든 이 시기는 천문학과 점성술이 구분 안 된 단계이기는 하지만. 어쨌거나 신라계가 기록한 역사에서 백제 멸망과 천재지변은 무시 못할 상관 관계를 갖고 있다.

건국기의 기록

혁거세가 즉위한 지 8년과 13년에 신라에 혜성이 나타났다. 고주몽이 다스리던 때 고구려에 황룡, 상서로운 구름이 나타났고, 심한 안개가 끼여 사람이 7일 동안 빛을 분간 못한 적이 있었다. 신작(神雀)이 궁궐로 모여드는가 하면, 여새가 옥대에 모여들었다.

백제는 온조왕 때에 벌써 가뭄과 전염병이 발생한다. 신라에 다시 혜성이 나타나고, 고구려에 지진이 발생한다. 그리고 신라에 폭우와 벼락으로 성의 남문이 흔들리는데 온조왕 치세 동안 백제는 서리에 의한 보리농사 흉년, 세 차례에 걸친 지진, 그리고 큰 가뭄을 겪는다.

유리왕이 죽고 대무신왕이 즉위한 후 고구려 왕경에 지진이 발생한다. 신라에 역질이 퍼져 많은 사람이 죽지만, 그 이듬해 다시 혜성이 나타난다. 그리고 다시 그 이듬해 재앙이 발생하는데, 이 해 남해차차웅이 죽고 유리이사금이 즉위한다. 같은 해 신라에서 <도솔가>가 불리는 게 이즈음인데 아마 재앙을 막고 국가의 안녕을 기원하는 노래였을 것이다. 약 750년 뒤에 월명사가 같은 제목의 향가를 짓는다. '두 해가 함께 나타나서 10여 일 간 없어지지 않는' 괴변을 없애기 위해서였다. 그 이야기는 후에 다시 하자.

그후의 기록

혜성이 나타나 20일 만에 사라진 후 고구려 민중왕이 죽는다. 그리고 폭군 모본왕이 즉위한 직후 홍수가 져 30여 곳에 산사태가 난다. 두 차례에 걸쳐 신라에 혜성이 나타난 반면, 고구려는 충해로 흉년이 들고 백제는 봄·여름 사이 심한 가뭄이 계속된다. 신라에 다시 혜성, 탈해이사금이 즉위하고 김알지 탄생을 기다리던 때다. 삼국 공히 재앙을 맞는다. 김알지 탄생 10년 후 신라에 큰 가뭄이 들지만, 창고를 열어 주린 백성을 구제했다고 한다.

고구려 수도에 큰 눈이 내렸고 혜성이 나타났다가 20일 만에 사라진다. 신라 수도에 태풍이 불어 금성 동문이 부서지자 탈해이사금이 죽고 파사이사금이 즉위한다. 신라와 백제에 공히 혜성이 나타나지만 백제는 지진으로 민가가 넘어지고 다수의 사망자가 생기는가 하면 가뭄이 들고 보리흉년이 닥쳤다.

신라는 수도에 지진이 발생하고 열병이 발생한데다 가뭄까지 든다. 백제는 서리가 내려 콩농사를 망치고, 고구려 수도에 다시 큰 눈이 온다.

고구려에 가뭄, 신라에 홍수가 닥쳐 기근이 발생, 백제의 흉년이 삼국 중 최악에 달한다. 다시 백성이 서로를 잡아먹을 지경에 처하는 것이다. 고구려는 여름에 진휼이 가능했다. 그 이듬해 신라는 병충해가 심해 왕이 직접 산천에 제사를 드린다.

111년 신라 금성문이 부서지고 몇 달 동안 신라에 비가 오지 않았다. 파사이사금이 죽기 전 신라에 우박이 내려 보리 싹이 크게 상하더니 물난리가 났다. 그러나 그 2년 후 백제에서 더 큰 물난리가 났고 고구려에는 큰 눈이 내렸다.

122년 신라가 충해로 농사를 망쳤다. 일본과 수교하기 일년 전이다. 2년 후 4월 신라에 일본군 침입설이 나돌았고 고구려 수도에 지

기슬레베르투스, <저주받은 자들>.

진이 발생했다. 긴 별이 신라 하늘에 비치던 해 백제 기루왕이 죽고 개루왕이 즉위했다. 131년 신라에 홍수가 나서 민가가 물에 떠내려 갔고, 그 이듬해 궁궐 남문에 화재가 발생했다. 그리고 2년 후 지마이사금이 죽고 일성이사금이 즉위했다.

137년 백제에 혜성이 나타났고, 2년 후 신라에 서리가 내려 콩농사를 망쳤다. 142년 고구려 환도성에 지진, 3년 후 봄·여름 간 신라에 가뭄이 들었다. 곡식을 이송하여 구제했다 한다. 태조왕이 무려 94년 간 재위하다가 아우 차대왕에게 왕자리를 물려주기 일년 전이다.

원인과 결과 사이

새로 즉위한 고구려 차대왕이 전임 태조대왕의 측근과 원자 및 그 아우를 죽인 유혈참극 일년 후였다. 별 다섯 개가 고구려 동쪽 하늘에 모인다. 아, 고구려는 재앙에서조차 아름다움의 피비린 비극을 보여주는가. 몇 달 후 신라에 혜성이 나타났다. 신라 궁문이 불타고 혜성이 나타난 이듬해 일성이사금이 죽고 아달라이사금이 즉위했다. 고구려에 혜성이 나타났다. 신라 세오녀가 일본으로 건너가서 귀비에 오른 이듬해다.

160년 신라에 폭우가 내려 알천이 넘치고 인가 피해가 심했다. 금성 북문이 무너졌다. 이듬해에는 병충해가 심했고 죽은 바닷물고기가 떼로 뭍에 올라왔다. 그러나 3년 후 신라 수도에 용이 나타난다. 명림답부가 차대왕을 죽이기 일년 전이다.

신라에 큰 가뭄, 고구려에 두 차례 혜성, 백제에 혜성이 나타나 20일 만에 없어지더니 이듬해 큰 가뭄으로 수도의 우물과 한강수가 말랐다. 다시 백제와 신라에 혜성, 이듬해 신라 수도에 큰 눈이 내리고, 흉년 때문에 일본인 1천여 명이 망명해온다. 그리고 그 이듬해 고구려에 서리가 내려 흉년이 들었다. 몇 달 후 을파소의 진대법이 실시되었다.

신라에 홍수가 나고, 백제에 지진이 발생했다. 백제에 혜성이 나타나고, 충해와 가뭄으로 흉년이 들었다. 다시 충해로 백제에 흉년, 기근이 심했다. 고구려에 혜성, 백제 수도 동쪽에 큰 물이 나서 산 40여 개가 무너진다.

224년 백제에 혜성이 나타나고 226년 신라에 가뭄으로 흉년이 들었다. 그 이듬해 백제에 우박이 내리더니 크게 가물어 백제 왕이 직접 시조묘(동명묘)에 빌고 비를 오게 했다. 한 달 뒤 고구려에서 산상왕이 죽고 동천왕이 즉위한다. 229년 신라에 큰 지진, 다시 큰 눈, 백제에서는 역병이 크게 번졌다.

232년 일본인이 신라 금성에 침입했고 그 이듬해 신라에 큰 바람이 불더니 한 달 뒤 일본군이 동쪽 가장자리에 침입해 들어왔다. 이듬해 백제에서 구수왕이 죽고 사반왕이 즉위하지만 얼마 못 가고 다시 고이왕이 즉위한다.

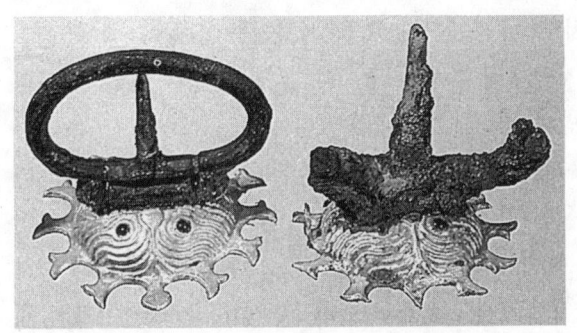

귀신 형용의 마구 장식.
신라, 계림로 14호 무덤.

238년 백제 왕궁 문 기둥에 벼락이 쳤다. 이듬해 고구려에 가뭄이
들었다. 242년 신라가 풍년을 맞았다. 백제는 243년과 247년 천지신
령께 큰 제사를 지낸다. 253년 신라에 가뭄이 들어 시조묘와 명산에
제사를 올리니 비가 내렸다. 256년 겨울 고구려에 눈이 내리지 않았
다. 257년 백제에 큰 가뭄이 들었다. 2년 후 신라에서도 가뭄과 충해
로 흉년이 들었다. 그러나 이듬해 혜성이 나타나 25일 만에 사라진
다. 미추이사금이 즉위한 다음 해 신라 금성 서문에 불이 났다. 268
년 봄·여름 사이 신라에 가뭄으로 흉년. 이듬해 백제에 혜성이 나
타났고, 그 이듬해 고구려에서 중천왕이 죽고 서천왕이 즉위했다. 그
2년 후 고구려가 서리로 보리농사를 망친다. 신라도 서리와 우박으
로 농사를 망친다.

다시 삼국의 역사 속으로

고이왕(234~286년) 때까지 백제는 신라와 몇 차례 접전을 주고받
았을 뿐 밖으로는 말갈족의 잦은 침입, 안으로는 농업국을 지향하면
서도 극심한 자연재해에 시달렸다. 도읍지를 잘못 정해서 망한 비류
의 정한(情恨)이 더 백제적인 것인지도 모른다. 백제·전라도 지방
농민 반란의 전통은 꽤 오래 전부터 지금까지 면면하게 이어진다.

신라는 재앙조차도 나라의 길조로 해석하려는 심성이 매우 끈질 긴 반면, 백제는 자연재해 자체가 농사에 직접 영향을 주고 농사의 결과가 나라의 존망과 직결되는 상황이었다.

그건 그렇고, 우리는 백제의 역사도 신라 내물마립간, 고구려 미천왕 때까지 끌어올려 보자. 고이왕의 뒤를 책계왕(286~298년)이 이었다. 맏아들이다. 왕비는 대방의 공주 보과. 즉위하자마자 고구려가 대방을 공격하였는데 그는 구원군을 보내 고구려군을 물리치고 장인의 나라를 구했다. 낙랑공주와 호동왕자의 비극이 이렇게 백제에서 역전된다.

이 일로 고구려와 사이가 크게 벌어졌다. 지금의 서울 광장동 아차성과 풍납동 토성(당시 이름은 사성)은 그가 고구려 침입에 대비해 쌓은 것이다. 그는 298년 낙랑과 동예 군대의 침입에 맞서 싸우다가 적병에게 살해된다.

그가 즉위한 이듬해 일본군이 신라를 침입한다. 그 이듬해 고구려에 지진이 발생하고 그 이듬해에 신라에서 홍수가 져 월성이 무너진다. 재위 7년 고구려에서는 서천왕이 죽고 봉상왕이 즉위하여 3월에 달가를 죽였고, 9월에 지진이 발생했다. 그 사이 신라에 다시 일본군이 침입했다.

그뒤를 이은 것은 분서왕(298~304년). 분서왕은 책계왕의 맏아들로, 어려서부터 총명했다. 그도 부왕처럼 낙랑 등 한군현에 강경책을 폈고, 304년 낙랑의·서쪽 현을 차지하기도 한다. 그러나 바로 그해 분서왕은 낙랑이 보낸 자객에 살해당한다.

책계왕이 죽고 분서왕이 즉위하던 해 신라 유예이사금이 죽고 기림이사금이 즉위했다. 그리고 고구려에 서리와 우박이 내려 농사 피해가 컸다. 분서왕 재위 3년 신라가 일본과 사신을 교환했고, 신라 수공업 기술이 일본으로 전해졌다. 낙랑·대방 유민들이 신라로 투

재앙을 꿈꾸다. 앙리 루소, <잠든 집시 여인>.

항했다. 2월~7월 간 고구려에 큰 가뭄이 들어 기근이 발생했고, 창조리가 봉상왕을 폐하고 미천왕을 세웠다. 재위 5년 백제에 혜성이 나타났고 고구려가 현도군을 쑥밭으로 만들었다. 그리고 그가 죽기 몇 개월 전 신라에 지진이 발생했다.

백제와 일본

분서왕이 피살된 후 비류왕(304~344년)이 등극하면서 고이왕계가 몰락하고 초고왕계가 다시 왕권을 장악한다. 왕계가 바뀌면서 백제의 대외 정책도 적극적으로 바다를 통해 일본과 유대를 강화하는 쪽으로 바뀐다. 비류왕을 이어 분서왕의 아들이 계왕으로 즉위하지만 곧바로 밀려나는데, 초고왕계의 백제와 일본의 관계가 이미 밀접해진 것과 전혀 무관하지는 않다 할 것이다.

백제의 유일한 길이 바다를 통한 일본과의 유대 강화였을 것은 수긍할 수 있다. 백제는 고구려와 견원지간인 낙랑과도 사이가 좋지 않았다. 그리고 적이든 동지든 낙랑은 어차피 고구려의 몫이었다. 신라와는 좋을 수가 없었다. 일본과의 수교는 신라가 먼저다. 그러나 초고왕계인 비류왕 대에 신라는 일본과 결정적으로 결별한다. 초고왕계가 그 틈을 비집고 든 것인지 아니면 이미 일본과 밀접한 초고왕계 때문에 신라가 결정적으로 결별하는 것인지는 아무래도 닭과 달걀 논쟁 수준이겠다. 다만 이런 사실은 전한다.

310년, 신라 기림이사금이 죽고 흘해이사금이 즉위했다. 그 이듬해 고구려 미천왕이 요동 서안평을 차지한다. 그 이듬해 백제는 질병으로 고생하는 백성들이 부지기수라 관리들이 직접 실태 조사를 다니고, 신라는 일본 왕자의 구혼을 받아들여 아찬 급리의 딸을 시집 보낸다.

그 이듬해에도 백제의 생활고는 여전했다. 왕이 친히 제사용 동물의 목을 벤다. 신라도 흉년으로 기근이 심했다. 그러나 고구려가 낙랑군을 공격해서 점령해버린다.

연화귀형문전, 백제, 부여 박물관.

이듬해에는 대방군이 고구려에 점령되고, 그 이듬해에 현도성마저 점령되고, 그해 8월 고구려에 혜성이 나타나는데, 백제는 그 이듬해 큰 가뭄이 발생하고 큰 별이 서쪽으로 떨어진다. 이때가 비류왕 13년이다.

320년 백제에는 다행스럽게도 고구려가 요동을 침공했다가 모용인에게 패하고, 그 이듬해 백제에 혜성이 나타난다. 324년 고구려가 일본에 철제 도구를 보내고, 3년 뒤에는 백제 왕의 이복동생 우복이 반란을 일으킨다. 330년 축성한 고대 최대의 저수지인 김제 벽골제는 풍요가 아니라 참상의 상징일 터다. 이듬해 고구려 미천왕이 죽고 고국원왕이 즉위했을 때 백제는 다시 기근이 들어 사람이 사람을 잡아먹었다.

사라짐의 에너지

그 2년 후에는 왕궁에 불이 나서 민가로 번졌다. 336년 고구려가 서리 때문에 피해를 입고, 백제에 혜성이 나타난다. 고국원왕이 죽기 2년 전에 미천왕릉이 연왕 모용황에 의해 도굴당하고, 고구려 고국원왕은 신하의 예를 갖추어 예물을 보내고서야 미천왕의 시체를 되찾아온다. 그가 죽기 일년 전에 고구려에 큰 눈이 내렸고, 그가 죽던 해 신라가 일본 왕의 혼인을 거절한다. 비류왕의 뒤를 이은 계왕은 재위 기간이 2년도 채 되지 않았다. 그러나 그 기간 동안 일본이 신라와 운명적으로 갈라서고, 고구려가 연왕에게 남소성을 빼앗긴다. 계왕이 죽고 근초고왕이 즉위하던 346년이면 벌써 일본군이 신라의 금성을 침입한다.

근초고왕부터 시작되는 백제의 중흥기는 그런 역학 관계 속에서 가능했다. 그러나 중국·한반도·일본의 문화 유통 경로가 왜 하필 백제를 매개로 삼게 되었을까. 그건 부여·삼한·백제로 이어지며

증폭된 사라짐의 에너지, 즉 '공의 에너지' 때문 아니었을까? 한반도 삼국에서 신라가 공이라면, 일본은 더 큰 세 나라, 즉 중국·한국·일본의 삼국에서 공이다. 우리는 고구려 미천왕이 사망하고도 13년이 지난 시기까지 왔다. 돌아가야 하리라.

그러나 그 전에, 더 과감하게, 우리는 다음 장에서 연대가 모호하고 전설만 남은 백제의 세 인물을 다루면서 백제의 사라짐이 강력한 국가 일본으로 전화·발전하는 과정을 문화·예술적으로 짐작해 보자.

도미부인, 왕인, 담징, 근초고왕   4장

백제와 일본, 흩어짐과 사라짐

백제는 어떤 국가인가? 도미부인 설화가 그것을 설명해준다. 백제의 아름다움은 고구려의 그것과 다르다. 백제는 근초고왕 때부터 일본과 밀접한 관계를 맺게 된다. 일본에 전파된 백제 문화는 어떻게 일본화되어 갔는가? 한반도에서 장차 밀려날 백제에게 일본은 식민지였는가, 미래였는가. 그 의문을 풀자.

3백 년이 넘는 간격

도미가 언제 태어나 언제 죽었는지는 확실치 않다. 기록에는 백제 개루왕 때라 했지만 개로왕 때일 것이라는 추정이 많다. 기록과 추정 사이 간격은 3백 년이 넘는다. 그러나 바로 그 점이 이 설화의 의미를 격상시키는 것인지 모른다.

도미는 서울 변두리에 살고 있었다. 백제의 여느 평민과 마찬가지로 찢어지게 가난했다는 설도 있고 몸종을 지닌, 몰락한 귀족이라는 설도 있다. 어쨌거나 그는 의리를 알았다. 그리고 그의 아내는 아름다운 미모와 부덕으로 사람들의 칭송을 받았다. 그 이야기가 왕의 귀에 들어간다. 그는 여자를 믿지 않는 사람이었다. 그가 도미를 불러 이야기한다.

"네 아내가 아무리 정조 관념이 투철하다 한들 어둡고 아무도 없는 곳에서 좋은 말로 꼬이면 몸을 허락할 것이다. 여자란 그런 거야……."

도미가 반박한다.

"남녀간의 일을 어찌 다 자신하겠습니까. 그러나 제 아내만큼은 설사 죽더라도 외간남자에게 몸을 허락치 않을 것입니다……"

왕은 도미의 말이 사실인지 시험해보고 싶었다. 아니, 도미의 자신감을 꺾고 싶었다. 왕은 도미를 궁궐에 그냥 있게 하고 친한 신하를 보냈다. 신하가 도미의 아내에게 말한다. 나는 왕이다. 도미와 내기를 하였는데 내가 이겼다. 너를 궁녀로 삼기로 했으니 너의 몸은 내 것이다……. 도미의 아내는 몸종을 그녀인 것처럼 치장시켜 대신 침실에 들게 한다.

아름다움과 폭군

속은 것을 안 왕이 노발대발한다. 그는 도미에게 없는 죄를 뒤집 어씌워 눈알을 빼고 작은 배에 띄워보낸다. 그리고 도미의 아내를 궁궐로 부른다. 한눈에 반해버린 왕이 말한다. 네 남편은 죽은 것이나 다름없으니 나와 함께 부귀영화를 누리고 살자……. 도미의 아내는 월경임을 핑계로 며칠 시간을 번 뒤 궁을 탈출한다.

그러나 앞길이 막막했다. 그녀는 강가에서 통곡한다. 그녀의 통곡에 답하여 빈 배 하나가 그녀 앞에 당도한다. 그것을 타고 물결따라 가니 배는 천성도에 이르렀다. 그곳에 그녀의 눈 먼 남편이 그녀를 기다리고 있었다. 둘은 천신만고 끝에 고구려 땅에 이르러 그곳에서 살았다.

세계관의 대립

이 설화는 사실일 가능성이 별로 없다. 무엇보다 왕과 도미 부부의 관계가 너무도 가깝다. 그렇다면 이 설화는 무슨 뜻인가. 왕과 백성의 대립 구도가 너무 분명하고, 또 백성의 승리로 귀결되는 것으로 보자면 백성들의 원망(怨望)이 액정화된 이야기겠다. 그러나 좀더 시대적으로 또 총체적으로 들여다보자.

너무 굶주려 서로를 잡아먹는 참혹의 시대를 두 번이나 겪은 것을 배경으로 감안한다면 위의 설화는 단군·고구려 설화 단계를 거쳐 백제 특유의 설화로 이어지는 과정을 그대로 보여준다. '여자란 다 그런 것'이라는 주제는 그리 낯선 것이 아니다. 셰익스피어의 <심벨린>이 똑같이 아내의 절개를 주제로 한 두 사내의 내기로 시작되고, 모차르트의 <여자란 다 그런 것>이라는 오페라가 또 각각의 애인을 믿는 두 남자와 한 철학자의 장난스러운 내기로 시작된다.

하지만 도미부인 설화에서 두 남자의 내기는 장난이 아니라 왕과 백성의 대결이고, 인육 섭생의 참상을 고려한다면 보다 근본적으로, '인간이란 어떤 존재인가'에 대한 세계관의 대립이다. 왕은 두 가지 잘못을 저지른다. 백성이 굶주림에 고통받는 것은 우선적으로 자신의 잘못이건만, 배가 고픈 인간이 무슨 정조에 연연하는가 하는, 스스로 비인간화되는 면모를 보여주는 것이다. 도미의 응답은 그 두 가지 잘못에 대한 두 겹의 항거이다.

왕의 두 가지 기만, 즉 '도미와 내기를 해서 이겼다'는 거짓말과, 신하에게 대신 왕노릇을 시키는 행위는 그 두 가지 잘못과 연관이 있다. 두 가지 잘못이 없었다면 두 가지 기만은 불필요했으리라. 왕은 직접 나서서 도미부인을 차지하려 했을 것이고, 그러면 도미부인은 자결을 하거나 모욕을 감수하거나 했을 것이다.

왕의 비극, 아름다움과 정치 권력

다른 한편, 바로 그 점과 연관해서 이 설화에는 왕의 비극도 있다. 왕은 처음에는 단순히 내기를 했을 뿐이었다. 그러나 도미부인의 아름다움에 직면하면서 점차 폭군으로 변한다. 그 상징적인 행위가 도

폭군의 시각. 에른스트 루트비히 키르히너, <부채를 들고 누운 누드>.

미의 눈을 빼는 것이다. 왕으로서는 아름다움의 비극인 셈이다. 도미의 처참한 얼굴 또한 고구려적이다. '어떤 것이 인간인가' 하는 왕의 질문에 그는 단순 용맹으로 답했다.

도미부인은 도미와 달리, 왕의 두 가지 기만에 두 번의 계교로 응답한다. 그녀는 도미보다 훨씬 더 지혜롭고 완충적이다. 그러나 그 완충은 그녀를 고구려 우왕후 풍의 정치적 음모녀(陰謀女)로 전락시키지 않는다. 오히려 서민적인 투쟁을 통해 자신의 순결한 아름다움을 더욱 드높여간다. 정치 권력과 무관하기 때문이다.

백제는 왕과 대비된 민중이라는 도식을 제일 먼저 탄생시켰고 백제 지방에서 그 대립적 도식은 가장 끈질기게 유지되어 왔지만 그것의 정치 지향은 무척 약했다. 아니, 거의 반(反)정치적이었다고 해야 맞을 것이다. 도미부인의 아름다움은 도미의 눈알을 패인 얼굴과 대비되어 갈등하지 않고 더욱 승화된다.

민중의 투쟁과 고난을 통해 쟁취된 아름다움이 얼마나 숭고한가를 보여주는 찬란한 광경인 것이다. 그러나 아무리 찬란하더라도 그 아름다움은 정치 권력 자체는 아니다. 그리고 그 아름다움의 광채 자체가 정치와 문화·예술의 이분법을 더욱 치명적으로 강화시킨다.

왕의 정치 권력은 갈수록 흉악해지고 거기에 맞선 서민의 투쟁은 갈수록 아름다워질 뿐, 정치 권력을 개조할 염을 내지는 못한다. 그래서 도미와 도미부인은 고구려로 간다. 당시 고구려는 백제의 이상향이었을까? 그랬을 것이다.

백제라는 문화적 유통 경로

그러나 사람은 고구려로 갔으되 문화는 일본으로 갔다. 백제는 그렇게 철저히 흩어지고 사라졌다. 도미와 도미부인의 정신은 어떤 형태로 고구려에 이식되었을까. 그것은 정치적인 측면에서 역사를 지배층이라는 한 계급과 민중이라는 한 계급의 단순 대립·투쟁사로 파악하는 주체 사상과 크게 다르지 않다 할 것이다.

일본은 백제에게 이상향이 아니라 개척지였다. 그것을 보여주는 사례가 백제 박사 왕인이다. 그러나 백제의 문화만 간 것이 아니다. 백제라는 문화적 유통 경로는 강력한 힘을 발휘, 고구려 문화조차 백제를 통해 일본으로 가게 된다. 그것을 보여주는 대표적인 사례가 고구려 화가 담징이다.

왕인의 경우 생몰년대 차이는 1백 년 정도다. 고이왕대라는 설과 근초고왕대라는 설이 병존한다. 그 1백 년 간이 고이왕계의 기간이라는 점에 유의하자. 즉 초고왕계가 끊어진 동안이 바로 차이 기간이다. 왕명도 그렇다. 근초고왕은 초고왕과 가깝다는 뜻이다.

왕인 전에 아직기 이야기를 하지 않을 수 없다. 그는 왕의 명을

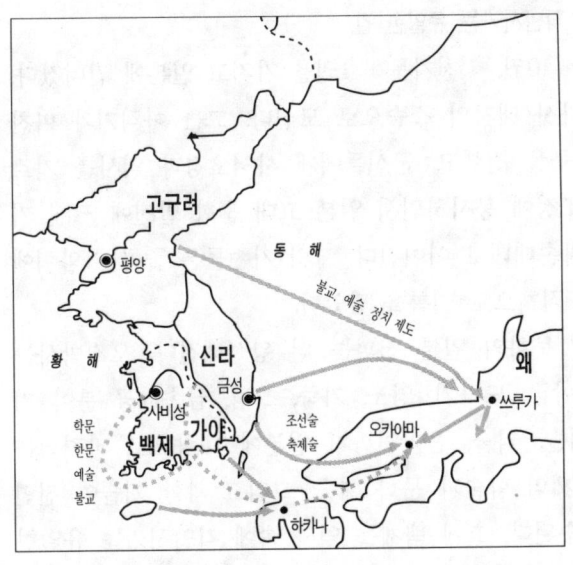

고구려

평양

동 해

불교, 예술, 정치 제도

신라

황 해

금성

사비성

학문
한문
예술
불교

백제

가야

조선술
축제술

오카야마

왜

쓰루가

하카나

삼국 문화의 일본 전파.

받고 좋은 말 두 필을 일본 왕에게 선물했다. 그리고 말 기르는 법
과 승마술을 가르쳤다. 그런데 일본 왕은 그가 한문 경서에도 조예
가 깊은 것을 알고는 태자의 스승으로 삼았다. 말과 승마술과 그 육
성법을 가르친 것은 백제가 일본에 무예를 전했다는 뜻이다. 이것은
처음에는 백제가 일본을 동맹국으로 '키우려던' 단계일 것이다. 그러
나 일본 왕은 문화를 '배우'기를 원했다. 즉, 정치·군사적 독립을
유지하면서 문화를 흡수해오는 쪽을 택했다. 이것은 백제 기질에도
맞는 것이다. 일본 왕은 백제를 정확히 파악한 것이다.

그러므로 왕이, 아니 일본 전체가 아직기에게 묻는다. 당신의 나
라에 당신보다 훌륭한 박사가 있는가. 아직기가, 아니 백제 전체가
대답한다. 있소이다. 왕인이라는 학자가 있는데 아직기보다 훨씬 더
훌륭하다…… 일본 왕은 사신을 파견해서 간청한다. 백제는 백제답
게 왕인을 파견한다.

백제를 역사 속에 각인시키는 유일한 길

왕인은 ≪논어≫ 10권, ≪천자문≫ 1권을 가지고 일본에 건너갔다. 일본 왕은 그를 다시 태자의 스승으로 모신다. 그는 아직기와 마찬가지로 일본에 한문을 전했고, 군신들에게 사서오경과 역사를 가르쳤다. 그는 일본 조정에 봉사하면서 일본 고대 문화 발전에 크게 기여한다. 그 일은 자손대대로 이어진다. 그의 자손들은 줄곧 가와치에 살면서 사(史)라는 직책으로 기록을 맡았다.

왕인 이후 백제 문화의 일본 전파는 더 왕성해진다. 오경박사는 물론 재봉, 방직, 야금, 도자기, 양조, 가죽, 그림, 금속세공 분야 기술자들, 그리고 의술, 역술, 음악인까지 일본에 대량으로 파견되는 것이다. 그렇게 백제의 학술과 문화 예술, 그리고 과학 기술이 전면적으로 일본에 전수된다. 그게 백제를 역사 속에 각인시키는 유일한 길이라는 것을 백제 왕은 알았을까. 왕과 신하, 그리고 백성을 통틀은 백제의 역사적 심성이라는 것이 있다면, 어떤 운명의 기미를 눈치채기는 했으리라. 그것은 거의 문화 대이동과 같았다.

아직기, 왕인을 이어 단양이, 저미문귀, 주리즉이, 고안무 등도 백제 문화 일본 전파사에 이름을 남겼다. 모두 오경박사들이다. 기술자들은 이름이 없다. 고안무는 낙랑에서 귀화한 백제인으로 단양이의 후임이다. 일본에서 백제 문화를 이식하는 직책이 오랫동안 유지되었음을 알 수 있다.

일본의 백제화, 백제의 일본화

담징은 고구려 사람이고 중이다. 그는 백제를 거쳐 일본에 건너갔다. 610년이다. 너무 세월을 건너뛴 것 아닌가? 그러나 우리는 어차피 백제 중흥기를 뛰어넘어 사라진 백제를 지금 이 시간에 현실과는 다른 예술의 시공간(時空間)으로 복원하려 하고 있다.

담징이 그린 금당 벽화,
일본 나라현 호류사.

　그는 일본에 채색하는 법, 그리고 종이, 먹, 연자방아 제작법을 가
르쳤다. 그리고 일본 승려 법정과 함께 나라 호류사에 기거하면서
오경과 불법을 강론했다. 그리고 호류사 금당의 벽화를 그렸다 한다.
그가 승려이면서 오경까지 강론했다는 것은 웬일인가. 유교와 불교
가 한낱 학문이었다는 말인가. 사실 유교는 종교라기에는 경세치학
즉, 정치 경제학에 가깝고, 불교는 철학에 가깝다. 그러나 불교는 분
명 순교를 통해 우리나라에 종교로 들어왔다. 담징의 생애는 백제화
한 고구려 문화가 일본에 전수되는 것을 상징할 뿐만 아니다. 전수
된 그 한반도 문화가 '일본화'하는 것도 상징한다. 일본은 천황에 대
한 맹신말고는 모든 종교, 그리고 사이비 종교에 대해 관대하다.
　종교뿐만이 아니다. 아마도 백제와의 '교류'를 효시로 수립되었을,

전통은 전통대로 고수하면서 외국의 모든 정치 문화적 제도와 문물들을 과감히 받아들이는 일본의 '종족 근성'은 지금에 이르기까지 변하지 않았다. 아니, 백제 문화가 원래 그랬던 것일 게다. 민족주의는 정치적 권력·중심 지향과 맞물리면서 태어나는 정신적 태도인 것이다. 일본을 규정하는 '경제 동물' '베끼기의 천재' 등 단어는 그들에게 별반 비칭이 아니다. 어쨌거나 당시 '사정'들을 조금 더 구체적으로 이해한다는 목적을 갖고 근초고왕대를 살펴보자.

'가까운' 초고왕과 칠지도

근초고왕(346~375년)은 비류왕의 아들이다. 《일본사기》에는 초고왕으로 표기되어 있다. 그의 아들 또한 구수왕에 가까울 '근'자를 붙여 근구수왕이다. 근초고왕은 지방을 여러 영역으로 나누어 지방 통치 조직을 만들고 지방관을 파견한다. 중앙집권화가 확고해진다. 그는 양산강 유역의 마한 잔여 세력을 완전히 복속시켰다. 이로써 전라도 지역은 모두 백제의 지배 영역으로 굳어지게 된다. 낙동강 지역, 가야 지역도 속국으로 만든다.

근초고왕은 대외 활동도 활발하게 전개했다. 백제는 낙랑과 대방을 점령한 고구려와 국경을 접하게 되었던 바다. 그는 고구려에 맞선 백제·신라 동맹을 강화시켰고 중국 동진과도 외교 관계를 수립했다. 동진은 근초고왕을 영동장군령 낙랑 태수에 임명한다. 중국이 호족의 침입으로 분열하자 그는 요서 지방으로 진출, 백제군을 설치한다. 이 백제군은 고구려를 견제하는 군사기지인 동시에 멸망한 낙랑의 대외 무역을 잇는 상업기지였다.

이 시기 백제의 일본 진출을 보여주는 물적 증거가 하나 있다. 일본 이소노가미 신궁에 간직되어 있는 칠지도 주(主)날 하나에 가짓[枝]날 좌우 각 세 개, 도합 일곱 개의 날을 지닌 칼이다. 이 칠지도

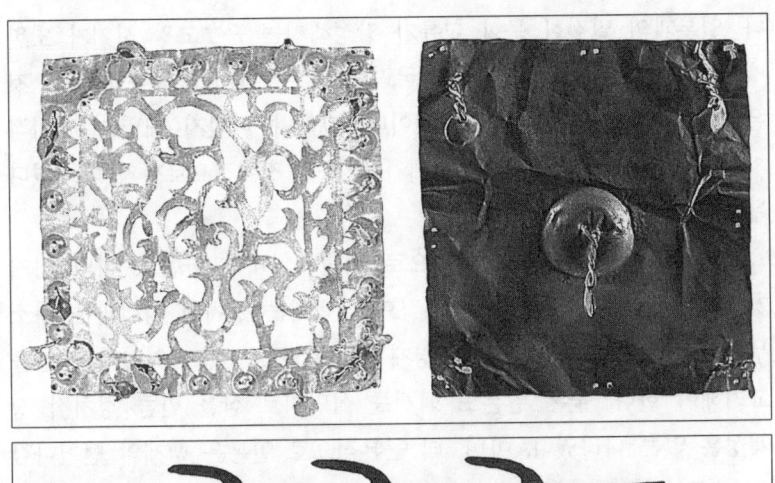

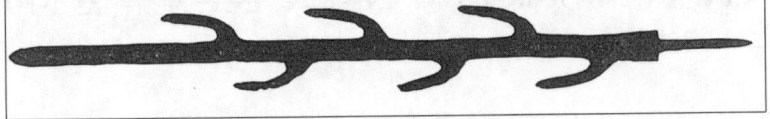

금제장식판, 신택 126호 무덤(왼쪽), 무령왕릉(오른쪽), 칠지도(아래).

몸체 앞뒷면에 글이 새겨져 있다. 앞면은 '태화 4년 9월 16일 병오 정양일에 백련강철로 칠지도를 만들다. 이 칼은 많은 적병을 물리칠 수 있는 것이므로 마땅히 제후국의 왕들에게 나누어준다. ○○○제 작.' 제후국의 왕들이라……

일본에 백제의 제후국들이 존재했던가. 뒷면은 더 노골적이다. '선 세 이래로 아직 이 칼이 없었다. 이에 백제의 왕세자 기생성음이 왜 왕(일본 왕) 지를 위하여 만들었으니 후세에 전하라.' 기생성음이 누 구인지는 알려져 있지 않다. 이 시기에 일본은 백제의 식민지였는가.

식민지의 개념

그럴 수도 있다. 그러나 백제 또한 일본에 기대고 있었다. 일본이 설령 문화적 식민지였단들 백제의 뒷심으로 작용했을 것은 분명하다. 일본과의 밀접한 문화 교류가 강성해지는 근초고왕 시기가 또한 백제의 중흥기이다. 그 왕성한 국력이 일본에까지 뻗쳤다고 보는 것은 타당하게 여겨지기도 할 것이다. 그러나 식민지 개념은 정치적 지배와 피지배의 개념이다. 백제가 일본을 정치적으로까지 다스렸다는 기록은 남아 있지 않다.

그때 백제는 일본을 정치적으로 정벌하기에는 한반도 내의 입지가 워낙 좁았다. 아니, 더 근본적으로 백제는 정치적 정벌과는 다소 무관한 국가적 속성을 정치·경제·문화적으로 갖고 있었다는 점을 고려해야 한다. 물론 일본도 백제를 식민지로 삼을 만큼 정치적 정체성은 없는 나라였다. 아니, 더 근본적으로 일본은 백제의 뻗어나감 그 자체였다.

백제와 고구려의 접전

근초고왕은 북방 진출도 강력하게 추진했다. 백제의 북방 진출은 고구려와 대립을 불가피하게 만든다. 고구려는 강국이었으나 전연 모용황의 병법에 일격을 당한 후였다. 평탄한 북쪽 길에 대군을 배치하고 험한 남쪽 길에 군사를 적게 배치하였다가 정반대로 기습한 모용황에 허를 찔렸던 것이다.

백제는 남쪽을 평정하고 급성장중이었다. 그렇지만 첫 싸움을 건 것은 백제가 아니다. 고국원왕(331~371년)이 모용황과의 전투에서 당한 치욕과 경제적 손실을 메우기 위해 백제로 눈을 돌렸다. 369년 고국원왕이 직접 2만여 보병과 기병을 이끌고 치양(황해도 배천)에 주둔, 민가를 약탈한다. 근초고왕은 태자 수를 보내 막게 한다. 수는 고구려군 5천을 사로잡는다. 고구려가 다시 백제를 공격하지만 백제가 잠복작전으로 선방한다. 양국의 군사적 충돌은 371년에 절정에 이른다.

근초고왕이 태자와 함께 군사 3만을 직접 이끈다. 양국 군대가 반걸양에서 대치했을 때 백제군에 유리한 정보가 전달된다. 고구려 군사는 숫자가 많지만 대부분 급조된 상태다. 붉은 기를 단 부대만이 정예이다. 그 부대를 집중적으로 쳐부수면 된다······.

태자 수는 그 말대로 했고 고구려군은 패주했다. 이때 정보를 제공한 자는 원래 백제인이었는데 아차 실수로 임금의 말발굽에 상처를 내게 되자 문책이 두려워 고구려로 도망쳤다가 다시 백제로 망명한 사람이다. 이 점 도망자가 다시 망명해왔다는 것 또한 '급조된 군대' 운운과 함께 백제의 당시 위세가 고구려를 충분히 압도하고 있었음을 알게 해준다.

백제의 진면목

그러나 정벌은 백제의 진면목이 아니다. 추격을 계속하던 태자가 백제인으로서는 처음으로 수곡성(황해도 신계)에 이르자 장군 막고해가 태자에게 간한다.

"도가에 이르기를 '만족할 줄 알면 욕되지 않고, 그칠 줄 알면 위태롭지 않다' 하였습니다. 지금 이 정도면 충분한데, 더 많이 구하려 하지 마소서."

이 말은 한낱 병법상의 충고가 아니라, 백제의 역사·지리·문화적 정체성을 반영하는 백제 철학으로 들린다. 일본은 백제의 뒷심이지만, 그 뒷심이 백제를 흡인하기도 하는 것이다. 태자는 막고해의 충고를 받아들여 돌을 쌓아 표식을 만들었다. 그리고 그 위에 올라 좌우를 돌아보며 말했다.

"오늘 이후 누가 다시 이곳에 올 것인가."

그때 말발굽 자국이 아직도 남아 있다고 한다. 태자의 예언은 적중했다. 그는 이곳을 떠나 왕과 합세, 평양성에 맹공격을 가한다. 맞서 싸우던 고국원왕이 백제군의 화살에 맞아 전사한다. 대방 고지가 백제에게 넘어간다. 그렇지만 그게 끝이다. 백제는 더 이상 북쪽으로 뻗어나가지 못한다.

경제 이야기

백제와 일본의 운명적인 관계를 규정짓는 경제적 토대는 무엇이었던가. 중국 한나라 이래로 중국 황해 연안에서 한반도 서남 해안을 거쳐 일본 열도로 이어지는 해상교통로가 개발되었다. 그 중요성이 갈수록 증대되어온 이 길을 근초고왕대에 백제가 관장하게 된다.

낙랑·대방군이 멸망했고 북중국을 차지한 호족은 수로에 익숙지 않았던 까닭이다. 요서 지역에 설치한 무역기지와 한반도 및 일본에 자리잡은 백제 세력을 연결한 고대 상업망은 백제인들의 생활을 빠른 시일 안에 윤택하게 해주었다. 백제는 대방 지역을 점령하면서 중국계를 포섭, 문화의 질을 높였고 그런 문화를 일본에 전수한다. 박사 고흥이 왕실 계보를 중심으로 정리한 백제사인 《서기》를 편찬한 것도 이때이다.

태자 수가 근초고왕의 뒤를 이어 근구수왕(375~384년)으로 즉위한다. 중국에서는 전진이 전연을 멸하고, 고구려와 전진이 외교 관계를 맺는다. 그러나 고국원왕의 뒤를 이은 소수림왕은 우선 내실을 기하자는 쪽이었다. 고구려의 백제 공격이 여러 차례 있었지만 대규모는 아니었고, 근구수왕은 고구려의 침입을 잘 막아냈다. 그러한 소강 상태가 4세기 말까지 이어진다.

일본의 문화

담징이 그린 호류사 금당벽화는 백제화된 고구려 문화의 일본화 과정을 미학적으로 보여준다. 석가, 아미타, 미륵, 약사 등으로 구성

일본의 천둥신 레이든.

된 이 4불정토도는 그 얼굴 표정이나 몸 윤곽선, 그리고 채색과 구
도 등 모든 면에서 고구려의 엄정·명징하고 서슬 푸르며 처연한 비
극적 아름다움이, 찢어지는 가난의 황홀한 전화인 백제 예술 특유의
한풀이의 세례를 받아 누그러지면서 좀더 너그럽고 은근한 깊이를
가질 뿐 아니라 일본적인 '풍만의 육감성'도 풍기고 있는 것이다.

백제 문화가 일본 속으로 사라지고 흩어지며 깊어진 그 풍만의
육감성이 비대한 육체덩어리일 뿐인 스모 선수가 화장품 광고 모델
로 등장하고, 텔레비전 시대 트랜지스터형 미의 극치인 미야자와 리
에의 열렬한 짝사랑을 받는 극단적인 추의 에로티시즘과 처녀의 자
유분방한 성 대(對) 기혼녀의 굴종─섹슈얼리티의 이분법에 이르기
까지는 매우 복잡한 과정이 현재·내재되어 있다. 그러나 그것이 상
상불가능한 과정은 아니다. 임진왜란과 제2차 세계대전 당시 일본군

의 잔학한 만행이 보였던 일본 고유의 '섬나라 근성'을 감안한다면 더군다나 그렇다.

　역사적으로 고구려, 신라, 백제의 총합인 조선은 신사임당과 황진이, 그리고 논개 등의 여성 유형과 더불어 미얄할미라는, 여성기(女性器) 자체의 형상화라 해도 과언이 아닐 여성상도 창조해냈다. '저항'하는 도미부인의 아름다움이, '수난'받는 백성의 추의 미학으로 전화 혹은 전락한 것이다. 후에 다시 이야기하자.

삼국의 불교 전래 5장

국가와 종교

고구려, 백제, 신라에 불교가 전파된 시기와 과정
은 다르다. 당시 삼국은 모두 백성을 정신으로
한데 묶는 종교 혹은 사상을 필요로 하고 있었
다. 그러나 고구려는 정치 일방적으로 불교를 흡
수했고, 백제는 문화 일방적으로 불교 속으로 정
치력의 중심 지향을 무력화시켜 버린다. 신라는
가장 뒤늦게, 또 가장 어렵게 불교를 수용하면서
고구려와 백제의 전철을 피할 수 있었다. 이 주
제는 통일신라기까지 내내 우리의 시선을 붙들
게 될 것이다. 우선 그 과정을 살펴보자.

부처가 된 계집종 욱면

미타사는 경상북도 영풍군에 있던 절이다. 신라의 고승 혜숙이 창건하였다는 이 절과 연관된 욱면의 왕생(往生) 설화가 ≪삼국유사≫에 기록되어 있다.

신라 귀족 귀진에게 욱면이라는 계집종이 있었다. 귀진이 10여 명 염불계에 끼여 극락왕생을 빌고자 하였다. 욱면도 같이 따라와 염불공양을 드렸다. 그녀는 미천한 신분이라 법당에 들어가지 못하고 마당에서 정성스레 빌었다. 귀진은 욱면이 일은 안 하고 자기를 따라와 염불만 드리므로 괘씸한 생각이 들었다. 그는 곡식 두 섬을 그녀에게 주고 하루 저녁에 다 찧어놓으라고 지시했다.

그러나 욱면은 초저녁에 그 일을 다 마쳤다. 그리고 다시 절에 와서 부지런히 염불을 외는데, 그 방법이 정말 고행자다운 데가 있었다. 미타사 뜰 좌우에 말뚝을 박더니 두 손바닥을 뚫어 노끈으로 한데 꿰고는 노끈 양끝을 좌우 말뚝에다 매었다. 그리고 합장한 두 손을 좌우로 흔들며 염불을 외는 것이다. 얼마 지나지 않아 공중에서 소리가 들렸다. 욱면낭자는 법당에 들어 염불하라…… 너무도 분명한 그 소리에 승려들은 경악과 깨우침으로 정신이 번쩍 들었다. 그리고 허둥지둥 욱면을 법당으로 들게 했다.

얼마 안 되어 서쪽 하늘에서 음악소리가 들리더니 염불하던 욱면의 몸이 솟구쳐 절 대들보를 뚫고 서쪽으로 날아갔다. 마을 밖에 이르러 욱면은 육신을 벗고 부처가 되어, 연화대에 앉아 큰 빛을 발하면서 서서히 사라져 가는 것이다.

그녀가 시야에서 완전히 사라져버릴 때까지 하늘의 음악소리는 그치지 않았다. 법당 지붕에 뚫린 구멍이 열 아름이나 되었다. 그리고 아무리 모진 비가 내려도 법당이 젖지 않았다.

그후 어떤 사람이 금탑 하나를 만들어 그 구멍에 맞추었다. 그리고 또 얼마 후 회경, 승선, 유석, 이원장 등이 절을 중창하게 되었다. 회경은 토목공사를 직접 맡았는데 처음 목재를 운반할 때 웬 노인이 꿈에 나타났다.

그는 삼으로 삼은 신과 칡으로 삼은 신을 한 켤레씩 주고 또 옛날의 절로 회경을 안내하여 불교의 이치를 설명하는 것이었다. 회경은 그 절 옆에 있는 재목을 베어 5년 만에 공사를 완료하였다. 이 절은 당시 그 지역에서 가장 번창한 사찰이었다는데 언제 폐사되었는지는 알려져 있지 않다.

불교, 색즉시공 공즉시색(色卽是空 空卽是色)

불교는 속세의 번뇌로부터 해방되는 것을 지고지순한 목표로 삼는 종교이다. 물론 모든 종교는 삶 속에 불가해하게 있는 죽음을 위안하거나 보상하는 내세의 꿈을 대변한다. 그러나 불교는 그 내세의 꿈을 죽음 이후의 보장된 영생이 아니라 삶 속에서의 죽음, 삶의 완벽한 극복으로서의 죽음으로 대체하려는 점에서 가장 종교적인 철학이다. 불교의 진정한 목표는 열반, 즉 죽음에 드는 것이다. 그러나 그것은 목숨을 끊는 자살과 전혀 다르다. 삶은 죽음(無)에 이르는 매우 중요한 공즉시색 색즉시공의 길이다.

순수철학에 가까웠던 불교가 종교로 화하면서 원래 내용이 내세의 행복한 삶을 보장하는 민간신앙 쪽으로 훼손되었을 것은 당연하다 하겠다. 이 대중적 훼손은 저질화만 초래하지는 않았다. 불교는 대중의 종교적 심성을 파고들면서 더 깊어지기도 하였다. 이것은 색즉시공 공즉시색이라는 교리 자체가 근본적으로 예술론의 성격을 띠고 있는 것과 무관하지 않다.

천주교의 대중화인 기독교는 온갖 천박한 찬송가 가락과 함께 바흐라는 위대한 종교 음악가를 낳았다. 예술적 불교의 대중적 깊이는 더 근본적이다. 시공을 초월하는 공으로 현실주의 극치의 색을 만들어내는 종교적 상상력이 삶의 모든 분야를 예술화하는 것이다.

모든 인간의 능력을 지식인·예술가 수준으로 끌어올린다는, 그래서 사람들 각자가 춤예술가처럼 걷고 철학자처럼 사고하며 미술가처럼 그림을 그리고 성악가처럼 노래를 부른다는 '공산주의' 사상은 그 종말론적 단점이 기독교를 닮았으나, 예술적으로 열린 장점은 궁극적으로 불교를 닮았다.

위의 설화는 고행과 깨우침이 분간되지 않았던 초기 불교의 성격에서 불교가 단지 선택받은 개인의 득도뿐 아니라 미천한 중생의 고통을 구제하기 위해 스스로 변화하는 단계, 민간신앙적 왜곡 단계, 그리고 종교성의 공이 예술성의 색으로 찬란하게 전화하는 단계를 소박하게나마 보여주고 있다. 완숙한 불교의 모든 점이 다 들어 있다고 해도 과언이 아니다.

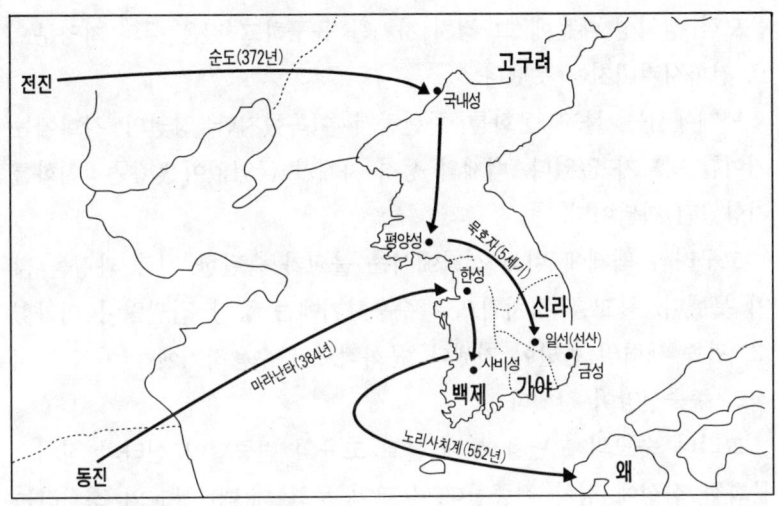

삼국의 불교 수용.

삼국의 불교, 불교의 삼국

삼국 시대에 이르러 불교가 본격적으로 우리나라에 들어온다. 그리고 그 불교가 삼국의 운명을 뒤바꾼다. 사실 색즉시공 공즉시색이라는 불교 교리의 진면목이 역사상 가장 총체적으로 드러난 경우가 우리나라의 삼국 시대다.

가장 찬란한 불교 문화·예술을 꽃피우면서 신라 자체가 시공을 초월, 가장 후진적인 나라에서 선진적인 나라로 일약하는 것이다. 그 과정에 불교가 대폭 신라화했을 것은 물론이다. 아니, 삼국을 두루 통틀어 우리나라의 불교는 인도나 중국 불교의 단순한 연장이 아니다.

전래 당시 삼국의 사회구성체 수준으로 볼 때 불교는 중앙 집권을 강화하는 데 아주 맞춤한 정신적 자양분이었다. 고구려에 전파된 불교는 중앙집권을 강화시키는 데 기여했지만 고구려의 강한 호전·

음모적 정치성 때문에 그 정치 자체를 유구하고 깊은 삶의 자양분으로 전화시켜내지는 못했다.

백제에서는 불교 문화를 찬란하게 이룩했지만 정권의 강화에는 기여할 방도가 없었다. 백제의 성격 자체가 끊임없이 탈(脫)정치화를 지향했던 까닭이다.

고구려와 백제에 비해 신라에서는 불교가 순탄한 전파 과정을 밟지 못했다. 불교를 정치적으로 수용하기에는 중앙 집권력이 미약했고, 귀족 세력의 반발이 거셌다. 문화적으로 수용하기에는 아직 원시적인 주술신앙이 강했다.

그러나 순교의 고난을 통해 불교 고유의 변증법이 신라의 정치·문화적 심성에 점차 적중한다. 불교의 문화 대(對) 불교의 정치라는 이분법이 아니라 정치와 문화의 불교적 관계가 신라적 관계를 여러 겹으로 보완하고 정당화시키고 신라를 외유내강의 공동체로 틀짓는 것이다.

고구려의 경우

고구려에 불교가 들어온 것은 372년이다. 고국원왕의 아들이 소수림왕(371~384년)으로 즉위하고 해를 넘긴 6월, 중국 전진의 왕 부견이 순도를 시켜 불상과 불경을 고구려로 전한 것이다. 그때 민간에 불교란 것이 아주 낯선 것이었을 리는 없겠다. 그러나 불교는 선물이었음이 분명하다. 소수림왕은 사신을 보내 부견에게 감사의 뜻을 표했다. 그리고 순도에게 왕자를 가르치게 한다. 불교는 문화로 왔다.

374년에는 아도가 고구려로 온다. 이때쯤이면 불교가 아직 종교까지는 되지 않았더라도 나라의 정신문화적인 구심으로 작용할 틀은 갖추게 된다. 소수림왕은 이듬해 봄 성문사와 이불란사를 세우고 순도와 아도를 각각 머물게 하였다. 이 두 절이 우리나라 최초의 절이

장천 1호 무덤의 뒷벽 천장.

다. 이때 불교는 인과(因果)의 교리였고, 구복(求福)의 소망으로서 지배 계층의 도덕을 대변하며 재래의 토속신앙과 결합해 들어가는 단계였다.

고국원왕의 전사로 급작스레 왕위에 오른 소수림왕은 고구려 사회의 동요를 막기 위해 일련의 체제 정비를 도모한다. 불교의 도입은 그것에 병행하여 벌인 사상 작업 중 하나였다. 소수림왕은 유교 교육기관인 태학을 설립, 유교 이념의 확대도 도모했던 것이다.

이때 그에게 필요한 것은 부족적 관념 체계를 극복한 국가 이념 체계의 확립이었다. 373년에 그는 국가 통치의 기본법인 율령을 반포한다. 부족의 관습법 체계를 국가의 공법 체계로 바꾸는 것이다.

제도·사상적 개혁을 통한 소수림왕의 체제 정비 작업은 4세기 말~5세기 간 고구려 전성기를 맞을 기틀로 작용했다. 대외적으로도 고구려의 사정은 풀리고 있었다. 사실 374년, 375년, 376년 백제 공격을 감행했고, 378년에는 거란의 침입을 받기도 했다. 아니, 무엇보다 전연이 멸망하고 등장한 전진과 외교 관계를 수립할 수 있었던 터다.

그러나 고구려의 경우 정치적 중흥은 불교의 중흥을 막았다. 391년 고국양왕(384~391년)이 영을 내려 불교를 '숭배하고 믿게'끔 함으로써 불교는 종교로 대접을 받지만, 정치는 더 이상 불교를 필요로 하지 않았고, 불교는 겉돌았으며, 불교의 세례를 받지 못한 고구려의 정치는 안팎으로 무너지고 만다.

백제의 경우

백제에 불교가 전파된 것은 고구려보다 12년 늦은 384년. 근구수왕의 아들로 그뒤를 이은 침류왕(384~385년) 원년 때다. 경로는 고구려와 전혀 다르다. 마라난타. 그는 인도의 고승으로 동진을 거치고 바다를 건너 백제로 왔다.

침류왕은 불교를 이미 상당히 알고 있었다. 그는 마라난타를 궁중에 머물게 하며 예로써 받든다. 그리고 이듬해 2월 한산에 불교 사원을 세우고 10명의 승려를 출가시킨다. 그는 불교를 처음으로 공인했다.

이러한 침류왕의 불교 숭배는 당연히 백제 사회에 적지 않은 파문을 일으킨다. 침류왕은 사원을 세운 지 불과 9개월 만에 사망하는데, 그것이 그의 불교 정책에 대한 반발의 결과라고 보는 주장도 있다. 부족 세력의 잔재가 강할수록 토속신앙의 잔재 또한 강한 것이다. 다음 왕인 진사왕(385~392년)이 침류왕의 아들이 아니라 동생인 것도 그때의 '정변 가능성'을 충분히 엿보게 해준다.

그러나 백제에서 불교가 정치화되지 못한 것은 불교의 아나키적 본질이 백제 정권의 아나키적 본질과 유착, 서로를 일방적으로 문화·예술화해버린 탓이다. 백제의 불교는 침류왕 사후 160여 년이 경과할 때까지 지지부진이다가, 526년에 겸익이 인도로부터 귀국하는

종교와…. 살바도르 달리,
<액체 욕망의 탄생>.

것을 계기로 크게 발전한다.

눌지마립간

앞에도 언급했지만 신라의 불교 수용은 순탄하지 않았다. 중앙 집권이 가장 늦었으니 당연한 일이라 하겠다. 경로는 고구려. 신라가 고구려 세력을 배경으로 성장하던 눌지마립간(417~458년) 때다. 눌지마립간은 내물마립간의 첫 아들이지만 곧바로 왕위를 잇지는 못했다. 내물마립간이 고구려에 볼모로 보냈던 실성이 401년 귀국, 왕위에 올랐기 때문이다.

왕위에 오른 실성이사금(402~417년)은 자신을 고구려에 볼모로 보냈던 내물마립간을 원망, 그 아들인 눌지를 해치려 하였다. 그는 고구려가 자신을 밀어줄 것을 믿어 의심치 않았다. 그러나 오히려 눌지가 고구려의 지원을 받아 정변을 일으키고 실성이사금을 살해, 스스로 왕위에 오른다.

그의 왕위 계승에는 고구려의 힘이 크게 작용했다. 아니, 이때 신라는 거의 고구려의 정치적 속국이라고 해도 과언이 아닐 터이다. 동생 복호는 고구려에 볼모로 잡혀 있었다. 또 다른 동생 미사흔은 실성이사금이 일본에 볼모로 보낸 터였다.

하지만 눌지마립간은 지혜와 용기, 그리고 백성을 사랑하는 마음을 갖춘 명군이었다. 즉위하고 나서 그는 신라의 정치적 독립을 강화하기 위해 모든 수단을 총동원한다.

418년 충신 박제상을 보내 복호와 미사흔을 빼내왔다. 424년 고구려에 사신을 보내 정상적인 외교 관계를 유지하는 한편, 433년에는 고구려의 남진 정책에 대비 백제와도 동맹 관계를 맺는다. 이 나제동맹은 당시 신라의 정치적 입지로 보자면 절묘한 외교적 성과였다.

455년 고구려가 백제를 쳤을 때 신라는 나제동맹에 의거, 백제에 지원군을 보냈다. 미사흔이 일본을 탈출한 후 일본이 세 차례에 걸쳐 신라를 침범하지만 잘 막아냈다. 그리고 450년 하슬라 성주 삼직이 고구려 변방 장교 한 명을 살해한 사건이 발생, 고구려군이 신라를 침범하자 사죄 사절을 보냄으로써 사태를 해결한다.

뿐인가. 혼미 상태에 빠진 왕권 부자 상속제를 다시 확고히 했고, 남당에서 노인들을 친히 봉양했고, 시제(저수지)를 구축, 농업생산력을 증대시켰고, 백성들에게 소달구지 사용법을 가르쳐 화물 유통을 원활케 했다.

신라의 경우

불교가 신라에 전해진 경로는 건국 설화가 그런 것처럼 길고 지루하다. 그러나 불교는 신라에 처음부터 종교로 들어왔다. 승려 묵호자가 고구려를 거쳐 신라 서북지방 일선군(선산)에 들어와 모례의 집 굴방에 숨어 살면서 때를 기다린다. 그는 아마 중국인이었을 게다. 그러던 중 중국 양나라에서 사자 원표를 시켜 신라 왕에게 의복

색과 공, 바실리 칸딘스
키, <검정과 보라>.

과 향을 선물로 보내왔다. 그러나 신라는 문명이 뒤늦은 나라였다.
왕도 신하도 향의 이름과 쓰는 법을 몰랐다.

　왕이 사람을 시켜 나라 안을 돌아다니며 그 이름과 용도를 널리
물어보게 하였다. 묵호자에게 때가 왔다. 묵호자는 그 이름이 향이며
사르면 향기가 풍기며 신성한 존재에 정성이 통한다고 말한다. 그리
고 설법이 시작된다. 가장 신성한 것은 삼보이며, 이 삼보 앞에 향을
사르며 소원을 말하면 반드시 영험이 있을 것이다.

　이것은 불교와 신라의 토속신앙과 접합하려는 노력의 반영이다.
그 노력은 당연히 토속신앙과의 마찰을 불가피하게 했을 것이다.

종교를 위한 기적

　기적이 필요할 때다. 왕녀가 큰 병을 앓고 있었다. 왕이 묵호자를
불러 향을 피우고 기도를 올리게 한다. 왕녀의 병이 곧 낳는다. 왕은
크게 기뻐하며 흥륜사를 지어주고 불법을 펴게 하였다. 그러나 여기
서 끝나지 않는다. 묵호자는 그후 영흥사를 창건하고 그곳에 머물렀

는데, 왕이 죽자 백성들이 그를 해치려 하였다. 묵호자는 모례의 집으로 다시 돌아가서 굴을 파고 문을 봉한 뒤 영영 나오지 않았다. 모례는 신라인 최초의 불교 신자다.

그 다음 등장하는 것이 아도 그는 고구려인 어머니와 위나라의 사신 아굴마 사이에 태어났다. 5세가 되자 어머니가 그를 출가시킨다. 그는 16세에 위나라로 가서 아버지 아굴마를 만난다. 아굴마는 아도를 현창화상에게 공부하게 한다.

아도는 19세에 귀국한다. 어머니는 아도를 신라로 보낸다. 그녀가 아도에게 말한 내용은 이렇다. 고구려는 지금까지 불법을 모르고 있지만 3천 개월이 지나면 계림에 성왕이 나와 불교를 크게 일으킬 것이다. 그 나라 서울에 7개의 가람터가 있는데 모두 전생 부처 때의 가람터로서 불법이 길이 유행하던 곳이다. 네가 그곳에 가서 불법을 전파하면 불교의 기운이 동으로 향하리라…….

불국 신라

아도가 신라로 간 것은 263년. 미추왕 2년 때다. 다시 모례가 등장하고 그후 이야기는 묵호자와 대동소이하다. 모례의 누이 사씨도 승려가 되었다. 신라 최초의 여승인 셈이다. 왕이 죽고 사람들이 그를 죽이려 하자 그는 모례의 집으로 가서 스스로 무덤을 만든 다음 병 없이 죽었다.

다른 기록도 있다. 아도는 신라 소지왕(479~500년) 때 시자 세 명을 데리고 모례의 집에 와 있다가 몇 년 후 병 없이 죽었고, 시자 세 명이 경과 율을 강독하여 믿는 이가 이따금씩 있었다고도 한다. 묵호자와 생긴 모습이 비슷하고 그도 고구려를 거쳐 들어왔으므로 동일인물일지 모른다. 아도란 그냥 머리 깎은 자의 통칭이라는 설도 있다.

신라 최초의 사찰 도리
사 극락전. 아도가 지었
다 한다.

어쨌든 아도로 인해 불교 신도가 늘어났고 그후로도 신라 왕실은
불교를 공인하기 위해 끊임없이 노력했지만 씨족사회 귀족들의 반대
가 워낙 심했다. 그러나 중앙 집권형 지배 체제의 구축은 역사의 추
세였고 불교는 신라에 적합한 종교이자 정치적 권위였다. 왕법과 불
법을 동일시하고 부처의 위력을 왕의 위력으로 대치하여 강력한 중
앙 집권식 왕권을 확립하는 방식은 신라에 딱 들어맞았고 거꾸로 그
방식이 삼국 시대 역사 발전의 단계에 가장 들어맞는 것이었다.

법흥왕과 이차돈

법흥왕(514~540년)은 불교를 정신적 지주로 삼아 중앙 집권형 국
가 체제를 구축하려는 왕실파가 옹립한 왕이다. 그러나 여기서 끝나
지 않는다. 법흥왕은 재위 7년(520년) 율령을 반포하여 국가 조직 정
비를 일단락짓지만 불교 공인은 계속 반대에 부딪친다. 기적이 또
필요한 때인가. 그렇다. 아니, 아니다. 기적의 순교, 혹은 순교의 기
적이 필요한 대목이다. 이차돈이 순교한 것은 율령 반포 후 7년이
지난 527년이었다.

이차돈의 아버지는 지증왕(500~514년) 생부인 습보갈문왕의 후예다. 이차돈은 어려서부터 성질이 곧아 사람들의 신망을 얻었다. 그는 일찍부터 불교에 귀의했고 신라에 불교가 허용되지 않는 것을 한탄했다. 법흥왕이 불교를 백성에게 널리 알리려 했지만 신하들의 반대로 뜻을 펴지 못하는 것을 안 그는 '나라를 위하여 몸을 죽이는 것은 신하의 대절이요, 임금을 위하여 목숨을 바치는 것은 백성의 바른 뜻'이라며 왕에게 꾀를 내었다.

제가 왕명을 내세워 불교를 전파할 것이니 신하들의 반대가 심하면 왕명을 빙자한 죄로 저의 목을 치시라……. 왕은 반대한다. 이차돈이 다시 말한다. 목숨을 버리는 것은 가장 어려운 일이지만 이 몸이 저녁에 죽어 아침에 불교가 행해지면 부처가 다시 중천에 오르고 성주가 길이 편안할 것입니다……. 신라와 불교가 결합하려면 이적이 요구된다는 뜻이었다. 법흥왕은 허락한다.

이차돈은 천경림에 절을 짓기 시작하고 그가 왕명을 받들어 불사를 시작한다는 소문이 퍼지자 신하들이 매우 흥분하여 왕에게 따져 물었다. 왕은 자신이 그런 명을 내린 적이 없다고 잡아뗀다. 신하들에게 잡혀온 이차돈이 말한다.

나는 부처님의 뜻에 따라 불사를 일으켰다. 이 불법을 행하면 나라가 크게 편안하고 경제에 유익할 것인데 국령을 어기는 것이 무에 대수겠는가……. 신하들이 이차돈을 국령을 모독한 죄인으로 몰아대니 왕은 할 수 없이 이차돈의 목을 베게 한다. 물론 이차돈과 미리 약조된 바였다.

이차돈이 말한다. 내가 죽은 뒤 반드시 이적이 일어날 것이다. 그는 하늘을 향해 기도하였다. 칼날이 공중에 솟구쳤다가 그의 목을 베었다. 그의 머리가 멀리 날아 금강산 꼭대기에 떨어졌다. 잘린 목에서는 흰 젖이 수십 장이나 솟아올랐다. 갑자기 캄캄해진 하늘에서

이차돈 순교비.

아름다운 꽃이 떨어지고 땅이 크게 진동하였다. 신하들은 자신들의 어리석음을 크게 깨닫고 불교를 공인하는 데 찬성하였다. 2년 후에는 살생을 금하는 영이 내려진다.

이차돈과 법흥왕

그러나 거기서 끝나지 않는다. 이차돈이 죽은 후 법흥왕은 천경림에 신라 최초의 정사를 짓게 한다. 절이 완공되자 그는 왕위를 진흥왕에게 물려주고 스스로 승려가 되어 그 절에 머무른다. 법명은 법공. 절 이름은 대왕흥륜사.

신라 사람들은 국가를 위해 초국적인 어떤 것, 그리고 헌신적인 어떤 것이 필요하다는 것을 가장 먼저 알았다. 불교는 무정부주의적인 성격이 강하지만, 무엇보다 그 초국성과 헌신성의 결합이 신라라는 국가를 강대하고 화려한 수준으로 끌어올리게 된다. 그리고 신라는 그 불가해한 것으로 열린 자신의 예술적 심성을 유감없이 발휘, 불교를 단순한 신앙 차원에서 현실과 초현실을 매개하는 예술의 차원으로 끌어올린다.

이차돈의 순교로 공인된 불교는 '착한 일을 하면 복을 받는' 인과 교리 수준의 종교였다. 그러므로 우리는 앞으로 신라의 중흥과 더불어 미타사 설화, 그리고 이차돈 설화가 얼마나 화려하고 우아하며 정치한 불교 예술로 승화되어가는가를 예의 주시하자.

광개토대왕과 장수왕   6장

아버지와 아들, 광개토대왕릉비

고구려 최전성기가 온다. 고구려는 최대의 영토
를 갖게 된다. 우리나라 강토가 가장 넓었던 때
가 바로 이때이다. 그러나 고구려의 이 영화는
단지 용맹성만으로 이루어지지 않았다. 그런데
왜 고구려는 유지되지 않았을까? 그때와 지금을
비교하면서 우리의 바람직한 장래를 설계해본다.

고구려가 갈망하던 정복왕

광개토대왕(391~413년). 땅을 넓게 연 왕. 고구려 영토는 그의 아들인 장수왕대에 가장 넓었지만 장수왕은 외교가인 면이 더 많았다. 광개토대왕은 거침없는 무력 침공으로 일관했다. 아버지 고국양왕(384~391년)은 백제군과 싸우다 전사한 고국원왕의 아들이자 소수림왕의 동생이다. 그가 즉위한 것은 소수림왕에게 아들이 없었기 때문이다.

소수림왕 때 정비된 체제와 안정된 국력을 바탕으로 고국양왕은 적극적인 대외활동을 펼쳤다. 385년 후연을 쳐서 요동군과 제3현도군을 점령한다. 이곳은 이듬해에 후연에게 다시 빼앗겼지만 같은 해 백제를 공격했고, 389년과 390년에는 백제의 침공을 받았다.

그러나 고구려는 고국양왕 대에 국력이 크게 신장한다. 백제는 이미 위협적인 적이라기보다는 고구려의 군사력을 강화시키는 매개 정도였다. 그가 내물마립간으로 하여금 실성을 볼모로 보내게 한 장본인이다. 그는 다른 한편 불교 신앙의 확대를 꾀하고 사직을 세우고 종묘를 수리하는 등 왕권 중앙 집중을 강화시킨다. 그러나 광개토대왕에 이르면 사태가 질적으로 달라진다. 그는 정벌을 위해 태어난 왕이다.

물론 그가 무력에만 기댔던 것은 아니다. 하지만 그는 고구려의 모든 방향으로 영토를 넓혀갈 생각이었고, 기본적으로 공격이 최상의 방어라는 전술 개념을 신봉하는 자였다. 그리고 그럴 만한 자격과 시운이 있었다. 그는 어려서부터 체격이 크고 뜻이 커서 부왕 3년에 태자로 책봉되었고, 고구려는 광개토대왕 같은 정복왕을 고대할 만큼 국력의 강력한 도약을 염원하는 상태였다.

광개토, 백제를 치다

그가 가장 먼저 친 것은 당연히 백제였다. 만만하기도 하지만 할아버지인 고국원왕의 전사로 인한 상처를 씻고 자존심을 회복해야 했던 까닭이다. 그는 즉위하자마자 4만 병력을 거느리고 석현성(개풍구 북면 청석동) 등 10개 성을 빼앗고, 기세를 몰아 난공불락의 관미성(강화 교동도)을 단 20여 일 만에 함락시켰다. 그리고 같은 해 북쪽의 거란도 정벌, 남녀 5백 명을 사로잡고 고구려인 1만 명을 데리고 돌아온다.

2년 후 백제군이 빼앗긴 땅을 탈환키 위해 쳐들어오지만 수곡성(신계)에서 패퇴시켰다. 그 이듬해에는 패수(예성강)에서 다시 물리치고 백제와 접경 지대에 7개 성을 쌓아 방비를 강화하는 것처럼 보였다. 그해에 광개토대왕은 거란의 일부인 비려를 직접 정벌, 6백~7백 부락을 격파하고 많은 가축을 노획했다.

그리고 그 이듬해 돌연 백제를 전면 공격한다. 이 백제 공격에서 고구려군은 커다란 전과를 올렸다. 고구려는 마침내 한강을 건넌다.

58성 7백 촌을 초토화시켰고 백제의 아신왕(392~405년)에게 영원한 노객(奴客)이 되겠다는 내용의 항복 서약을 받았다.

그리고 아신의 동생과 대신들을 인질로 잡아온다. 수많은 전리품을 아신왕에게 받아온 것은 물론이다. 398년에는 소규모 군대를 파견, 숙신을 정벌하고 조공 관계를 맺는다.

백제는 세력 만회를 위해 일본과 연합한다. 399년, 일본군이 백제를 도와 신라를 공격한다. 신라는 고구려에 복속의 담보물인 인질을 보낸 처지였으므로 이는 고구려를 공격한 것과 같았다. 고구려는 군대를 보내어 일본군을 격퇴하고 신라에 대한 영향력을 더욱 높였다. 그러나 백제에 대한 즉각 응징에는 나서지 않는데, 이는 서쪽의 강적 후연과 공방을 거듭하는 중이었기 때문이다.

후연과의 쟁패

396년 모영보가 후연 왕으로 즉위했을 때 고구려는 군사적으로 후연보다 약했다. 모용보는 광개토대왕을 '평주목요동대방이국왕'에 '책봉'했고 고구려는 400년 후연에 사절을 보냈다. 조공을 바치는 관계였을 것이다.

그러나 여타 지역에 대한 정벌 경험으로 고구려의 군사력은 날로 강해졌다. 격돌은 처음부터 예견된 터였고 이제 실현 날짜만 기다리고 있는 상태였다. 같은 해 후연 왕 모용성이 고구려 남소성과 신성을 침공해온다.

광개토대왕은 수세를 유지하다가 보복전을 감행한다. 불과 2년 후 고구려군은 요하를 건너 멀리 평주의 중심지 숙군성을 공격, 평주자사 모용귀를 패주시켰다. 광개토대왕은 404년에 다시 후연을 공격하여 요동성(요양)을 비롯한 요하 동쪽 지방을 차지한다.

이해에 백제가 다시 대방고지를 침공해 들어오지만 이번에는 고구려가 5만 병력을 파견, 백제군을 신라에서 몰아냄은 물론 가야 지역까지 추격하고, 대방고지에 침입한 일본군도 궤멸시켰다.

후연 왕 모용희가 요동과 목저성(목기)을 공격해 오지만 고구려군에 밀려난다. 이즈음 광개토대왕이 산동성에 중심을 둔 남연의 모용초에게 천리마 등을 보내면서 접근을 꾀한 것을 보면 후연은 여전히 고구려 혼자 감당하기에는 어려운 존재였다.

그러나 고구려는 그 와중에 백제를 대대적으로 공격하여 막대한 전리품을 노획하고 6개 성을 쳐부순다. 그리고 408년 새로 등장한 북연이 후연을 멸망시키자 북연과 우호 관계를 유지하면서 동부여를 친히 정벌, 굴복시킨다. 이때 그의 나이 불과 36세. 3년 후에 그는 죽었다. 그가 재위 기간 중 쳐부순 것은 총 64성과 1천4백여 촌락이다. 고구려 영역은 그의 재임 기간 중 서쪽으로 요하, 북으로 개원~영안, 동으로 혼춘, 남으로 임진강 유역에 이르렀다.

대외 정복을 위한 내치 정비

광개토대왕이 내치에 노력을 기울이지 않았던 것은 아니다. 대체 어떤 왕이 그럴 수 있겠는가. 광개토대왕은 중요한 중앙 관직을 몇 개 신설했고 역대 왕릉 보호를 위한 제도를 재정비했다. 그리고 393년 평양에 아홉 개 절을 창건, 불교를 장려했다. 이러한 문화 이전을 발판으로 다음 대인 장수왕 때 평양 천도가 이루어진다.

그러나 광개토대왕의 내치 정비는 정복을 위한 안정적 토대를 위한 것이었다. 그 거꾸로가 아니다. 그리고 가장 자신만만할 때 위기가 온다. 광개토대왕은 고구려의 본질이라고 해도 과언이 아닐 정도의 왕이지만 그의 사후 고구려가 나라로 이어져가는 데는 그의 맹목적인 정복욕이 오히려 치명적인 장애로 작용했을 것이다.

세계 사상 불세출의 정복왕 칭기즈칸이 세운 제국이 바로 그랬다.

광개토대왕이 세운 고구려가 나라로서 오랜 세월을 버텨낸 것은 그의 맏아들 장수왕의 능수능란한 외교와 정벌의 혼합술 덕분이었다.

정벌을 위한 외교

장수왕(413~491년)은 79년 동안 고구려를 지배한다. 그가 재위하던 기간은 중국 대륙이 극심한 분열과 이민족의 각축으로 몸살을 앓을 때였다. 북중국은 여러 이민족이 각축을 벌이다가 439년 북위에 의해 통일된다. 남중국은 한족의 지배가 계속되었으나 동진(317~420년) ─ 송(420~479년) ─ 남제(479~502년)로 왕조가 뒤바뀌어갔다.

장수왕은 중국의 분열을 틈타 고도의 대중국 외교를 구사한다. 즉 위하자마자 동진에 사절을 파견하는데 이는 70년 만에 재개된 남중국과의 접촉이었다. 외교 관계는 그뒤의 송·남제와도 계속되었다.

이것이 국경을 접한 북위와 백제를 견제하기 위한 것이었음은 물론이다. 그러나 북위가 북중국의 강자로 부상하자 장수왕은 사절을 파견, 외교 관계를 맺는다. 하지만 그것으로 장수왕 이야기가 끝나지 않는다.

창 쓰는 모습, 삼실총 벽화(부분).

장수왕이 기민하기만 했다면 그는 중국 여러 나라의 비위를 맞추느라 한평생을 다 보냈을 것이다. 그렇지 않았다. 그는 전쟁의 현실주의자였고 배짱이 있었다.

　그는 북위와 외교 관계를 맺으면서도 북위가 멸한 북연 왕 풍홍의 망명 요청을 쾌히 받아들인다. 군사를 보내 호위까지 해주며. 당연히 북위가 가만히 있지 않았다. 풍홍을 압송하라는 명령을 거절하자 북위 왕은 군대를 동원해 고구려를 공격하려 했다.

　그러나 신하들이 말린다. 왕은 분을 참고 명령을 거둔다. 아마 현명한 판단이었을 것이다. 당시 북위는 고구려의 공격을 막을 수는 있어도 직접 쳐들어가 고구려를 제압할 힘은 못되었다. 장수왕은 그점을 정확하게 꿰뚫어보았다. 그러나 이 정도로 끝나지 않는다.

명분과 실리

　풍홍은 망명을 온 처지에 고구려를 우습게 보았다. 고구려는 북연에 조공을 바치던 나라였던 것이다. 지금은 비록 망명자 신세지만 나라를 다시 되찾는다면 고구려는 다시 신하국이 되리라. 지금 고구려에도 나를 떠받들 신하들이 있으리라……

　그게 아주 망상은 아니었다. 북연은 워낙 강한 나라였던 것이다. 장수왕은 즉각 풍홍의 아들을 인질로 삼았다. 그러자 풍홍은 비밀리에 남조의 송에 사신을 보내 망명 의사를 밝혔다. 그건 중차대한 문제였다. 중국 전체가 극심한 분열상을 보이던 때였으므로 풍홍은 아직 '모셔둘' 가치가 있었다.

　더군다나 중국이 아니라 한반도의 '일개' 고구려가 북연의 풍홍을 '보호'하고 있다는 것은 중국인들의 자존심을 건드리기에 족했다. 송은 즉각 백구를 사신으로 보내 풍홍을 내놓으라고 했다. 군사 7천명을 거느린 사신이었으니 거의 군사적 위협에 가까운 것이었다. 장수왕은 고구와 손수를 보내 풍홍과 그 가족을 죽여버린다. 풍홍이 송나라로 넘어간다면 고구려와 송의 관계는 더 악화될 우려가 있음을 그는 간파했던 것이다.

사신 백구는 그 사실을 알고 즉각 고구와 손수를 기습 공격했다. 이 기습에서 고구가 살해되고 손수는 사로잡히게 된다. 장수왕은 매우 기민하게 외교적 공세를 취한다. 그는 백구를 체포한 후 송나라로 돌려보낸다. 그리고 전한다. 송이 중국의 대국이거늘 어찌 남의 나라 장수를 함부로 죽이는가. 여기 그 죄인을 잡아 보내니 엄벌에 처함이 마땅할 것이라……

기세등등한 고구려에 놀란 송은 백구를 감옥에 가두었다가 한참이 지나서 슬그머니 풀어주었다. 송과 고구려가 직접 대결할 가능성은 애당초부터 거의 없었다. 송이 병사 7천을 보내 사신을 호위케 한 것은 우스꽝스러운 허세이고 결과적으로 커다란 결례가 된다. 송은 명분 싸움에서 고구려에 완패한 것이다.

평양으로, 백제와 신라로

장수왕이 수도를 평양으로 옮긴 것은 대중국 외교를 그러저러한 소강 상태로 두고 남하 정책을 강력하게 추진하기 위한 조치였다. 455년 그는 백제 비류왕이 죽고 개로왕(455~475년)이 등극하는 혼란기를 틈타 백제를 공격해본다. 468년에는 신라를 공격해 땅을 빼앗는다.

백제는 아직 호락호락하지 않았다. 그는 주도면밀한 사전 작업을 개시한다. 승려 도림을 백제에 첩자로 파견, 개로왕에게 접근케 하여 왕의 실정(失政)을 유도해낸 다음 직접 군사를 지휘, 개로왕을 살해하고 한성을 초토화시키는 것이다. 도림에 관해서는 다음 장에서 자세히 이야기될 것이다.

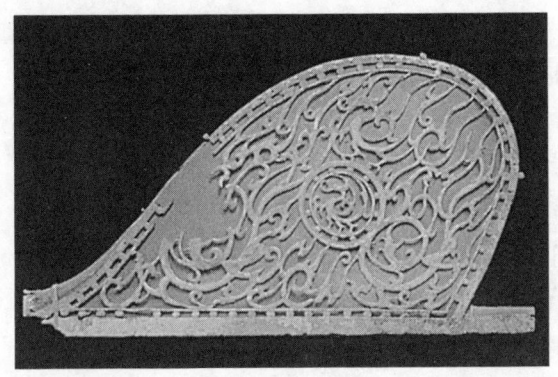

금동투각 일상문장식, 평
남 진파리 1호 무덤. 4~5
세기.

이때의 패전으로 백제는 웅진(공주)으로 수도를 옮기지 않을 수 없게 된다. 그러는 사이 고구려는 466년 북위의 혼인 요청을 거절하는 등 긴장 상태를 유지하다가 472년 이후부터 매년 두 차례 이상 사절을 파견하는 등 외교상의 강온책을 적절하게 구사했다.

그리고 북위와 적대 관계에 있는 북아시아 유목민족들과도 관계를 맺었다. 479년에는 흥안령산맥 일대에 거주하던 자두주족의 분할 점령을 꾀했고 거란에 압력을 가했다.

신라와의 관계는 장수왕 재위 기간 동안 크게 악화되었는데 이것은 아마도 고구려의 국력이 너무 강대해진 데 따른, 신라 쪽으로서는 어쩔 수 없는 일이었을 것이다. 고구려는 417년 왕위 계승 분쟁에 개입하여 눌지마립간을 세우는 등 우월한 위치에서 평화 관계를 유지했다. 그러나 신라가 백제와 동맹을 맺으며 고구려에 적대적인 입장을 취하자 468년 신라 실직성을 공격하여 빼앗는다.

삼국의 균형

481년에는 호명성(경상북도 청송군 호명산) 등 7성을 빼앗고 미질부(흥해)까지 진격한다. 그러나 고구려도 여기까지였다. 장수왕은 그것을 감으로 알았다. 광개토대왕이라면 몰랐으리라.

더 진격했다면 백제, 그리고 일본 본토와 맞닥뜨려야 할 것이고, 북중국 쪽의 압력이 고구려 국경을 뚫었을 것이다. 삼국의 균형이란 작은 삼국이든 큰 삼국이든 이토록 오묘한 데가 있었다.

그 오묘하고 역동적인 균형을 단순히 분열로 규정하거나 단순·통합하려는 태도에서 벗어나 그 균형성의 질을 더욱 질 높고 조화로운 쪽으로 발전시켜나가는 것이 역사상 끊임없이 이어져온 과제였고, 오늘날도 그렇다. '고구려가 한반도를 통일했더라면'이라는 가상 현실적 소망의 치기가 드러나는 대목이다.

어쨌거나 장수왕대 고구려 영토는 서로 요하, 동으로 북간도 혼춘, 북으로 개원, 남으로 아산만~남양만~죽령에 이른다. 2세기 동안 세 배로 늘어난 고구려 최대의 영토다. 장수왕은 491년 98세로 죽었다. 그래서 장수왕이기도 하다.

북위는 거기대장군태부요동군 개국공신 고구려왕을 추증한다. 비

대국과 삼국, 대국의 삼국. 야스퍼 존스, <세 깃발>.

록 고구려를 아직 속국으로 여기는 중화 사상의 면모가 보이지만, 이는 북위가 이민족에게 수여한 추증 가운데 가장 높은 것이었다.

장수왕은 재위 중 왕권 강화와 중앙 집권 체제 정비에 더욱 박차를 가했다. 그가 단행한 평양 천도 자체가 국내성 일대에 뿌리 깊은 기반을 가진 고구려 귀족 세력을 약화시키고 국가 경제 기반의 확대를 도모하기 위한 것이었다.

변조된 글자

414년 그는 고구려 왕실의 신성함과 부왕 광개토대왕의 업적을 과시하기 위해 광개토왕릉비를 건립하였는데 그 비에 상당한 분량의 비문이 새겨져 있다.

1부는 주몽에서 대무신왕을 거쳐 광개토대왕에 이르는 고구려 왕실 계보이다. 2부는 대왕의 정복 및 국경 순수 활동이 연대순으로 기록되어 있다. 바로 이 내용을 우리는 이제까지 기술하였던 바다.

그런데 비문 중 신묘년 기사가 정말 묘하다.

百殘新羅舊是屬民由來朝貢
而倭以辛卯年來渡海
破百殘□□新羅以爲臣民

첫 행은 '백제와 신라는 예부터 속민으로 조공을 바쳐왔다'. 뭐, 그럴 법하다. 고구려는 그때 가장 강대국이었고, 백제 및 신라와 맺은 관계들을 모두 조공 관계라고 치부했을 것이다. 백제와 신라는 물론 부인하겠지만.

북위와 고구려의 관계가 그랬던 것과 마찬가지다. 둘째 행은 왜(일본)가 신묘년에 바다를 건너왔다. 이것도 문제가 없다. 문제는 셋

광개토왕릉 비문.

째 행이다. 이걸 어떻게 해석해야 하는가. 해독이 불가능한 두 자를 무시하면 '백제와 신라를 쳐서 신민으로 삼았다'.

누가? 일본이? 일제 시대에 그 주체를 일본으로 했던 것은 당연하다 할 것이다. 일제는 그로써 일본의 한반도 침략 및 복속의 역사적 근거를 삼았던 것이다. 이 비문 중 몇 자가, 한국 침략을 정당화시키기 위해 교묘히 변조되었다는 사실이 밝혀진 것은 불과 30년 전이다.

한국측의 대응은 일제 시대 정인보로부터 시작되었다. 그는 '~도해파'의 주체를 고구려라 했다. 역사적 사실로 보나 한문 해석으로 보나 그게 타당하다는 것이다.

하지만 고구려가 굳이 바다를 건너 백제와 신라를 격파했다? 이 비문을 둘러싼 논란은 지금까지 계속 이어져오고 있다. 그리고 문맥 해석이나 고증, 그리고 역사적 맥락의 연구 등에서 한국·중국·일본 학자들의 광범위하고 심도 있는 작업이 계속되고 있다.

시대 착오의 극복

그러나 가장 중요한 것은 시대착오성을 벗어나는 일이다. 광개토대왕 당시 삼국과 일본의 관계는 임진왜란이나 일제 시대 당시의 관계와 그 성격이 전혀 다르다는 것이다. 그 당시에는 당연히 근대적인 의미의 식민지라는 개념이 있을 리 없었다. 일본제국주의에 맞선 반일적 자존심으로 1천 년 전의 한일 관계를 고찰할 필요는 없다. 고구려·백제·신라가 모두 일본과 외교 관계를 맺은 적이 있으며 특히 백제는 일본과 거의 '혼혈'되고 있음을 우리는 충분히 보았다.

우리가 중국과 맺은 모든 외교 관계가 중국측 기록에는 모두 신하의 맹세로 기록되고 있으며, 삼국이 일본과 맺은 외교 관계가 그 당시 삼국의 기록에는 모두 그렇게 기록되어 있는 것이다.

당시 고구려와 신라, 그리고 백제 간에 동족의식이란 것은 없었다. 아니, 서로 피흘리고 싸우면서 동족 의식이 싹텄다 해도 틀린 말은 아닐 것이다. 그때 일본과 삼국의 관계는 매우 밀접하였다. 고구려가 중국과 밀접한 전쟁·평화 관계였다면 백제·신라가 일본과 밀접한 평화·전쟁 관계였다. 그리고 일본군의 한반도 침략은 임진왜란 전에도 매우 잦았다.

우리가 그것을 종전에는 왜구 노략질이라 표현했을 뿐이다. 그때 그때의 기록을 당시의 일본측이 한반도 정벌이라고 기록했다고 한들, 그래서 신라에 주둔하는 일본부(임나일본부)가 있었다는 주장을 한단들, 민족적 자존심을 앞세워 지금 열을 올릴 필요는 없다.

중요한 것은 우월한 문화를 지니고도 일본에 정치적으로 병합되었던 치욕을 다시는 되풀이하지 않게끔 국력을 키우고자 하는 마음자세이고, 혹시 바로 지금 임나일본부가 우리나라에 존재하는 것 아닐까 하는 경계와 자기반성이다. 현재적인 열등감을 1천 몇백 년 전의 가상적 우월감으로 보상하거나 위로하려 한다는 것은 마취제일 뿐이다.

지워진 글자

그렇다면 비문을 변조했다는 일
본군 장교가 정말 대책없고 국가에
도움이 안 되는 미친 국수주의자이
듯이, 변조한 내용을 복원하겠다는
시도 역시 부차적인 문제와 주요한
문제를 혼동시킨다는 점에서 비뚤
어진 애국심의 발로다. 왜냐하면 당
시 한일 관계사의 대강을 이해하는
데 있어 위 비문은, 우리의 시대착
오적인 자존심을 극복한다면 부족
함이 없는 것이다.

그렇다면 비문에서 정말 궁금한
것은 지워진 두 글자다. 첫 행에는
백제 신라가 서로 붙어 있는데, 왜
여기서는 백제와 신라 사이에 두
글자나 떼어져 있을까? 아주 떼어

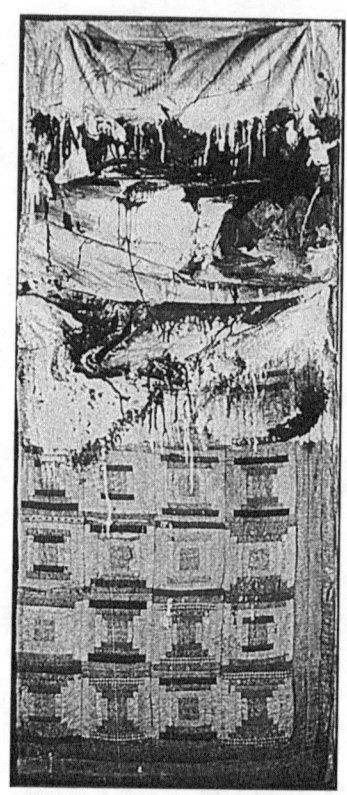

지워진 역사. 로베르트 라우센베르그,
<침대>.

버리면 어떨까. 백제는 일본과 워낙 가까웠으므로 그것을 고구려측
에서 보자면 '왜가 백제를 파한' 것이겠다.

그러면 신라는? 한 자 두 자로 표현할 수 있는 내용은 많다. '백
잔□□신라'는 무얼까? '백제 그 다음에 신라' '백제, 그러나 신라'
는 아니고, '신라를 위하여 백제' '백제와 그 신라'? 아니면 어떤 동
사, 아니 구문이 들어가 있는 것 아닐까? 상상하라.

고구려 첩자승, 백제 개로왕,
신라승 거칠부, 미륵선화 미시

7장

삼국의 불교와 국가

고구려, 백제, 신라의 삼국이 우여곡절을 겪으며
각각 발전해나간다. 각국의 불교도 그에 따라 발
전해간다. 불교가 가장 찬란한 결실을 맺는 것은
신라에서이다. 이로써 한반도에서의 주도권은 신
라가 쥐게 된다. 그 과정을 다양하게 또 한 단계
깊게 살펴보자.

왜 스님이 첩자 노릇인가

도림은 고구려가 백제에 파견한 첩자승이다. 장수왕이 백제의 정세를 살피기 위해 첩자를 구하였을 때 그가 자원하였다. 왕이 그를 뽑았다. 당시 승려는 국경을 자유롭게 또 자연스럽게 넘나들 수 있는 거의 유일한 존재였다. 삼국 모두 불교를 공인한 까닭이다.

하지만 도림에 질문이 없을 수 없다. 왕이 묻는다. 나라를 불문하고 일체 중생을 계도하는 것이 본업인 스님이 왜 하필 숱한 백성들의 피를 흘리게 할 나라 간 다툼 사이 첩자 노릇인가……. 도림이 대답한다.

"신은 도를 깨우치기에 너무 모자랍니다. 부족한 제 지식이나마 이용하여 나라의 은혜에 보답코자 합니다. 저를 믿고 일을 맡겨주십시오."

여기서 우리는 고구려 불교의 한 진면목과 마주치게 된다. 당시 불교는 어떤 상황이었는가. 392년(광개토대왕 2년) 평양에 아홉 개

절을 창건한 3년 후 중국 진나라 승려 담시가 고구려로 왔다. 본격적인 교화를 위해 파견된 승려로서, 불교 교리 연구 및 설법의 이해에 긴요한 경률 수십 부를 갖고 들어왔으며 수계를 베풀었다. 이것이 매우 중요한 계기였음은 물론이다.

그러나 고구려의 정치적 지향은 워낙 강했다. 그 결과는 무엇인가. 불교는 정치와 변증법적인 관계를 이루지 못하고 완전한 속세절연의 입산 수행과, 정치적 목적에 봉사하는 호국 불교 둘로 갈라지게 된다. 도림은 호국 불교를 대변하는 아주 낮은 사례다. 이 호국 불교는 결국 나라를 지켜주지 못한다. 아니, 호국 종교의 자리에서 속절없이 밀려난다.

고구려 불교사

고구려 불교사를 간략하게 더듬어보자. 498년 대동강변에 금강사가 창건되어 많은 고승을 배출한다. 576년(평원왕 18년)에는 의연을 중국 북제에 파견, 법상에게 불교의 역사 전래와 교학에 관해 배우게 한다. 그는 특히 《대승논서》에 대해 많은 것을 깨닫고 돌아왔다. 이때가 기로다. 그의 경론은 고구려에 뿌리를 내리지 못하고 후일 신라의 학승들에게 이어진다.

고구려에도 신라·백제 못지않은 고승들이 있었다. 승랑은 장수왕 말기에 중국으로 가서 삼론학을 공부한 뒤 삼론종의 종주가 된다. 그가 중국 불교계에 미친 영향은 지대하다. 그보다 먼저 현유는 이미 사망한 기승(奇僧) 파야 및 중국 승려와 함께 스리랑카까지 가서 살았다. 혜량은 양원왕 때 신라로 와서 신라 불교의 밑거름으로 작용했다.

포교를 위해 일본으로 간 고구려 승려들은 매우 많다. 혜편은 584년 일본 귀족의 두 딸을 출가시킴으로써 일본 귀족들의 존경을 한몸에 받았다. 혜자는 595년 일본에 귀화, 쇼토쿠태자의 스승이 되었고, 태자는 일본 불교를 크게 진흥시켰다. 그가 백제 승려 혜종과 더불어 법흥사를 창건한다. 담징은 이미 말한 대로고, 혜관은 반야중도사상을 천명하고 삼론을 강의, 심오한 불교 철학을 일본에 심어주었다. 그는 비를 내리게 하여 승저에 뽑혔다고 한다.

도등 역시 삼종론의 승려다. 일찍이 당나라로 가서 길장에게 배운 후 도일, 우치강에 큰 다리를 지었다. 이것은 중생을 피안으로 건네주는 다리였다. 고구려 말년 도일한 도현은 칙명으로 대안사에 머물면서 ≪일본세기≫ 등을 저술한다.

불교, 중국을 흡수하는 모태

그밖에도 고구려 고승들은 무수히 많다. 문제는 이들이 모두 포교를 위해서든 정치를 피해서든 고구려를 떠났다는 점이다. 진정하고 심오한 불교 정신은 고구려 땅에 뿌리를 내리지 못했다. 27대 영류왕 때 도교가 들어오고 그것이 왕실을 사로잡으면서 불교는 호국 종교의 자리마저 위협받게 된다.

그 20년 뒤 연개소문이 당나라로부터 여덟 명의 도사와 ≪노자도덕경≫을 받아들인 후 본격적인 불교 박해가 시작된다. 그후 고구려는 곧 멸망한다. 물론 도교 때문이 아니다.

그러나 정치가 불교라는 종교와 총체적으로 또 변증법적으로 어울리지 못했다는 것이 고구려 멸망의 가장 중요한 한 요인이라는 것은 아무리 강조해도 지나치지 않다. 고구려에서 불교는 치명적으로 이분화되었다. 이 이야기는 앞으로 계속 논의될 주제다. 신라의 삼국통일 자체가 신라적 불교의 힘에 크게 의존하는 것이다.

우리가 모두 알고 있다시피 고구려는 곧 중국의 수·당나라와 영웅적인 전쟁을 치르고 또 승리하게 된다. 그러나 불교가 고구려에서

금동여래입상, 고구려, 539년.

긍정적인 역할, 문화로써 정치를 여는 역할을 수행할 수 있었다면 고구려는 수·당과의 관계에서 다툼을 피할 수는 없었다 하더라도, 사생결단의 국력 총동원 및 탕진보다는, 불교를 매개로 장점을 흡수 하면서 맞겨루는 '성장을 위한 승리'를 쟁취할 수 있었을 것이다. 수·당과의 전쟁은 고구려에게 '멸망을 향한', 상처뿐인 승리를 안겨주었다.

불교를 통해 신라는 중국과 정말 불교적인 관계를 맺게 된다. 삼국 통일 과정 중 당나라와 신라의 관계는 우여곡절을 겪지만, 고구려와 중국 간의 정면 대치·연맹 관계에 비해 그 성격이 근본적으로 다르다.

백제는 일본의 문화 속으로 사라지고 확장된다. 신라는 불교를 통해 중국과 연결된다. 고구려는 용맹이 하늘로 치솟았지만 더 큰 세 나라 속에 천애고아로 남게 된다.

바둑에 미친 백제 왕

어쨌거나 도림은 첩자로서 고구려를 떠나 백제로 향한다. 그는 백제에 불교를 포교하지 않는다. 죄를 지어 고구려를 탈출한 것으로 위장하고 개로왕(455~475년)에게 바둑으로 접근한다. 당시 바둑은 고구려와 백제에서 인기였다. 특히 개로왕은 바둑에 빠져 있었다. 도림은 고수였고 왕은 당장 도림을 불러들였다.

도림은 흥미진진한 대국을 유도하면서 왕의 마음을 사로잡았다. 도림은 지위가 점점 더 올라갔고 정사에도 영향을 미치게 되었다.

그가 말한다. 백제는 바다와 산으로 둘러싸인 천연의 요새다. 물자도 풍부하다. 그러나 강한 나라가 되려면 성곽을 쌓고 궁궐을 꾸미며 선왕의 묘역을 단장해야 한다. 백성들을 위해 제방을 쌓아 홍수를 막는 것도 중요하다……

도림의 충고가 틀린 것은 아니다. 왕은 도림의 말을 따랐다. 그러나 도림은 문화적인 백제에 정치적인 고구려를 강요한 셈이다. 백제의 왕권 집중은 고구려만큼 강하지 못했을 뿐만 아니라, 백제 자체가 그럴 성격의 나라가 못되었다.

그 충고는 개로왕에게 치명적인 것이었다. 대규모 토목 공사가 동시에 시작된다. 수많은 백성들이 노역에 시달린다. 국고는 바닥이 나고 백성들의 불만이 쌓일 대로 쌓인다.

미친 자와 첩자. 제임스 엔소르, <음모>.

백제가 파탄에 이를 즈음 도림은 본국으로 도망쳐 장수왕에게 백제 실정을 자세히 보고한다. 장수왕이 직접 이끈 고구려 군대 3만 명이 백제를 쑥밭으로 만들고 개로왕을 사로잡아 죽였으며 백제로 하여금 웅진으로 수도를 옮기지 않을 수 없게 했음은 앞 장에서 이야기한 대로이다.

개로왕 멸망사

도미부인 이야기에 나오는 왕이 개로왕이라는 설까지 있지만 역사적으로 그가 못난 왕이었던 것은 아니다. 그는 도림이 백제로 오기 훨씬 전부터 고구려 침입에 대비했고, 469년에는 고구려 남부 지역을 선제 공격하는 한편 방어 태세를 보강했다. 472년에는 중국 북위에 구원병 파견을 요청하는 국서를 보낸다. 북위와 백제가 고구려를 협공하면 성공할 것이라는 내용이었다.

이 외교 전략은 실패했다. 북위가 남송과 대치중이었으므로 강대국 고구려와 전쟁을 벌일 여력이 없었던 것이다. 개로왕은 전대에 결성된 백제·신라 동맹의 유지·강화에도 힘썼다. 고구려 침략에 무너지던 475년 신라는 군대 1만 명을 파견하여 백제를 돕는 것이다.

그가 결정적으로 실패한 것은 왕권 강화를 무리하게 추진했던 대목이다. 예부터 내려오던 대귀족들의 세력이 기세등등한 터에 왕정 중심의 집권 체제를 무리하게 추진, 백제 특유의 결속력을 약화시켰다. 패주한 개로왕을 사로잡아 처형한 것은 백제에서 죄를 짓고 고구려로 도망, 백제 침공의 선봉장으로 나선 재증걸루와 고이만년이었다.

개로왕이 죽고 그 아들 문주왕(475~477년)이 즉위하자 대귀족 해구가 권력을 장악한다. 해구는 문주왕을 죽이고 그 아들 삼근을 명목상의 왕에 앉힌다. 삼근왕이 해구를 제거하려 하자 해구는 반란을 일으키는데, 삼근왕은 진씨 세력을 총동원하고서야 겨우 해구를 죽일 수 있었다.

백제에서 귀족들의 세력은 그 정도로 강했다. 개로왕을 멸망시킨 것은 개로왕 자신이었다. 도림´이야기는 개로왕 멸망사를 한 에피소드로 압축 설명하는 '신라 역사가'의 장치에 불과한 것인지 모른다. 그렇다 하더라도 이 이야기는 전형적인 백제의 왕 개로를 설명하는 데 부족함이 없다.

그는 마치 자신이 백제 자신이라는 듯이 문화에 너무 깊이 심취하여 정치적으로 멸망했다. 이 전형성은 백제의 마지막 왕 의자에게서 다시 한 번 극적으로 반복된다.

고구려는 도림의 첩자질로 백제 개로왕을 멸망시켰다. 그러나 그런 도림의 불교는 궁극적으로 고구려 자체의 멸망에 가장 중요한 한 원인으로 작용하게 됨을 우리는 앞서 보았던 바다.

문화·예술 지상주의로서 백제 불교

백제의 불교는 어떻게 발전해갔는가. 한마디로 단순화하자면, 문화·예술화되었다. 불교 전래 후 150년 동안 백제 불교는 아무 기록도 남기지 않았다.

526년이 되어서야 겸익이란 승려가 나타나지만, 그는 설법보다는 불경 번역으로 유명하다. 범어로 된 율문 원전을 백제어로 직접 번역한 것이다. 541년 성왕(523~554년)은 중국 양나라에 사신을 보냈는데, 불경을 풀이한 책들과 함께 공장(工匠), 화사(畵師) 등 불교 '문화'를 세울 사람들을 요청한다.

599년 법왕(599~600년)이 즉위하자마자 살생을 금하는 영을 내리고 수렵 기구를 모두 불태우고 집에서 기르는 새까지 놓아주도록

금동보살입상, 백제, 6세기 중엽.

명하는 등 불교 '정책'을 강화하지만, 그 정책은 왕흥사라는 큰 절을 짓는 '문화 사업'으로 낙착된다.

법왕의 아들 무왕(600~641년)이 35년 만에 완성한 이 절은 화려하기 그지없었다. 무왕은 미륵사라는 절도 지었다. 그와 그의 비 선화공주가 용화산으로 가는 도중 못 속에서 미륵삼존불이 솟아오르는 것을 보고 그 자리에 세웠다는데, 그 절터에 현재까지 남아 있는 석탑은 우리나라 최대의 규모다.

백제 불교의 전파

무엇보다 백제에는 고승보다 불교 예술가들이 더 비중이 높다. 일본에 불교를 전파한 백제승들조차 이론보다 사찰과 불교 예술을 더 많이 남겼다. 성왕은 일본의 서부희에게 달솔, 사치계 등을 보내면서 경론 몇 권과 함께 금동석가상 한 구와 미륵석불을 보냈다.

557년에는 승려·비구니와 함께 불공(佛工), 사장(寺匠), 토목·기와공들이 대거 파견된다. 588년에 다시 불사리와 승려 사공, 화공(畵工), 와장들이 파견되고, 다른 한편 일본 승려들이 백제로 건너와 3년 동안 계율을 배우고 돌아간다. 601년에 일본에 건너간 고승 관륵도 설법보다는 천문, 지리, 역서, 둔갑, 방술 등을 전하는 데 진력했다.

이러한 백제 불교의 '국가·정치적 비극'이 절정에 이르는 것을 우리는 뒤에 한 예술가의 고뇌를 통해 생생히 느끼게 될 것이다. 그는 백제의 예술로 적국 신라 중흥의 절을 지었다.

총체적 인간 거칠부

도림과 비교될 만한 신라 승려로 거칠부가 있다. 그는 진흥왕(540~576년) 때의 장군이다. 내물왕 계통의 왕족 후손으로 태어난 그는 어려서부터 나라에 헌신하겠다는 큰 뜻을 품고 승려가 되어 사방을 유람한다. 그러다가 고구려로 몰래 들어간다. 그러나 그의 목적은 첩자질이 아니고 고구려의 불교를 배우려는 것이었다.

그는 혜량의 강설을 듣고 크게 감명받는다. 그리고 그를 가슴 깊이 새겨둔다. 장군이 된 그는 551년에 신라군을 이끌고 고구려 국경 속으로 진격한다. 그때 그가 우선 찾은 것은 혜량이었다. 그는 혜량을 승통으로 맞아들인다.

거칠부는 545년 왕명을 받아 《국사》를 편찬했고 특히 군사·정치적인 면에서 활약이 두드러졌다.
진흥왕순수비인 마운령비와 창녕
비에 그의 이름이 거명되는 것으
로 보아 그의 영향력은 막강했던
것으로 보인다. 551년 그는 여덟
명의 장군과 더불어 죽령 이북,
고현 이남의 군 10개를 탈취했고,
576년 진지왕이 즉위하자 상대등
에 임명되었다. 그가 진지왕의 즉
위에 어떤 구실을 했다고 보는 견
해가 많다. 진지왕은 즉위한 지 4
년 만에 폐위되는데, 같은 해 거
칠부가 사망하는 것이다.

금동사유상 불두, 신라, 황룡사지 출토.

거칠부는 도림에 비해 우선 총체적인 인간이었다. 그리고 불교가
그 총체성을 심화시켜준다. 그의 불교는 고구려의 승려를 승통으로
맞이할 만큼 초국적(超國的)이지만, 동시에 신라에 도림의 경우보다
더 본질적으로 도움이 되었다는 점에서 더 변증법적이기도 하다. 그
에게는 승려와 장군의 역할이 뚜렷이 구분되고, 그렇기 때문에 결합
될 수 있는 양자였다. 그 구분과 결합의 위력이 신라의 위력이고 신
라 불교의 위력이다.

한반도에서의 주도권

그러나 이때가 어느 때인가. 진흥왕과 진지왕(576~579년) 때 아닌
가. 신라 불교가 비약적으로 발전하는 때인 것이다. 신라 불교는 몇
마디 말로 추출되지 않는다. 불교는 신라의 정치·문화와 구분되지
않는다. 정치를 포괄하면서 심화시키는, 그래서 정치와 불교의 대립

을 상생으로 전화시키는 것이 신라의 문화인가 정치인가 아니면 불교인가는, 해답의 폭을 미리 제한하는 도식적인 질문일 뿐이다.

한반도에서의 주도권은 진흥왕에 이르러 신라와 불교의 결합을 계기로 신라로 넘어갈 조짐을 아주 심오하게 보이기 시작한다.

하지만 이왕 시간을 앞질러간 김에, 우리는 진지왕 때 벌어졌던 이야기를 하나 더 하고 시간을 거슬러 선왕인 진흥왕 이야기를 본격적으로 전개해보자. 시간이 무슨 상관인가. 그게 신라에 맞고 불교에 맞고 신라 불교에 맞는 일이겠다.

아름다움을 매개로 한 불교와 국가의 결합

미리 말하지만, 신라의 문화 예술이 백제에 비해 덜 화려하거나 덜 예술적이었던 게 아니다. 그 정반대다. 불교와 정치의 원숙한 결합을 자양분으로 해서 꽃을 피운 신라의 예술은, 백제의 예술지상주의가 낳은 예술보다 예술성이 더 우월하다. 이렇게 되기까지는 거칠부의 초국 불교가 도림의 호국 불교보다 국익에 궁극적으로 더 도움이 되었던 것과 유사하지만, 몇 단계 더 복잡하고 몇 단계 더 아름다운 과정을 거친다.

진지왕 때 흥륜사에 진자라는 중이 살았다. 그가 미륵불에게 빌고 또 빈다. 부디 이 세상에 화랑이 되어 나타나주십시오. 제가 시종이 되어 평생토록 모시겠습니다…… 미륵불은 모든 중생을 남김없이 구원할 때까지 자신의 성불(成佛)을 미룬 보살이다. 화랑(아름다운 청년)은 신라의 청소년 수양 단체 혹은 그 일원을 뜻하는 말. 신라 귀족 자제들 중 학덕과 용모를 갖춘 자를 뽑아 정치 및 사회 선도에 앞장서게 하였는데, 주요 활동은 가무오락, 심신단련, 명산 대천 순례, 민정 시찰, 공익봉사 등인데, 그들은 평시에는 신라 정신과 문화의 전범으로, 전시에는 죽음을 불사하는 임전무퇴의 용사로서 신라 중흥과 삼국 통일에 지대한 역할을 수행한다.

이렇듯 진자가 염원하는 바는 아름다움을 매개로 한 불교와 국가의 결합이다. 불교는 공(空)을 표현할 매개, 즉 색(色)을 아름다움에서 찾고, 국가는 불교를 매개로 아름다움과 애국충성의 용맹을 동일시할 수 있게 된다. 진지왕 때는 화랑도와 불교의 결합을 위한 토대가 어느 정도 마련된 상태였다. 이야기를 계속하자.

콘스탄틴 브란쿠시, <왕중왕−부처의 영혼>.

화랑이 된 미륵보살

진자의 연일 정성에 응답이 온다. 어느 날 꿈에 한 스님이 나타나서 말한다. 웅천 수원사로 가라. 거기서 미륵선화를 보게 되리라……. 선화는 우두머리 화랑인 국선화랑의 준말이다. 아직 미륵을 만나기 전이지만 미륵을 화랑으로 모시고 싶은 진자의 소원이 앞질러 성취된다.

꿈에서 깬 진자는 당장 그 절로 떠났다. 발걸음을 옮길 때마다 절을 하며 가니 그 절에 닿는 데 열

홀이 걸렸다. 간절한 정성으로 절정을 늦추며 그 도정을 가다듬고 또 가다듬는 신라인과 불교인의 마음이다.

절 문 밖에서 수려한 젊은이가 진자를 반갑게 맞으며 절 안으로 안내한다. 얼떨결에 '뒤를 쫓던' 진자가 '앞서 가는' 젊은이에게 묻는다. 우리는 잘 모르는 사이인데 이리 지극하게 저를 대접하시다니요……. 젊은이는 자신이 서울 사람이라, 서울서 오는 스님 같아 그런다고 대답한다. 진자가 절 스님들과 인사를 나누고 다시 젊은이를 찾았으나 온데간데없다. 묘한 생각이 들지만 진자는 곧 잊어버린다.

진자는 수원사 중들에게 미륵선화의 행방을 묻는다. 스님들은 황당했지만 진자가 너무도 진지하게 거듭 물으므로 현인이 많은 천산을 찾아가보라고 일러준다. 진자가 천산으로 가자 한 노인이 그를 맞는다. 산신령이다. 여기에는 무엇하러 왔는가……. 미륵선화를 뵈러 왔습니다……. 지난번에 수원사 문 밖에서 미륵선화를 보았으면서 무엇 때문에 다시 찾겠다고 왔는가?

미륵은 자신이 미륵인지를 모르고

구도자가 대번에 종교적 깨달음에 도달하지 못하고, 그래서 종교적 환희가 곧바로 완성되지 못하고, 그래서 미진함이 남지만, 그 미진함이 원래의 절정보다 더 유구하고 포괄적인 효과로 역전되는 그 안타까움과 은근의 미학, 이것이 또한 신라 문화와 불교의 본질이다. 그 선문답이 세속적이고 국가적인 '세력'으로 전화되는 것은 시간 문제다. 진자는 즉시 흥륜사로 돌아온다. 진자가 미륵선화를 만나고 왔다는 소문이 장안에 쭉 퍼진다.

그 소문이 왕의 귀에 들어간다. 왕이 진자를 불러 명한다. 서울 사람이라 하셨으니 성안을 샅샅이 뒤져서라도 그분을 찾으라. 이때 '그분'은 미륵이 아니라 이미 인간화한 존재이다. 자신이 미륵인지를 전혀 모르는. 그리고 그분은 인간이되 불교의 위광으로 미륵선화가 될 운명을 타고난 인간이다.

진자는 영묘사 부근 동북쪽 길가 나무 아래서 그 젊은이를 드디어 만난다.

"집이 어디신지요? 이름은 무엇이신지요?"

"제 이름은 미시. 어렸을 때 부모님이 돌아가셔서 성은 모릅니다."

미륵은 자신이 미륵인지를 모르고 진자가 그것을 알지만 굳이 그것을 가르쳐줄 필요는 없다. 미륵선화가 될 것이 예정되어 있는 존재이므로 그 예정된 생애를 살게 하면 된다. 이것은 또 미천한 신분이라도 얼마든지 국선이 될 수 있다는 암시로, 화랑 정신을 신라 귀족 계급의 선민의식이 아닌 백성 전체의 희망으로 승화시키는 의미도 갖는다.

사라진다는 것

진자는 미시를 대궐로 데려와 왕에게 접견시켰다. 왕은 미시를 국선으로 삼는다. 미시 화랑은 다른 낭도들과 화목하게 지냈다. 그러면서도 기품이 특출했고 가르침이 빼어났다. 그는 7년 동안 국선 노릇을 하다가 어디론가 사라진다. 미시에서 많은 교화를 받았던 진자 또한 도를 닦다가 말년에 자취를 감추었다.

아름다움이라는 매개로 사라짐과 이별의 애절한 슬픔을 무한히 텅 비고 거대한, 그래서 강력한 의미의 에너지로 전화시켜내는 것. 이것 또한 신라 문화와 불교의 특징이다. 자, 이제 진흥왕에게로 거슬러 올라가자.

진흥왕 순수비

아름다운 화랑과 심오한 불교의 결합,
그리고 관산성 전투

진흥왕은 삼국 시대 신라를 결정적으로 중흥시
킨 임금이다. 그는 화랑제도를 만들었고, 사활이
걸린 백제와의 대격전 관산성 전투를 승리로 이
끌었다. 그러나 그는 여러 면에서 광개토대왕과
다르다. 그는 불교왕인 것이다.

질투의 피로 물든 원화

이 같은 일은 물론 하루아침에 이루어지지 않았다. 아니, 그 정도가 아니다. 여자의 피, 질투의 피로 물든 전사(前史)가 있는 것이다. 진흥왕은 화랑 제도를 만들기 전에 원화 제도를 실시했다.

원시공동체 사회 이래 신라에는 씨족 혹은 촌락별로 연령별 청소년 단체가 있었다. 이 단체를 통해 청소년들은 사회의 전통적 가치와 질서를 익혔고 예절과 무술을 연마했다. 신라가 6세기에 들며 고대 국가로 성장하고, 또 삼국 간 경쟁이 치열해지면서 유능한 인재를 양성 선발해야 할 필요성이 근본적으로 확대된다. 이러한 시대의 요구에 부응하여 진흥왕이 576년 종래의 조직을 확대개편한 것이 바로 원화 제도다.

무리는 3백여 명. 그 우두머리는 아름답고 어여쁜 처녀였다. 가르치는 것은 효도, 우애, 충성, 신의. 무리는 자유롭게 놀며 수련을 쌓았고 그런 중에 관찰을 하면서 인재를 선발해갈 참이었다. 그러나

이 제도는 처음부터 문제가 발생했다. 처음 원화에 임명된 것은 남모와 준정. 남자들이 남모를 더 좋아했다. 준정은 질투심이 솟아 견딜 수가 없었다.

그녀가 남모를 집으로 유인하여 술을 잔뜩 마시게 한다. 남모는 결국 곯아떨어지고 준정은 그녀를 북쪽 개천으로 끌고가 돌로 묻어버린다. 여기서 중요한 것은 아름다움이다. 아름다움이란 문화·문명화되려는 노력을 상징한다. 그리고 여자의 질투가 살인에 이르게 되는 과정은, 남녀 구분이 모호한 상태의 원시 시대를 상징한다. 물론 모계 위주의 사회였다는 것을 어느 정도는 암시하기도 할 것이다. 문명의 매개로서의 문화 혹은 예술 욕구는 계속 관철된다.

남모의 무리들이 남모를 찾아다닐 것은 당연한 일. 그러나 준정이 남모를 살해한 것을 안 자가 있었는데, 그는 남모를 찾는 무리들에게 곧장 그 사실을 알리지 않고 그 사건에 대한 노래를 지어 사람들에게 유포시킨다. 남모의 무리들이 그 노래를 제대로 풀이하여 남모의 시체를 찾아낸다. 준정은 죄가 드러나 사형에 처해지고 원화 제도는 즉각 폐지된다. 그리고 나온 것이 바로 화랑 제도다. 화랑은 '아름다운 여자' 대신 아름다운 남자를 세운다.

아름다운 남자, 화랑

이것 또한 모계 사회에서 부계 사회로 넘어간 것을 어느 정도 암시한다. 그러나 여전히 중요한 것은 문화·문명이고 아름다움인데, 이 단계에서 아름다움의 역할을 떠맡는 것이 바로 불교인 것이다. 사실 신라에서는 그것이 원시 사회의 표현이든 단순한 종족적 특성이든간에 동성애가 유독 성행했다. 고대 희랍도 마찬가지였다.

그러나 희랍인들은 동성애를 그 자체의 아름다움으로 표현함으로써 동성애의 예술 차원에는 도달했지만 성(性) 자체의 극복이라는

아름다움을 위하여, 벤 니콜슨, <라일락과 술잔>.

예술 궁극의 목표를 암시하는 창을 열지는 못했다.

이때의 신라가 그리스보다 문화적으로 더 우월했을 것은 없겠다. 그러나 그 미비한 동성애가 불교를 만나면서 그 열린 창을 완연 열고, 불교를 매개로 사랑은 남녀간의 사랑을 뛰어넘는 깊고 심오한 조국애, 죽음을 뛰어넘는 의미에 대한 치열한 사랑으로 승화된다. 화랑이야말로 그 사랑의 담지체다. 이런 전화를 정치로 일궈낸 진흥왕은 어떤 위인인가.

불교력으로 '열리고 무장'된 정복 정책

법흥왕의 뒤를 이어 즉위한 진흥왕(540~576년)은 지증왕의 손자이고, 법흥왕의 동생인 입종갈문왕의 아들이다. 즉위할 때 그의 나이는 7세. 그의 어머니이자 법흥왕의 딸인 김씨가 12년 동안 섭정을 했다. 551년에 '개국'이라 연호를 바꾸고 친정을 시작하면서 그는 적극적인 대외 정복 사업을 전개한다. 이 정복 사업은 고구려와 달리 불교력으로 '열리고 무장'된 것이었다.

550년 백제와 고구려가 도살성(천안·증평)과 금현성(전의)을 두고 공방전을 벌이고 있는 틈을 타서 신라는 두 성을 빼앗는다. 이때 공을 세운 장군은 새로 병부령에 임명된 이사부. 그는 내물왕의 4대손으로 지증왕·법흥왕 대를 거쳐 진흥왕 대에 크게 활약한 장군 정치가다. 505년 신라 최초로 군현제가 실시되면서 생긴 실직주의 군사 총책임자로 임명되었다. 그리고 7년 후 그는 우산국(울릉도)을 점령하는데 그 방법이 독특하다. 매우 불교적인 것이다.

울릉도 정복

울릉도는 멀고 그곳 사람들은 매우 사나웠다. 무력으로 진압한다면 신라군이나 우산국 사람이나 많은 피를 흘리게 될 것이었다. 그는 나무로 사자상을 많이 만들고 그것을 배에 가득 싣고는 해안을 빙빙 돌며 위협한다. 항복하지 않으면 이 사자들을 풀어 모두 죽이겠다……. 사나운 우산국 사람들은 더 사나운 사자에 질려 항복한다.

이사부는 거칠부와 맞먹는 정치인이자 학자였다. 545년 왕에게 《국사》 편찬의 필요성을 역설한 것은 그였고 직접 쓴 것이 거칠부였다.

그는 562년까지 정치·군사의 실권을 장악한다. 549년에도 그가 여러 장군들을 이끌고 한강 상류 지방을 공격, 신라 영토를 크게 넓혔다는 기록이 근래에 발견되었는데, 그때 장군 중 하나인 김무력이 바로 김유신의 할아버지이다.

위에 언급한 두 성을 점령한 후 그는 성을 증축, 군사 1천 명을 주둔시켰다가 고구려군의 공격을 다시 격파한다. 그는 무엇보다 562

년 9월 반란을 일으킨 가야 정벌에 나선다. 이때에 공을 세운 이가 사다함인데, 그가 벌써 화랑이다.

화랑 사다함

사다함은 내물왕 7대손이며 급찬 구리지의 아들이다. 귀족 사회가 왕권과 동화(同化)되면서 나라의 안위를 위해 멸사봉공, 솔선수범의 자세를 보인다는 것이 또한 신라의 힘이다. 그는 풍채가 맑고 수려했으며 뜻이 곧고 올바랐다. 화랑으로 추대되어 1천여 명의 낭도를 거느린다. 이사부가 대가야 정벌에 나설 때 비장 신분으로 종군을 자청한 당시 그의 나이는 불과 15, 16세. 화랑도와 불교의 결합은 마침내 나이조차 초월하게 한다.

그는 기병 5천을 거느리고 국경선에 위치한 적군의 성문 전단량을 기습, 큰 공을 세운다. 하지만 여기서 끝나지 않는다. 그는 그 공으로 왕에게 가야인 포로 2백~3백 명을 노비로 하사받지만 모두 풀어주었다. 왕이 다시 땅을 하사하자 계속 받지 않다가 왕의 강권에 어쩔 수 없어 알천의 불모지만 받았다.

하지만 여기서 끝나지 않는다. 그는 어려서부터 무관랑과 우정을 맺어 '같이 죽기로' 하였는데, 무관랑이 병사하자 7일 간을 통곡하다가 죽었다. 이때 그의 나이 17세.

이 대전을 계기로 신라는 결국 대가야를 멸망시키고 낙동강 하류 지역을 완전 장악한다. 이 지역과 연결된 일본 세력이 완전히 차단되고, 신라는 남은 삼국 시대 기간 동안 일본과 대체로 돌이킬 수 없는 적대 관계로 돌입하게 된다.

그러나 그 적대 관계는 고구려·중국의 그것과 달리 치명적이지 않고 오히려 신라를 적절하게 강화시키는 물리력으로 작용한다. 일본군의 잦은 신라 해변 출몰은 특히 불교가 심오한, 즉 천박하지 않

말을 탄 사람 모형의 토기.

은 호국 종교로 비약 발전하게끔 만드는 것이다. 그 절정을 우리는 바닷속 호국룡이 되기 위해 자신의 수장을 부탁했던 삼국 통일의 주역 문무왕에게서 보게 된다.

거칠부와 이사부, 그리고 사다함. 우리는 신하들의 업적이 왕을 여러 겹으로 해석하게 만드는 희한한 광경을 보고 있다. 이 광경은 앞으로 심화·확산될 것이다. 여기서 일단, 전쟁터 속으로 돌아가자.

백제와 신라의 사투

진흥왕(523~554년)은 553년 백제가 고구려로부터 탈환한 한강 하류 지역의 전략적인 필요성을 절감, 백제와 동맹 관계를 깨고 그곳을 기습 점령한다. 신라는 이로써 한강 유역 전부를 차지할 수 있게 된다. 그는 이곳에 새로운 주를 만들고 예의 김무력을 초대 군사 우두머리로 임명한다.

백제가 반격을 개시해온다. 백제 성왕은 554년 대가야와 연합, 신라를 공격한다. 그 유명한 관산성 전투가 바로 이때의 일이다. 결론부터 말하자면 백제의 대패다. 이때의 영웅은 단연 신라의 김무력. 그는 가야인으로서 백제·대가야 연합군을 무너뜨렸다. 백제군은 거의 전멸되었고 무엇보다 성왕이 김무력에 붙잡혀 죽임을 당한다.

그런데 아무리 반격이라 하더라도, 백제가 언제 이 정도 전쟁을 치를 만큼 내정을 수습했을까? 그때까지의 백제 사정을 잠시 보자.

동성왕과 무령왕

고구려군에 한성이 함락되고 개로왕이 피살되는 사태를 겪은 후 백제는 웅진으로 수도를 옮긴다. 이때 백제의 정정은 불안하기 짝이 없었다. 그러나 동성왕(479~501년)과 무령왕(501~523년) 대를 거치면서 백제는 다시 안정을 되찾는다. 동성왕은 해구의 반란을 진압한 진씨 세력이 옹립한 왕으로, 담력이 크고 활솜씨가 뛰어났다.

그는 금강 유역권을 지배 기반으로 한 신진 세력들을 중앙 귀족으로 등용하면서 왕권을 강화시킨다. 그리고 신라 아찬 비지의 딸을 왕비로 맞아들이며 신라와 혼인 동맹을 체결한다. 이 백제·신라 동맹은 고구려에 백제를 맞세우는 데 주효했다. 그는 또 고구려 수군에 의해 서해 해상 교통로가 차단되자 과감하게 중국 남제와 외교 관계를 체결, 고립 국면을 벗어난다.

그러나 초기에 성공적이던 귀족들의 세력 균형을 바탕으로 한 왕정 강화 정책은 후기에 들어 삐그덕거리기 시작한다. 그는 사비서원에서 사냥을 하다가 자신이 키운 신진 귀족 세력에 의해 암살당한다. 그러나 그것이 곧바로 정정 불안으로 이어지지는 않았다. 신진 귀족 세력이 다시 왕권을 강화시키는 것이다. 동성왕이 군대를 보내어 북위를 격파했다는 남제의 기록이 있으나 믿기 어렵다.

무령왕은 베일에 쌓인 왕이다. 그러나 백제의 경우 그 베일이란

왕과 왕비 관 장식, 백
제 무령왕릉 출토.

정치적 안정과 문화적 성장을 뜻한다. 1970년대 무령왕릉이 발굴되
어 현실 치장과 부장품의 찬란한 예술성이 석실 발굴 때 찬란한 백
제 미술로 우리들을 감탄시켰던 바다.

이때 백제와 일본과의 관계는 가장 긴밀했다. 오경박사 단양이와
고안무가 백제에 파견된 것이 바로 이때라는 설이 지배적이고, 무령
왕이 일본 사람 아닐까 하는 의문까지 제기되는 실정이다. 물론 사
실일 가능성은 희박하다.

그는 동성왕의 둘째 아들이다. 키가 8척이고 용모가 아름다웠다.
그는 용맹하기도 했다. 501년에는 달솔과 우영을 보내 고구려 수곡
성을 습격하고 503년에는 말갈을 격퇴한다. 506년 말갈 침입도 막아
낸다. 507년 고구려와 말갈 연합군의 침입도 격퇴한다. 512년에는 친
히 군사 3천을 거느리고 북쪽으로 진출, 약탈을 자행 중인 고구려
군사를 크게 무찔렀다. 그는 고구려의 침입에 효과적으로 대처하는

한편 중국과의 외교 관계도 강화, 512년과 521년 두 차례에 걸쳐 중국 남조의 양에 사신을 보냈다. 512년 섬진강 유역으로 짐작되는 네 개 현을 합병했다고도 한다.

그는 민생 안정에도 힘을 기울였다. 506년 기근으로 백성들이 굶주리자 차고를 풀어 구제했고 510년에는 제방을 쌓는 한편 부랑인들을 구제, 귀향하여 농사를 짓도록 배려하였다. 민심이 크게 그를 따랐다고 한다.

백제의 사비 천도

성왕(523~554년)은 그런 안정을 바탕으로 회심의 고구려 정벌 및 한강 유역 회복 정책을 펴려고 했던 왕이다. 그는 무령왕의 아들로 '지식이 고매하고 결단력이 있어' 성왕이란 칭호를 부여받았다고 기록되어 있다. 일본 기록은 더 영웅적이다. 그는 '천도지리에 통달하여 그 이름이 사방에 퍼'졌다. 사실 그의 계획은 착착 진행되는 듯 보였다. 그는 무령왕 때부터 추진되었던 사비성(공주) 천도를 단행하는데, 이것은 웅진 천도와 달리 왕권과 국력 강화라는 적극적인 의미를 갖는 것이었다. 그는 사비 천도 이후 잠시 국호를 '남부여'로 바꾼다. 부여족으로서의 유구한 전통을 강조하기 위한 것이었다.

중국 양조와 빈번한 교류를 가지면서 중국 문화를 대거 수입, 백제 문화의 질을 크게 향상시킨다. 중국에서 수입하고 일본에 전파하는 불교 교류가 가장 활발했던 것도 성왕 시절이었다. 그는 또 내외 관직 제도도 정비, 지배 체제·통치 질서를 강화한다. 이렇게 그는 귀족 세력의 정치적 발언권을 약화시키는 데 드디어 성공한다. 일본은 당연하고 중국과도 외교 관계를 강화, 백제의 국제적인 위치가 최고조에 도달한다. 고구려는 어땠는가?

안악 고분 행렬도.

고구려의 내분

최대의 적인 고구려의 국내 사정도 백제의 성장에 지대한 기여를 했다. 두 차례에 걸쳐 백제를 침략했던 안장왕(519~531년)이 531년 돌연 피살된다. 아마도 대중국 양면 외교 작전이 실패로 돌아간 것과 연관이 있을 게다. 게다가 안장왕은 중국 미녀와의 염문도 뿌렸다. 그뒤를 이어 왕위에 오른 동생 안원왕(531~545년)은 외척들 간의 내분으로 시달렸다. 그는 대중국 양면 외교 정책을 과감히 전개 성공하는데, 이는 534년 북위가 동위와 서위로 분열된 데 따른 반사이익이기도 했다. 그는 신장이 7척 5촌이 되고 도량이 넓었다. 그는 명군이 될 수 있었을 것이다.

그러나 천재지변에 내우외환이 워낙 심했다. 535년 홍수, 지진, 전염병이 고구려를 강타했고 535년, 536년, 541년 가뭄·황충·기근·태풍 등의 재난이 덮쳤다. 왕의 후사를 둘러싼 두 왕비의 암투가 그를 괴롭혔다. 이것은 두 귀족 세력의 다툼이었던 것이다. 그는 545년 고구려 양대 세력이 무력 충돌로 비화하는 와중에 세상을 떠난다. 그 충돌은 고구려를 뒤흔들었고 고구려의 국력을 크게 손상시켰다.

그리고 그중 승리한 세력에 의해 그의 아들이 양원왕(545~559년)으로 옹립되지만, 내분은 계속되고 왕권이 크게 약화된다. 거칠부가 혜량을 만난 것은 양원왕 7년이다. 혜량은 고구려의 정란을 피해 신라로 왔던 셈이다.

북쪽에서는 신흥 돌궐 세력이 고구려를 크게 위협하고 있었다. 551년 돌궐이 고구려 신성과 백암성을 공격해온다. 고구려는 돌궐을 격파하지만 국력 소비가 컸다. 중국과의 외교도 이따금씩 긴장감이 돌았다.

삼국의 외교권과 백제·신라의 대회전

이런 정황 속에서 성왕의 한강 유역에 대한 야심은 당연한 것이었다. 그리고 그가 551년 백제 주축의 백제·신라·가야 연합군을 결성하여 고구려의 남평양(서울)을 격파, 고구려군이 패주하고 백제는 한강 하류의 6개 군을, 신라는 한강 상류의 10개 군을 회복하게 된다.

신라가 먼저 혼인 동맹을 깼지만, 백제도 마찬가지 입장이었을 것이다. 두 나라는 한강 유역을 놓고 전국력을 동원한 대회전을 치를 수밖에 없었다.

이때 신라의 국력이 백제보다 조금 앞섰다. 그러나 진흥왕은 먼저 고구려와 밀약을 맺고서야 선수 공격에 나섰다. 성왕은 고구려를 안심해도 되는 상태로 보았지만 신라는 구슬러야 할 잠재력으로 보았다. 고구려로서는 남쪽의 신라·백제 동맹을 어떻게든 와해시켜야만 숨통이 트일 것이었다.

고구려의 묵인 아래 백제를 기습한 신라군은 쉽게 한강 유역을 점령했다. 한강 유역을 점령함으로써 신라는 고구려의 남진과 백제의 북진을 막고 중국과의 교통로를 확보하게 된다. 인적·물적 자원

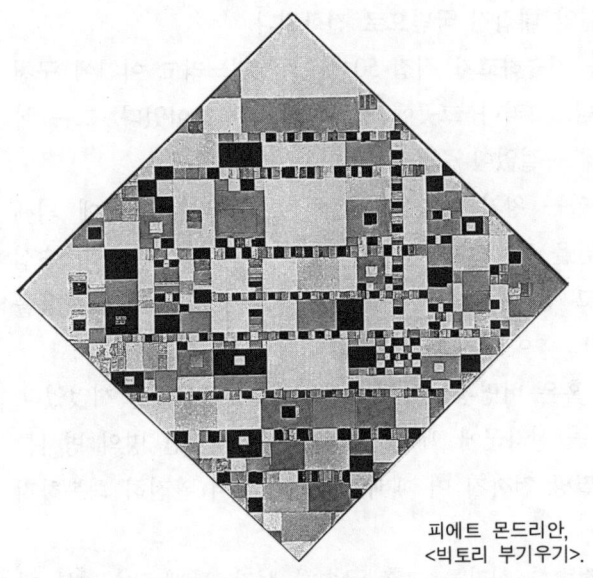

피에트 몬드리안,
<빅토리 부기우기>.

도 크게 증대한다. 그렇게 앞으로의 비약적인 발전을 위한 토대가
마련된다.

　신라와 국운을 건 일전을 감행하기까지 성왕은 전쟁을 반대하는
세력과 국내전을 치러야 했다. 이것이 성왕에게 이중고였음은 물론
이다. 성왕과 태자 여창을 주축으로 한 전쟁파는 원로로 대변되는
귀족 세력 주축의 반대파를 누르고 전쟁에 나서지만, 왕권이 강화된
반면 국력 전체는 약화된 상태였다.

　우연과 필연

　신라와 백제 간 힘의 균형을 돌이킬 수 없을 정도로 무너뜨린 이
전쟁은 관산성 전투에서 절정에 도달한다. 처음에는 가야 원군까지
가세한 백제군이 우세한 듯했다. 각간 우덕과 아찬 탐지 등이 지휘
한 신라군은 백제군에 패주한다. 그러나 김무력의 신라 원군이 도착

하면서 전투는 일약 대접전 국면으로 전화된다.

성왕은 신라를 기습하고자 직접 50여 기를 거느리고 야간에 구천 (옥천)에 당도했다. 그러나 그곳에 신라군이 복병중이었다. 그는 복병의 기습 공격에 속절없이 죽음을 당한다.

전선에 나가 있는 왕자 여창을 위문하러 가다가 신라군에 의해 포로로 잡혀 죽임을 당했다는 다른 견해도 있다. 그러나 불과 수십여 기를 거느리고 신라 적진을 향했던 성왕의 호기가 그의 죽음을 야기시켰음은 어느 쪽이든 부인될 수 없다.

성왕의 '객사' 혹은 비명횡사는 백제군의 사기에 찬물을 끼얹었다. 해일처럼 덮쳐오는 신라군에 백제는 4명의 좌평과 3만 명의 병사를 잃었다. 백제는 멸망 전까지 이 패배의 후유증에서 완전히 회복하지 못한다.

한강 유역을 점령한 신라는 그후 급속히 성장, 백제로서 넘볼 바가 아니었다. 백제 국내에서는 전쟁 반대파였던 귀족 세력들이 다시 득세하여 왕권 중심의 정치 운영 체제가 귀족 중심의 그것으로 바뀐다. 신라와의 적대 관계는 백제 멸망 때까지 이어진다.

진흥왕의 신라 진흥

진흥왕 대에 신라의 영토는 함흥평야에까지 이르렀다. 진흥왕은 신라 영역에 편입된 지역에 순수비를 세웠는데, 현재까지 네 개의 순수비가 전한다. 경남 창녕에 있는 순수비는 561년, 함남 함흥군 소재 황초령순수비와 이원군 소재 마운령순수비는 568년에 세워졌다. 북한산순수비는 제작년도가 확실치 않다.

광개토대왕비는 그 비문 내용으로 보아 왕의 위대한 정복 업적을 과시하고자 세워졌다. 진흥왕순수비는 다르다. 목적은 그 지역 주민들의 민심을 수습하는 것이 첫째였고, 기록 내용은 국가에 충성을 바친 신하들을 포상한 내용을 군신이 함께 경하하는 것이 첫째였다.

신하들이 진흥왕의 위대함을 더욱 심화시키는 광경을 우리는 이미 보았던 바다. 진흥왕은 정복 사업 외에 내치에도 많은 치적을 남겼다. 그가 이사부의 건의를 받아 거칠부로 하여금 ≪국사≫를 편찬케 한 것은 내물왕계 후손 왕계의 정통성을 천명하고, 왕자의 위엄을 과시하려는 의도였다.

이때 벌써 유교적인 정치 이념이 등장한다. 그렇다. 유교야말로 정치적인 학문이다. 그리고 그 정치 이념이 불교와 아직 충돌하지 않는다. 신라에서 불교는 정치를 감싸고 정치의 정신·문화적 상상력과 의미를 심화시킬 뿐 정치 자체를 대체하지는 않는다. 우리는 후에 불교가 정치를 대체하면서 세속보다 더 세속화, 나라 멸망의 가장 저변적인 원인이 되는 것을 고려에서 보게 된다.

진흥왕은 불교를 크게 일으켰다. 그는 544년 홍륜사를 대대적으로 완성한다. 이차돈을 위한 것이었다. 또 사람들이 출가하여 부처를 모시는 일을 허락했다. 549년 중국 양나라에 유학갔던 각덕이 불사리를 갖고 귀국하자, 진흥왕은 조정 관리 전원으로 하여금 홍륜사 앞에서 그를 맞게 한다.

553년 길조가 나타난다. 월성 동쪽에 왕궁을 짓는데 황룡이 나타난 것이다. 진흥왕은 왕궁을 고쳐 황룡사를 짓는다. 566년 완공된 황룡사는 신라 최대의 사찰이다. 574년 이 사찰에 장육불이라는 금동 불상이 들어서는데 구리 3만 5천7근과 금 1만 198푼이 들었고, 좌우 보살상에는 철 1만 2백 근과 금 1만 130푼이 들었다고 한다.

고구려 승려 혜량

사찰 건립뿐이 아니다. 565년 승려 명관이 불경 1천7백여 권을 중국 진나라에서 들여온다. 576년에는 안홍법사가 ≪능가승만경≫과 불사리를 수나라에서 들여온다. 이때 인도 승려 비마라·농가타·불타승가 등이 같이 들어온다.

572년에는 7일 동안 팔관연회가 벌어지는데 이것은 정복 전쟁 기간 중 전사한 장병의 영혼을 위로하기 위한 것이었다. 이 팔관연회를 주관한 사람은 고구려 승려였다가 신라 승통으로 임명된 혜량. 이 위령제는 후에 민족의 축제인 팔관제로 발전한다. 혜량은 1백 명의 고승을 모아 불경을 강론하는 인왕백고좌회도 개최한다.

진흥왕의 불교

진흥왕 대에 불교는 단지 문화로 혹은 단순한 호국 불교로서가 아니라 국가의 정신적이고 초국적인 얼개로서 뿌리를 깊게 내리게 된다. 아니, 진흥왕 이야기도 여기서 끝나지 않는다. 그는 만년에 머리를 깎고 승려 차림으로 다녔다. 법호는 법운. 왕비도 이를 본받아 비구니가 되었다.

진흥왕은 대내외적으로 많은 업적을 남기면서 신라를 중흥시켰다. 그는 또한 551년의 개국, 568년의 대창, 572년의 홍제 등 독자적인 연호를 세 개나 사용했을 정도로 자주 의식이 강했던 왕이다.

그러나 그의 가장 위대한 면은 정치가로서 불교에 대한 접근이 현실주의적이면서도 심오하게 변증법적이었다는 점이겠다.

진흥왕 이후 신라가 불교의 덕으로 비약·발전한다는 말은 반쯤만 진실이다. 불교도 진흥왕으로 대변되는 신라 정신을 머금고 그 사상과 문화가 비약 발전하는 것이다. 금강산이 세계 명산 중 유일하게 '이승 너머의 것'의 찬란한 형상화라면, 신라 불교는 전세계 불교 중 유일하게 그 자체로 '진흙 속의 연꽃'이다.

바보 온달과 평강공주 9장

고구려라는 나라

역사와 설화 사이를 넘나드는 이 이야기에서 우리는 벌써 고구려의 참회를 읽게 된다. 공주는 무엇을 찾아갔는가. 온달은 또 무엇을 찾아갔는가? 용맹한 약소 민족이 희구했던 것은 무엇인가?

설화의 역사적 배경

양원왕의 뒤를 이은 것은 평원왕(559~590년). 양원왕의 장자다. 그가 왕위를 계승했을 때 신라는 진흥왕이 왕위에 오른 지 20년째, 백제는 성왕에 이어 왕위에 오른 위덕왕(554~598년)이 재위 6년째를 맞고 있었다.

평원왕은 담력이 있고 승마와 활쏘기에 능했다고 한다. 즉위 이듬해 졸본에 행차, 시조묘에 제사를 지냈고, 백성의 재난 구휼을 위해 자신의 음식을 줄이고, 552년 이래 계속된 장안성 축성을 일시 중단하는 등 민심 수습에 힘썼다. 그러나 귀족의 세력이 강화되면서 왕의 권한은 상당한 제약을 받는 상태였다.

이러한 상태는 고구려 멸망 때까지 지속된다. 586년에는 장안성으로 궁을 옮긴다. 중국과의 양면 외교는 대체로 순탄했지만 북조가 문제였다. 북주 무제가 요동을 공격해 왔을 때 그는 직접 출정한다.

590년 수나라가 남조의 진나라를 멸망시켰다는 소식을 듣고 그는 전쟁 준비를 서두른다. 그렇다. 중국의 통일은 고구려에게 강력한 압박으로 작용할 것이다.

586년 고구려 세력권 내에 있던 거란별부의 출복 등이 이탈, 수나라에 투항한다. 돌궐과도 긴장 상태가 유지된다. 그는 백제·신라 간 전쟁이 빈발하자 남쪽에 대해서는 소강 상태를 유지하면서 중국과 북방의 변화에 적극적으로 대처한다.

그러나 이미 평원왕이 중요한 것은 아니다. 고구려의 국운은 기울고 있었다. 물론 우리는 을지문덕이 이끈 살수대첩을 아직 앞에 두고 있다. 그것은 거대제국에 맞서 약소민족이 쟁취한, 세계 전사상 유례가 없을 정도로 용감하고 찬란하며 용의주도한 승리였다.

하지만 그 광채와 함께 고구려는 역사 속으로 영영 사라지게 된다. 우리는 평원왕의 업적보다 그와 그의 아들 영양왕이 살았던 시대가 배경인 한 전설에 주목해보자. 그것은 매우 우매하고 용맹스러우며 아름답고 비극적인, 그리고 실화에 매우 가까운 전설이다.

왕의 농담

어린 시절 온달의 집은 매우 가난했다. 아버지는 없고 어머니는 눈먼 봉사였다. 그러나 온달은 효성이 극진했다. 거리를 돌아다니며 밥을 구걸하여 어머니를 봉양했다. 사람들은 그런 그를 '바보 온달'이라고 불렀다. 온달의 용모가 옹색할 뿐 아니라 우스꽝스럽기 짝이 없었다. 어리숙하기도 했다.

고구려 도성에서는 '바보 온달'을 모르는 이가 없었다. 사실 그는 장안의 명물이었다. 사람들은 툭하면 그를 빗대어 말했다. 바보 온달 같은 놈. 그건 바보 온달도 알겠다…… 온달은 어린아이들한테 무언가 겁을 주는 매개도 된다. 너 자꾸 그러면 바보 온달한테 데려간다. 평강왕(평원왕)이 바로 그런 부류였다.

평강왕에게는 고집불통에 울보인 딸이 있었다. 평강공주. 그 아이는 제 뜻대로 하지 않으면 땅바닥에 퍼질러 앉아 무턱대고 울었다. 그 울음이 어찌나 끈질긴지 신하는 물론 왕도 두 손 두 발 다 들 정도였다.

물론 귀염둥이 공주였다. 하지만 워낙 똥고집인데다 왕왕대는 일이 너무 잦아서 왕은 귀찮기도 했다. 그가 '바보 온달'로 농담을 한다. 이 다음에 커서 어느 명문 자제가 너를 데려갈꼬 다 혀를 휘휘 두를 테고, 바보 온달이라면 모를까…… 그게 화근이 될 줄을 그는 꿈에도 몰랐다. 공주는 '바보 온달'이라는 이름을 제 성격대로 고집스럽게 가슴에 품고 다녔다.

공주 나이 16세가 되자 왕은 사윗감을 물색했다. 상부의 고씨 청년이 적격이었다. 무예 실력이 뛰어난데다 미남이고 세력 있는 귀족 집안의 후예였다. 왕권을 강화시키는 데도 도움이 될 터였다.

그러나 공주는 고개를 갸우뚱한다. 고씨 청년은 여성들에게 인기가 많았다. 얼마 전 한 귀족집의 빼어나게 아름다운 딸과 사랑에 빠졌다는 소문도 났던 터였다. 그런데 왜 그가 나와 결혼하려고 할까? 내가 그만큼 미인도 아니고…….

공주는 그냥 평범한 얼굴이었다. 게다가 고집도 세고……. 공주는 자기 자신을 잘 알고 있었다. 사랑하는 사이도 아니고 미인도 아니고……. 그가 자신과 결혼하려는 것은 오로지 자신이 공주이기 때문이었다.

결혼은 사랑을 바탕으로 이루어지는 것이지 정략적으로 맺어져서는 안 된다……. 그러나 곧이곧대로 이야기하면 고씨 청년이 왕에게 미움을 살 가능성이 있었다. 그래, 바보 온달. 그건 아버지가 직접 하신 말이니까……. 그녀가 모처럼 애교를 떨며 아버지 왕에게 말한다.

공주의 고집

"저는 바보 온달과 살겠습니다."

아버지는 가당찮다고 대꾸도 안했다. 그러나 공주가 다시 떼를 쓴다.

"아버님께서는 지존 아니십니까. 지존께서 어떻게 한번 한 말씀을 고치신단 말입니까?"

"결혼은 인륜지대사. 옛날에 내가 너를 놀리려고 했던 말을 어찌 평생 배필을 맞는 데까지 적용한단 말이냐?"

"왕께서 무슨 농이란 말입니까?"

왕이 계속 설득한다. 이것은 국가적으로도 중요한 의미가 있다. 고씨 집안은 우리나라에서 가장 힘있는 가문 중 하나다. 내가 너를 얼마나 사랑하는지 누구보다 네가 잘 알고 있을 것 아니냐……

고구려 여인.

그런 왕이 생각해도 자신의 말은 모순이었다. 웬 사랑인가. 공주도 고씨 청년도 서로 사랑하는 사이가 아니지 않는가. 그 모순은 왕을 갈수록 화나게 했다. 나를 믿고 나를 따르렴……. 왕이 몇 번을 윽박도 지르고 사정도 해보았지만 소용이 없었다.

으음. 이 아이가 정말 갈수록 태산이군. 애비 속을 그만큼 썩였으면 이젠 정신을 차려야 할 것 아닌가…… 왕이 그렇게 자신을 스스로 강변하고 모든 것을 그녀 탓으로 돌리는 아집에 사로잡히게 된다. 그 아집이 증오를 낳는다. 네가 더 이상 내 말을 어긴다면 이곳을 떠나라, 고얀 것 같으니……

백성들 속으로

궁궐에 있자면 결혼할 수밖에 없었다. 하지만 공주는 정말 결혼할 마음이 없었다. 사랑하는 아버지 곁을 떠나는 일은 슬프고 두려운 일이었다. 하지만 결혼하기는 더욱 싫었다. 공주는 수수한 옷차림을 하고 궁궐을 나온다. 소매는 좀 길었다. 만약을 위해 값진 팔찌를 여러 개 찼던 것이다.

공주가 궁궐 밖으로 나와본 적이 없는 것은 아니었다. 그러나 그 때는 행차였고 호위가 있었고 백성들이 머리를 조아렸다. 이제는 달랐다. 가난한 백성들의 움막이며 비참한 모습은 공주를 본능적인 공포에 떨게 했다. 모진 흉년이 고구려 전체를 강타한 때였다. 그러나 무엇보다 돌아갈 곳이 없다는 점이다. 깜깜막막한 공주의 뇌리에 언뜻 한 이름이 스쳤다. 온달……. 그래, 그가 내 운명인가 보다.

그를 찾아가자. 그를 찾는 일은 어렵지 않았지만, 무척 멀었다. 물어 물어 변두리 산기슭 온달의 집에 당도했을 때 공주는 두려움을 어느 정도 극복하고 있었다. 백성들은 그녀의 공포에 비하면 의외로 온순하고 친절하기까지 했다. 공주는 점점 자신이 생겼다. 아무렴. 잘 나온 거야. 이렇게 내 인생을 직접 개척해보는 거야. 내가 누군가. 고집쟁이 평강공주 아닌가…….

백성의 마음 속으로

온달의 집에는 앞 못 보는 할머니가 혼자 있었다. 온달님이 계시냐고 물으니 할머니가 다가와 그녀 손을 잡는다. 꺼칠꺼칠하지만 정다움이 느껴지는 손이다. 할머니는 그녀가 귀한 집 따님이라는 것을

부엌, 안악 3호 무덤 전
실 벽화.

눈먼 사람의 그 예민한 후각과 촉각으로 곧장 알아챈다. 공주 몸에
서는 귀한 향내가 풍기고 손목은 부드럽기 짝이 없었다. 그런데 이
할머니가 착하게도 아들 걱정을 앞세운다. 누구 꾐에 빠져 여기 왔
는지, 우리 아들은 착해서 절대로 그랬을 리가 없고……

"이렇게 눈먼 제 에미를 공양하는 것만 보아도 아시겠지만……"

아들이 무슨 나쁜 짓을 안 했기를 간절히 바라며 흡사 애원을 하
는 듯한 할머니의 말과 말투가 공주의 마음을 단박에 사로잡는다.
무엇보다 할머니의 말은 나라의 왕인 아버지와 정반대였다. 아, 어찌
이리 올곧고 착할 수가. 백성이란 참 좋은 사람들이구나…… 그녀는
백성 자체에 매료된다.

공주가 할머니를 안심시키자 그제서야 할머니가 행방을 가르쳐준
다. 온달은 먹을 것을 찾아 산에 느티나무 껍질을 벗기러 가고 없었
다. 아랫마을 사람과 함께 갔으니 시간이 오래 걸릴 것이라 했다. 그
래, 먹을 것이 없어 굶주리는데도…… 그녀는 산 아래에서 한참을

기다린다. 무서운 마음이 완전히 가시지는 않았지만 공주는 백성들의 마음을 음미하면서 기다린다. 온달은 저녁이 다 되어서야 돌아온다. 남루한 차림에 봉두난발이다. 그러나 그 복장은 이미 공주에게 낯익고 친근해진 터였다. 그리고 온달의 눈빛이 해맑은 게 이제 공주 눈에 확실하게 보인다.

역경

온달이 무슨 일이냐 묻자 공주는 여기서 살러 왔다고 답한다. 온달이 늠름하게 호통친다. 나이 어린 처자가 이게 무슨 짓인가. 옛말에 여우가 여자로 변해 사람을 꼬인다더니 네가 필시 여우로다. 내가 너를 해코지한 일이 없으니 물러가라…… 온달은 뒤도 돌아보지 않고 집으로 들어가버린다. 집안에서 모자간 대화가 좀 들리는 듯하다가 끊어진다. 할머니도 더 이상 나와 보지 않는다.

공주는 처음에 기가 막혔다. 그녀는 그런 홀대를 받아본 게 처음이었다. 무척 자존심이 상했다. 그녀 특유의 고집이 발동해서 그녀는 이를 악물고 문 밖에서 기다린다. 시간이 갈수록 그녀는 귀한 신분으로 귀염받으며 고집쟁이로 큰 자신의 성장 과정을 반성하게 된다. 이렇게 어렵게 누추하게 살면서도 이들은 나보다 더 도리를 알고 있지 않은가……. 그러나 바로 그렇게, 온달에게 끌리는 마음이 깊어간다.

온달의 집 사립문 밖에서 공주가 계속 기다리고 그예 날이 밝는다. 공주는 새로운 마음으로 온달에게 함께 살기를 부탁한다. 자신의 신분과 그간의 사정을 소상히 밝히면서. 온달도 달라진다. 그는 어젯밤 내내 내다보지도 않은 자신이 후회되었다. 그리고 공주의 용기와 이해에 마음이 끌리는 것을 느낀다. 그러나 어머니가 다시 반대하는데, 그것은 오히려 공주에게 마음을 굳히는 계기가 된다.

"아가씨 같은 귀인의 배필이 되기에는 우리 아들의 신분이 너무 미천하고 가난합니다. 이 누추한 집에서 어떻게 살려고요. 며칠을 견디지 못하고 도망갈 것입니다. 그러면 우리 착한 아들은 상처를 받을 게고……."

결합

공손하면서도 의젓한, 그리고 자식 사랑에 넘친 그 말에 공주가 대답한다. 진실로 두 사람이 서로 마음이 맞는다면 가난이나 신분 차이는 아무런 문제가 되지 않을 것입니다. 게다가 부귀해진 후라 야 함께 살 수 있다면 그것이 과

참회, 고대 그리스 기형상(奇形像).

연 진정한 부부이고 사랑이라 할 수 있겠습니까……. 그녀는 자신이 쫓겨난 처지이며, 가진 것이라고는 팔찌 몇 개뿐이고 여느 여염집 아녀자와 다를 바 없는 신세라고 덧붙인다.

온달은 그녀와 결혼하기로 결심한다. 집안을 깨끗이 치우고 목욕을 단정히 한 후 그는 물 한 그릇 떠놓고 공주와 혼인식을 치렀다. 결혼이 두 사람의 '깨달음'을 더욱 깊게 또 무르익게 한다. 공주는 팔찌를 팔아 땅을 사고 살림도구도 들여놓는다. 그리고 집안일과 농사에 힘을 쓰면서 온달에게는 글공부와 무예 연마에 전력하게 한다.

어느 날 공주가 온달에게 말을 사오도록 한다. 겉보기에 훌륭해 보이는 상인의 말은 사지 말고, 나라 소유였는데 병들고 여위어서

싸게 처분하려는 것을 사오시라……. 온달은 그 말대로 했고 그녀는 그 말을 정성껏 키워 명마로 만든다. 온달은 무예 연습에 더욱 박차를 가한다.

출세간(出世間)

몇 년 후 3월 3일 사냥 대회가 열린다. 왕과 신하들이 모두 참석하는 전국적인 축제다. 이날 잡은 멧돼지와 사슴으로 하늘에 제사를 드리는 것이다. 한 젊은이가 항상 앞질러 나가 화살을 쏘아대는데 백발백중이다.

왕이 그를 불러 이름을 묻는다. 온달이라고 합니다……. 왕은 흠칫 놀랐다. 그 바보 온달이 이렇게 훌륭한 무사로 성장했단 말인가. 혹시……. 궁궐을 빠져나간 공주가 정말 온달과 결혼한 것이라고 왕

건장한 남녀. 콘스탄트
페르메로, <약혼자>.

은 직감했다. 하지만 굳이 내색은 하지 않았다.

혼인 약속을 파기한 문제로 고씨 집안에 시달리느라 당시 공주의 행방을 수소문하지도 못했던 그였다. 공주 문제가 다시 나올 경우 일껏 달래놓은 고씨 가문이 다시 시비를 걸게 될지 몰랐다. 왕은 귀족들에게 눌려 힘을 못 쓰는 자신의 처지가 한심스러웠지만, 공주가 무사하다니 다행이기도 했다.

전쟁

왕이 온달을 부를 기회는, 즉 전쟁은 빨리 왔다. 북주의 무제가 요동을 공격해왔던 것이다. 이때 왕은 정반대 심경이었다. 전쟁이란 왕권을 강화시키고 또 훌륭한 무사 온달과 그 아내인 공주를 불러들일 수 있는 계기였다. 하지만 그 전쟁이 어떤 전쟁인가. '중국'과의 전쟁을 이렇게 계속 치른다는 것이 과연 고구려의 국운에 보탬이 되는 것일까. 당분간이야 맞설 수 있고 사력을 다하면 이길 수도 있지만, 중국이 통일될 경우 그 통일된 대륙과 전면전을 치른다는 것은 어리석은 일 아닐까. 나라를 백년 천년 이어가려면……

온달의 활약은 과연 눈부셨다. 그는 최선봉에 서서 수십 명의 적을 쓰러뜨려 군사들의 사기를 북돋아주었다. 전쟁은 고구려 승리로 끝난다. 그후 북주 무제는 북제를 멸하지만 남쪽의 진을 병합하려다 사망하게 된다. 평강왕은 예를 갖추어 온달을 사위로 맞아들였다. 어느 귀족 세력도 감히 반대하지 못했다. 온달은 왕권을 강화시키는 데 큰 힘을 쏟았다.

589년 북주의 뒤를 이은 수가 중국을 통일하게 되자 왕은 전쟁에 대비한 준비를 서둘러 무기를 수리하고 군량미를 비축한다. 수 고조는 즉각 경고 친서를 보낸다. 요수가 넓다 한들 양자강에 비할 수 있으며 고구려 백성 수가 많단들 진나라보다 많겠는가……

왕은 그 와중에 사망하고 만다. 그뒤를 이은 것은 아들인 영양왕 (590~618년). 영양왕도 수와의 일전이 불가피할 것으로 보았다.

그러나 그는 남쪽 신라를 확실히 눌러두는 것이 시급하다고 보았다. 영양왕은 즉위 첫 해에 신라 정벌을 계획한다. 온달이 보기에 그것은 무리였다. 가능하다면 신라와 동맹을 맺어야 할 판이었다. 오히려 공격이라니, 그것은 무모하기 짝이 없었다.

온달의 관

그러나 영양왕은 온달이 출정하기를 내심 바란다. 온달은 출정을 자원한다. 영양왕은 왜 그 무모한 전쟁에 온달을 보냈을까? 온달은 또 왜 자원했을까? 행복한 결말을 향해 순항하던 온달 이야기가 돌연 비극적인 분위기로 바뀐다. 운명의 냄새가 짙게 풍긴다.

계립현 죽령 이북의 옛 고구려 땅을 되찾지 못하면 돌아오지 않을 것……. 그는 그 맹세를 지켰지만, 실지를 회복하지는 못했다. 그는 아단성(아차산성) 아래서 신라군과 싸우다 화살에 맞아 전사한다. 그의 장례를 치르려 했지만 관이 꼼짝도 하지 않았다. 공주가 관을 어루만지며 '죽은' 온달을 달랜다. 이제 돌아가십시다. 그제서야 관이 움직인다.

평강공주가 아버지를 떠나온 것이 셰익스피어의 <리어왕>과 같다고 해서 두 이야기의 비교 연구가 있기도 하였다. 물론, 결과적으로 온달 이야기도 아버지보다 딸이 더 영특하고, 아버지가 그것을 이해하지 못하고, 그래서 부녀지간이 내쫓고 쫓겨나는 관계로 악화되고, 그럼에도 불구하고 딸이 아버지한테 효녀 노릇을 하는 틀을 갖고 있으므로 비교 연구는 가능하고 또 필요하다. 하지만 우리는 다소 '느닷없는' 질문을 던져보자.

온달의 관이 왜 처음에는 움직이지 않았을까. 그는 뭐가 아쉬웠길

아차산성, 아천동.

래 죽고 나서도 저 관운장처럼 죽음을 선뜻 받아들이지 못했을까?
공주와의 못다한 사랑? 못다 이룬 실지회복의 꿈? 왕을 설득하지 못
하고 '잘못된 전술'을 그냥 왕명으로 받들었다는 뼈아픈 자책? 온달
이야기는 이 모든 것과 그 이상의 의미를 품고 있다.

크게 보아 온달 이야기는 매우 고구려적이다. 왕과 공주를 결별로,
공주와 온달을 만남으로 몰아가는 아집과 고집의, 고집과 어리숙함
의 단선적이고 극단적인 성격 대치가 그렇고, 그 화해의 계기가 온
달의 뛰어난 무예라는 점이 그렇다. 쫓겨난 공주와 말 고르는 법은
모두 주몽 설화의 유화를 연상케 하기도 한다.

고구려의 참회

그러나 왜 관이 움직이지 않았을까? 이 질문과 온달과 평강공주
두 인물에 집중하면 이 설화는 또한 낙랑공주·호동왕자 설화의 역
전(逆轉)이기도 하다. 아니, 거의 낙랑공주에 대한 호동왕자의 참회
고백처럼 들리는 것이다. 온달이 출세하게 되는 사냥터가 하필 낙랑
벌이기도 하다. 그리고 등장인물이나 내용뿐 아니라 구조에서도 그

렇다. 낙랑공주의 아름다움의 비극은 매우 긴박하고 정말 극적이었다. '외모가 평범한 평강공주'의 바보 온달 구원, 그리고 온달의 죽음에 이르는 과정은 완연 서사적이고 여러 단계를 거친다.

낙랑공주와 비교해볼 때 매우 비(非)고구려적인 이 서사성 대목은 그러나 을불(미천왕) 설화와 비교해볼 때 아주 느닷없는 것은 아니다. 을불은 왕이 되기 전에 백성 속에서 여러 단계의 사건을 겪었다. 이 비교는 곧장 두 이야기 사이의 백성의 심성 차이를 우리에게 환기시킨다.

을불 설화에서는 그 백성이 간악하기 짝이 없었다. 백성 속에서의 고행은 정치 권력을 향한 음모와 무력 정벌에만 치중, 정치 권력 자체의 비인간화를 초래했던 고구려 왕정의 '참회'를 위한 고행이다.

그러나 온달 설화에서 백성은 선량하기 그지없고 지혜와 용기로 가득 찬 백성이다. 여기서 고구려 왕정은 단지 고행으로 참회할 뿐 아니고, 백성과의 변증법적, 사회·경제적이고 철학적인 만남을 통한 국가 전체의 거듭남을 희구한다.

온달은 공주의 도움으로 평민에서 왕족으로 상승하고 그 상승을 통해 이번에는 고구려 왕족이 실질적인 국가 지배 세력으로 상승한다. 그 매개는 '백성'이다. 지배 계급만의 정치학에서 백성 속으로 구체화되는 정치·경제학으로 상부구조와 하부구조의 변증법적인 만남으로의 발전이 그 바탕인 것이다. '말을 고르는 기술'이 그렇다. 유화가 주몽에게 가르쳐주는 것은 왕실의 좋은 말을 탈취하는 술수이다. 평강공주가 온달에게 가르쳐주는 '가난한 자'의 명마 선택법은 고구려 전체 말 시장의 판세를 꿰뚫어본 결과이다.

온달 이야기는 주몽, 낙랑공주, 을불의 이야기를 모두 그 안에 품고 발전·역전시키고 있다. 즉 고구려의 중요한 역사를 모두 품고 있다. 그럼으로써 음모와 무력 정벌의 피로 물든 고구려 역사 전체

고구려 왕의 행차.

의 극화·극단화 및 비인간화를 참회하고 있다. 용맹한 무력과 진취적인 기상으로 영토를 확장시켜온 고구려의 내적인 본질은 바로 그런 모습이었다. 중국 통일은 고구려의 군사적인 상대방이 얼마나 거대한 것이었던가를 일거에 깨닫게 해준다.

고구려의 희구(希求)

그 깨달음과 함께 후회가 온다. 그렇구나, 나라를 오래 존속시키려면 정복이 능사가 아니라 우선 백성들의 안녕·평화가, 윤택한 삶이, 그리고 왕정과 신하와 백성들의 정서를 하나로 묶는 문화가 중요했던 것을……. 그러나 너무 늦었다. 중국과의 대회전을 군사적인 대승리로 이끌 고구려 역사의 최고 절정이 아직 남아 있지만, 이미 너무 늦었다. 그 절정조차 나라의 존속에 오히려 방해가 되는 쪽으로 작용할 터……. 아아 너무 늦었다. 운명이란 말인가…….

평원왕이 승려가 되었더라면 늦지 않을 수 있었을까? 그건 불가능하다. 고구려의 불교는 이미 상당 부분 신라로 빠져나갔거나 산속으로 은둔한 상태였다. 고구려 역사 전체의 절망적인 참회록을 담은 온달 이야기는 그 내용이 백제를 거쳐 신라에 닿고 있다. 문화, 백제의 백성들의 문화…… 하지만 그것만이 아니다. 신라, 왕과 신하와 백성이 한데 어울리는, 그 어울림의 문화가 정치와 불교를 변증법적으로 또 사회·경제적으로 만나게 하고, 현실과 환상, 삶과 죽음을 모두 아우르는, 상부 구조가 하부 구조를 찾아나서며 하부 구조가 상부 구조를 떠받드는 신라. 그 신라에 대한 지향, 고구려의 '신라가 되고픈' 욕망이 온달 이야기의 대미(大尾)다.

용맹한 약소민족의 운명

그렇다. 나라를 존속시키려면, 더군다나 통일 중국에 맞서며 나라를 존속시키려면 신라처럼 되어야 한다. 그러나 너무 늦었다. 대외적으로 뿐 아니라 내적 본질로도 그렇다. 고구려는 신라를 찾아가는 길, 신라를 선망하는 길을 정벌 욕구로밖에는 표현할 수가 없다.

온달 이야기는 낙랑공주의 비극을 역전하고 참회하려는 안간힘이었지만, 고구려는 '아름다움의 비극'과 동전의 양면을 이루는 '전쟁의 악순환'을 벗을 수 없었다. 고구려라는 '나라' 자체가 영웅적인 전쟁의 와중에 장렬하게 전사한다.

용맹한 약소민족 고구려, 백성들 걸음걸이가 달리는 것 같고 절을 할 때도 한 발을 빼고 했다던 고구려는 영웅적이고 장렬한 승리와 전사와 아름다움의 비극의 신화를 남기는 것이 '나라의 운명'이었다.

을지문덕의 살수대첩 10장

고구려의 마지막, 권력과 군대

명장이 지휘했던 수나라 대군은 왜 을지문덕에
게 대패했는가. 그 경위를 낱낱이 살펴보자. 그리
고 을지문덕이 찬란한 승리를 거둔 지 단 일년
만에 역사 기록에서 사라지는 그 미스터리를 문
제삼아 보자. 또 중국과 고구려 장수들이 비교된
김에 신라 장수들의 특성도 살펴본다.

제2차 침략에 이르기까지

고구려의 숱한 명장 중 가장 위대한 이가 을지문덕이다. 을지로는 그의 이름을 따서 만든 거리다. 문무를 겸비했던 그는 고구려뿐 아니라 조선 역사 전체, 아니 세계 전사에 남을 만한 명승부를 중국 수나라와의 대전쟁에서 펼쳤고 승리로 이끌었다. 온달이 죽은 후 22년 후에 벌어진 그 유명한 살수대첩, 네 차례에 걸쳐 진행된 수나라의 고구려 침략 중 두 번째 침략에서였다.

즉위 첫 해 온달을 잃은 영양왕은 내치에 관한 자료를 거의 남기지 않았다. 600년 태학박사 이문진을 시켜서 종래의 ≪유기≫ 1백 권을 정리, ≪신집≫이라는 역사서를 다섯 권으로 펴냈다는 게 전부다. 그러나 대외 관계에서 영양왕의 위치는 두드러진다.

그리고 그의 재위 기간은 전쟁 기록으로 점철되어 있다. 그는 즉위와 더불어 수나라에 조공을 바치는 등 외교 관계 수립을 모색하면서 한편으로는 국경 수비를 강화함은 물론 말갈·거란족을 자기 편으로 끌어들이고 돌궐족과의 제휴도 모색하는, 전통적인 화전 양면 작전을 견지했다.

그리고 598년 말갈의 군사까지 이끌고 요서를 선제 공격한다. 수는 국력을 총집결하여 고구려를 침공해온다. 1차 침입은 598년. 30만 명의 수나라 군사가 쳐들어왔다. 그러나 기근이 들고 질병이 도졌으며 장마까지 져서 수나라 군사는 퇴각했다.

살아 돌아간 자가 20퍼센트 미만이었고, '요동 가서 개죽음 당하지 말자'는 노래가 수나라 백성 사이에 유행했다고 한다. 고구려는 큰 힘을 들이지 않았다.

2차 침입은 14년 후인 612년. 수나라 양제는 총동원령을 반포, 무려 군사 113만 명에 운반자를 포함하면 2백만 명이 넘는 대군을 거느리고 수륙 양면으로 고구려를 덮쳐 온다. 이때 고구려군의 총지휘자는 영양왕과 을지문덕. 이 대전에서 수나라 군사는 불과 수만 명이 살아서 귀국하게 된다. 그 과정을 중국 쪽 기록으로 살펴보자.

양국의 전술

고구려는 '들판을 비우고 성을 지키는' 전통적인 수법을 택했다. 중국 쪽이 원했던 것은 속전속결. 물자 수송이 어려웠기 때문이다. 수는 정공법을 썼다. 하지만 시행 착오가 속출한다. 요하에 이른 수나라 군사가 요하 건너편에 고구려 군사를 두고 배를 연결, 배다리를 만든다. 배다리는 당연히 길이가 짧았다. 고구려군이 물러서지 않았기 때문이다. 그런데도 수나라 군사는 용맹을 과시하며 배다리를 건너 물 속으로 첨벙첨벙 뛰어든다.

고구려군의 화살이 그들에게로 쏟아진다. 무수한 군사를 잃고서야 수나라군 장수들은 배다리를 서쪽으로 옮겨 다시 연결한다. 이번에는 고구려군이 요동성으로 철수한다. 요동에 다다른 수 양제는 대규모 사면 및 세금 감면 등으로 백성을 회유하지만 계절이 봄에서 여름으로 바뀔 때까지 성을 함락하지 못한다.

요동성이 어떤 성인가. 지형이 험할 뿐 아니라 성책이 안팎 이중이고 게다가 수십만 석의 식량을 보관할 창고가 있다. 백성은 수나라 식량으로 먹이고 군사 수만 명이 그 식량으로 버틴다. 몇 년은 너끈할 것이었다.

수 양제는 '통일된 중국'의 인해전술의 위력만을 과대평가, 역대 중국 왕조가 고구려와 치렀던 전쟁사를 깊게 연구하지 않았다. 그는 중국에서 통했던 전략을 그대로 고구려 지형에 적용한다.

군사 지휘 체계

군사 지휘 체계도 그랬다. 모든 부대는 반드시 양제에게 보고한 후 허락이 떨어져야 움직였다. 대평원전 위주의 중국 통일 전쟁에는 통했겠지만 이 지휘 체계가 유격전 위주의 고구려군에 들어맞을 리 없었다. 그러나 수 양제는 작전이 번번이 실패하게 되는 책임을 수하 장군이 '힘을 다하지 않은 탓'으로 돌린다.

그렇다. 그는 자신의 수하를 완전히 신뢰할 수 없는 처지였다. 수나라의 중국 통일은 아직 완전하지 않은 터였다. 그는 의심할 뿐, 자신의 위치를 망각한 상태였다. 아니, 그는 위·촉·오 세 나라의 전쟁을 다룬 ≪삼국지≫조차 제대로 안 읽은 듯하다.

그는 그런 저런 대가를 톡톡히 치르게 된다. 고구려의 지구전 및 유격 전술에 당할 만큼 당하고 낮이 익자 양제는 친히 특별 부대를 조직한다. 그러나 이것도 문제다. 유격전이야말로 각 지역 최전방 지휘관이 자기 판단에 맞추어 구사해야 할 전술이지, 총사령관이 지휘하는 총체적이고 전면적인 유격전술이란 언어도단인 것이다.

양제가 조직한 특별 부대가 도착하기 전에 내호아가 해군 상륙을

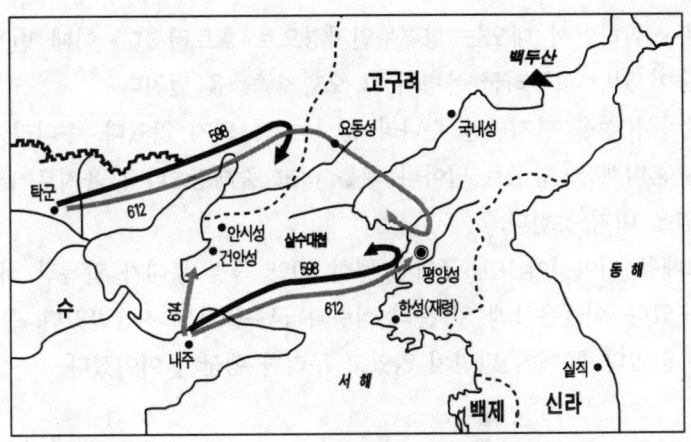

수군의 침입로.

감행한다. 바다와 육지 양면으로 평양성을 기습 공략, '겨울이 오기 전에 전쟁을 끝낸다'는 것이 수양제 유격 전략의 요체였다. 요동성을 사수하던 고구려의 후방을 치자는 것이다.

해군의 육지 상륙은 6·25 전쟁 때 맥아더 장군의 인천 상륙 작전을 연상시킬 정도로 성공적이었다. 그러나 그게 화근이었다. 내호아가 이끈 해군은 그야말로 파죽지세로 평양성까지 진격한다.

그는 육군 특별 부대를 기다리지 않고 해군 정예병 수만을 뽑아 평양성을 공격한다. 수 양제의 명령은 '일관된 유격전', 그리고 '겨울이 오기 전에 전쟁을 끝낼 것'이었으므로 그 작전은 당연했다.

하지만 고구려군이 한 단계 더 높은 전술을 구사한다. 고구려군은 요동성과 달리 버티지 않고, 오히려 성문을 연다. 그리고 일부가 성 밖으로 나와 수나라 군사에 맞서 싸우다가 성 안으로 도망친다. 수나라 군대는 물밀듯이 성 안으로 쳐들어간다. 성 안은 텅 비어 있다. 그들은 금세 군기가 해이해졌다.

빈 집을 수색한다고 뿔뿔이 흩어진 군사들이 물건을 제각각 약탈하기 시작하면서 대오는 형편무인지경으로 흐트러졌다. 이때 빈 절에 숨어 있던 고구려군 복병이 그 오합지졸들을 덮친다.

살아서 성을 빠져나간 수나라 군사는 몇 되지 않았다. 수나라 해군은 혼비백산, 항구로 달아나 배를 타고 줄행랑, 다시 육지로 들어설 엄을 내지 못한다.

그때쯤 되어서야 9개 군에서 뽑힌 30만 특별 부대가 압록강 서쪽에 모였다. 이들은 1백 일 분의 식량과 군수물자를 지급받았다. 운반병은 없었다. 무게가 만만치 않았고 무리한 행군이 이어졌다.

중국의 두 장수

땅에 구덩이를 파고 식량과 물자를 몰래 묻는 병졸이 속출한다. '식량을 버리는 자는 목을 벤다'는 명령이 내렸지만, 평양까지 중간도 채 못 갔을 때 이미 식량이 바닥난다.

을지문덕은 이제까지 평양에서 고구려군을 총지휘하고 있었다. 그는 정확히 이 시점, 즉 수나라 군대가 지칠 대로 지쳐 회군이냐 계속 진군이냐로 이견이 생기는 시점에서 모습을 드러낸다. 그리고 그 목표는 놀랍게도 그들의 계속 진군을 유도하려는 것이었다!

이때 을지문덕에 조롱당하는 비운의 수나라 장수는 특별 부대장 우중문과, 그 부하이지만 거의 대등한 권한을 갖고 있을 뿐 아니라 전략술은 더 뛰어났던 우문술. 이들은 형제가 아니다. 하지만 왜 이토록 이름이 비슷하단 말인가, 마치 을지문덕에게 희롱당할 운명을 타고났다는 듯이?

을지문덕은 거짓 항복 문서를 꾸며 직접 적의 진지로 찾아간다. 수 양제는 우중문에게 고구려 왕이나 을지문덕을 사로잡으라는 밀명을 내린 터였다. 을지문덕이 그것을 알았을까?

자세히는 알았을 리 없지만, 중국 대륙 특유의 호기로 보아 자진

삼실총 벽화, 고구려.

해서 찾아온 자를 당장 잡아죽이지 않을 것이라는 감은 잡았을 것이다. 아니라면 얼마나 무모한 짓이겠는가?

　우중문은 을지문덕을 잡아두려 했다. 그러나 참모가 대국의 위신을 내세워 말렸다. 우중문은 을지문덕을 놓아주지만 곧 후회, 당장 사람을 시켜 을지문덕을 쫓아가게 한다. 할 이야기가 더 있으니 다시 오라······.

　그러나 을지문덕이 그 말을 믿을 리 없다. 그는 뒤돌아보지도 않고 계속 간다. 우중문은 정예대를 뽑아 을지문덕을 사로잡으려 한다. 우문술은 식량이 떨어져가니 항복 문서만을 챙겨 돌아가자 한다. 우중문은 끝까지 '위신론'에 사로잡힌다. 위신이 있지 거짓 항복 문서가 분명한데 어찌 그것만으로 이 대전을 마무리짓는단 말인가······.

을지문덕의 함정

우문술이 계속 만류하자 우중문은 지휘권을 강제 발동, 추격전을 밀어붙인다. 사기가 떨어진 이들 부대를 을지문덕은 하루 동안 일곱 번 싸워 일곱 번 져주면서 계속 유인한다. 우문술의 '현실론'이 들어설 자리가 없게 된다. 수나라 군대는 대동강을 건너 평양성 바로 밑에 당도한다. 우중문이 측은해서였을까? 을지문덕이 <오언시>를 보내 그에게 칭찬과 경고의 뜻을 보낸다.

神策究天文
妙算窮地理
戰勝功旣高
知足願云止
'(그대) 계책이 신통해서 천문을 헤아리고
꾀가 오묘해서 지리를 꿰뚫는구나
싸움마다 이겨 공이 벌써 높으니
족한 줄 알고 그만둠이 어떠한가.'

뭐 명문장이랄 수는 없었다. 하지만 칭찬 속에 희롱을 담는 그 수법이 꽤나 절묘했던지 우중문은 칭찬에 우쭐한다. 그리고 항복하면 잘 대접하겠다는 답장을 을지문덕에게 보낸다. 을지문덕이 다시 사신을 보낸다. 만약 군사를 철수하신다면 우리 임금을 모시고 수 양제가 계신 임시 사령부로 인사드리러 가겠습니다…….

좀 이상하군. 양제가 계신 곳이 어딘데……. 우중문이 여전히 긴가민가하고, 우문술이 함정에 빠진 것을 알아챈다. 정신을 차려 주위를 돌아보니, 깜깜절벽이었다. 쉬지 않고 달려온 군인들은 너무 지쳤다. 식량은 바닥이 났다.

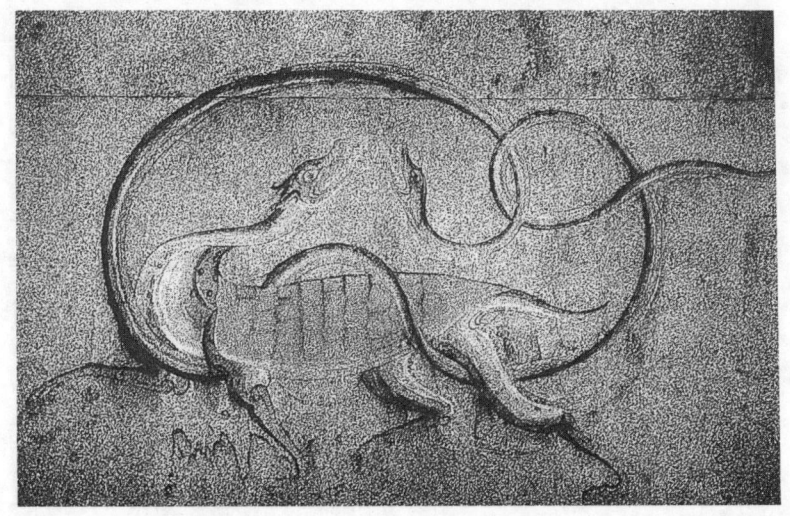

현무도, 강서대묘 현실 북벽.

　내호아의 해군은? 당연히 코빼기도 보이지 않는다. 평양성 근처는 텅 빈 마을. 농가에 곡식 한 톨 없다. 평양성은 견고하고 방어가 물샐틈없다. 적막이 우중문을 공포로 덮친다. 철수, 철수! 우중문은 거짓 항복 문서를 겨우 챙기고 철수를 명한다. 그리고 이후 수나라의 작전은 우문술이 맡게 된다.

명장 우문술

　우문술은 명장이었다. 그는 방진을 만들어 철수를 시작한다. 을지문덕이 사방으로 기습공격을 하며 방진을 깨뜨리려 했지만 여의치 않았다. 방진이 간신히 유지된다. 그러나 아주 오래 가지는 못한다. 수나라 군대가 워낙 지쳐 있었던 것이다. 수나라 군대가 살수(청천강) 중간쯤에 이르렀을 때 을지문덕에게 기회가 왔다. 그는 후군을 집중 공격, 후군 지휘자 신세웅을 쓰러뜨렸다. 삽시간에 후군 대오가 흩어졌고 방진이 무너졌다.

방진이 무너진 이상 그들은 개인적인 도망병에 불과했다. 허겁지겁 오로지 도망치기에 바쁜 그들은 하루 만에 압록강에 도달했다. 살수에서 압록수까지는 450리. 그러나 무슨 의미가 있는가.

30만 명이 요하를 건넜건만 요동성 쪽으로 살아 돌아온 사람은 겨우 2천7백 명. 계절은 가을이고 물자는 바닥났다. 수 양제는 철수를 결정한다. 우문술 등은 패전 책임을 지고 쇠사슬로 묶인 채 끌려간다. 우중문은? 기록에 없다.

수의 멸망

이듬해 수 양제는 신하들의 만류를 무릅쓰고 다시 쳐들어온다. 그러나 이때는 다시 을지문덕이 기록에 없다. 고구려 영양왕과 수 양제, 그리고 복권된 장수 우문술만이 재등장한다.

우문술이 쇠사슬로 끌려갔던 것으로 보아 우중문은 패전 책임을 뒤집어쓰지 않았을지 모른다. 그러나 본국에 돌아간 수 양제가 고구려 침략의 실패를 뼈저리게 되새겨봤을 것은 당연하다 하겠고, 그때 공과 평가가 우중문 질책, 우문술 재평가로 선회하였을 것은 쉽게 짐작할 수 있다.

실제로 우문술을 복권시킨 수 양제의 제3차 침략은 2차 침략보다 훨씬 더 현실적이었다. 사다리 위에 널빤지 집을 세워 성 안을 내려다보며 공격할 수 있는 비(飛)누각, 성문을 부수는 동차, 성벽을 넘는 구름사다리, 성 밑으로 땅을 파들어가는 기계 등 고구려의 견고한 성을 겨냥한 흔적이 역력했다.

그뿐만이 아니다. 수만 개의 베주머니를 제작, 흙을 담아 성과 같은 높이, 7미터 너비의 제방을 성 주위로 둘러싼다. 그리고 바퀴 여덟 개 달린 기동성 높은 수레로 그 제방 위를 질주하며 성 안으로 화살을 쏘아댄다. 그때 을지문덕은 어디 있었을까? 단 몇 달 후인데도 기록이 전혀 없다! 도처에, 도처의 숱한 최전방 지휘관으로 흩어졌던 것일까? 그 이야기는 나중에 하자.

고구려군은 처음엔 선방했지만 이쯤 되면 요동성도 동요하지 않을 수 없었다. 그러나 마지막 행운이 다가온다. 본국에서 군수물자 조달 총책임을 맡고 있는 양현감이 반란을 일으킨 것이다. 수 양제는 다시 철수한다.

고구려군은 철수하는 수나라 군대를 추격, 대승을 거두었다. 첫번째 철수 때 이를 악물었다면 이번 철수 때는 눈물을 머금었으리라.

왜냐하면 그는 이듬해 다시 고구려를 침략해 오기 때문이다. 오기보다 억울함이 더 강한 힘을 발하는 대목이다. 그러나 피차 지친 상태였다. 오래잖아 서로 화해하고 수나라 군대는 철수한다. 그러나 비극은 끝나지 않았다.

우문술은 수 양제에게 높은 평가를 받아 수나라 5현 중 한 사람으로 칭송받는다. 그리고 얼마 후 수나라 전역에서 반란이 일어나 수 양제가 피살되는데, 그때 양제를 죽인 자가 우문술의 아들이다. 우문술? 이미 죽은 뒤였다. 수는 그렇게 망한다.

고구려가 치른 대가

그리고 고구려도 전쟁의 대가를 톡톡히 치른다. 수를 이어 등장한 당나라와 신라 연합군에 고구려도 수나라 경우처럼 일진일퇴를 거듭하는 듯했으나 망하고 만다. 고구려와 수의 경우에는 수가 백제, 신라 등의 연합 제의를 거절하는 등 국제적이지 못했고 전략에 무지했으며, 변방의 강한 나라 고구려는 국토 내로 한번 발을 디디면 빠져나올 수 없는 수렁 같은 곳이었다.

고구려와 당의 경우는 다르다. 당은 국제적인 나라였고 한반도 정세에 특히 정통했다. 그리고 신라를 파트너로 정했는데, 매우 정확한 선택이었다.

고구려는 수와의 전쟁으로 국력이 쇠잔해졌고, 그후 영양왕이 수나라에 접근했던 신라 및 백제에 대한 보복 정벌을 감행하면서 한반도의 미아로 남게 된다. 게다가 연개소문 등 귀족 세력에 의한 쿠데타가 국사 전반을 복고 분위기로 물들였고, 그게 전통적인 전투 방법에 집착하는 물적 토대로 작용한다.

그리하여 그 웅혼했던 고구려가 삽시간에 독 안에 든 쥐 신세로 전락하는 것이다. 물론 아직 화려한 일전이 남아 있다. 고구려가 괜히 고구려인가.

을지문덕의 실종

하지만 그 일전과 멸망의 장관은 뒤로 넘기고, 우선 을지문덕을 마무리짓자. 그 휘황찬란한 전략가 을지문덕은 살수대첩이 끝나자마자 어디로 사라진 것일까?

여기서는 추론만이 가능하다. 을지문덕의 '을지'는 계급을 뜻하는 말이라는 설도 있고 그가 선비족 출신임을 나타낸다는 설도 있다.

그래서 사라졌던가? 우리에게는 그중 후자가 흥미롭다. 정말 고구려답기 때문이다. 고구려는 언어 구조도 신라·백제와 사뭇 달랐다. 우리나라가 아닌 것으로 보아야 한다는 설까지 있을 정도다. 고구려란 전투적인 인근 부족들의 전시 연합체였던가?

그러나, 그렇다. 고구려도 공(空)이다. 성격이 다른. 그것은 일순 찬란한 섬광을 발하다가 사라져버린, 그러나 그 빛이 너무 눈부셔 역사 속에 영원히 각인된.

고구려 명장사에는 특히 찬란한 승리의 장면이 있을 뿐, 지지부진한 '그후'의 이야기가 없다. 그러나 나라는 그 지지부진함들이 이어

사라진 영웅, 벤 샤안, <사코와 반
제티의 수난>.

가는 것. 그게 삼국을 통일하고 삼국사를 쓴 신라인의 역사관이었을
까? 그랬을지 모른다. 을지문덕의 전략과 전술은 고구려가 바로 그
렇듯이 나라로 이어지지 않고 우리들의 가슴에 정통으로 박힌다.

신라의 장군들

  신라의 장군은? 다르다! 그들은 신라 역사 초기부터 지지부진하
고 복잡하다. 물계자와 석우로라는 장수가 있다. 둘 다 3세기 나해이

사금 때 사람으로 용감하고 큰 뜻을 품은 군인이었다. 물계자는 평민 출신으로, 209년 신라 주변 소국들이 공모하여 아라가야를 공격했을 때 신라 구원군으로 출병, 가장 공을 세웠지만 아무 상도 받지 못했다. 왕의 손자로 신라군 총지휘관 역할을 맡았던 내음이 그를 싫어했기 때문이다.

사람들이 그를 부추긴다. 내음 장군이 원망스럽지 않은가…… 그는 '위로 임금이 있는데 어찌 원망할 수 있는가?'라고 대답한다. 그렇다면 왜 임금께 고하지 않는가? 그가 다시 대답한다. 어찌 자신의 공을 자랑하고 명예를 구하겠는가……

3년 후 세 개 소국 연합군이 신라 갈화성(울주)을 침략한다. 이번에는 왕이 직접 군사를 이끈다. 이번에도 물계자는 큰 공을 세운다. 그러나 이번에도 아무 상이 없다. 왕이 직접 보았는데도

그는 어떻게 대응했는가? 물계자는 여러 날을 고민하다가 답한다. 나는 몸을 돌보지 않고 목숨을 바칠 용기를 가진 적이 일찍이 없었으니 이것이 불충 아니고 무엇인가. 불충으로 임금을 섬겼으니 이 어찌 효라 할 수 있겠는가……

말을 끝낸 물계자는 머리를 풀어 헤치고 거문고를 둘러멘다. 그의 아내가 따라나선다. 그들은 사체산으로 들어갔다. 그곳에서 흐르는 시냇물 소리에 맞추어 거문고를 타며 대나무의 곧은 성벽을 노래 불렀다.

석우로는 나해이사금의 아들이고 뛰어난 장수였다. 싸움터에 나서면 물러서는 법이 없고 전술에도 뛰어났다. 그는 조분이사금 때 대장군으로 감문국을 정복했고, 일본군이 침입해오자 사도에서 싸웠는데, 바람을 따라 불을 놓아 적의 전함을 모두 불태웠다.

또 고구려 군대가 쳐들어왔던 추운 겨울 날 그는 직접 병사들의 잠자리를 챙기고 불을 피워 군사들의 사기를 진작시켰다. 감동한 신

역사라는 미궁, 르 코르뷔지에, <많은 사물이 있는 정물>.

라군은 고구려군에게 더 이상 밀리지 않았다. 그는 또 신라를 배반하고 백제에 항복한 사량벌국을 직접 정복한다.

군인의 실수와 2인자 개념

이런 그가 236년 공식석상에서 일본 사신을 접대하다가 술에 취해 농을 하는데, 그게 돌이킬 수 없는 실수가 되고 만다. 조만간에 네 나라 임금을 소금 노예로, 네 나라 왕비를 밥짓는 여종으로 만들 것이다……. 이 말을 전해 들은 일본 왕은 격분했다. 그는 당장 군사를 일으켜 신라로 쳐들어온다.

신라 왕 첨해이사금이 직접 막으러 나섰으나, 일본과의 전쟁은 신라에 상당한 부담을 줄 것이었다. 석우로가 책임을 지겠다고 나선다. 그는 왕께 하직 인사를 올리고 일본군 진영으로 갔다. 그의 사죄는 일본군에게 받아들여지지 않았다. 일본군은 그를 붙잡아 장작 위에 앉힌 뒤 불태워 죽인다. 그리고 철수한다. 신라와 일본 간의 일촉즉발의 전쟁 위기는 이렇게 모면된다.

이 이야기에 또 '그후'가 있다. 석우로의 아내가 남편의 원수를 갚는 것이다. 미추이사금 때 일본 사신이 오자 그녀는 왕에게 특별히 부탁하여 사신을 집으로 초청한다. 그리고 술을 질탕 먹여 정신을 잃게 한 후 일본군이 남편에게 했던 것과 똑같이 그를 장작 위에 앉힌 뒤 불태워 죽였다. 일본이 다시 쳐들어왔지만 이번에는 신라군이 막아낸다.

이 지지부진한 군인상들이 보여주는 것은 고구려와 달리 군대의, 군인 장수의 철저한 제2인자 개념이다. 그렇게 정치 권력과 군대와의 관계가 매우 조화로워진다. 이 2인자 전통이 절정에 도달하는 것을 우리는 후에 김유신에게서 보게 될 것이다.

을지문덕은 고구려를 구하고 고구려와 함께 사라졌지만, 그는 가야국 출신이면서 신라 왕족에 편입, 철저한 2인자로서 신라의 삼국 통일을 주도했다. 삼국 통일 국면은 무엇보다 명장 김유신의 장이다. 어디 그뿐인가. 그는 죽어서도 신라 정치를 면면하게 좌지우지한다.

백제는 어떤가? 우리는 이길 수 없는 싸움을 순정한 충절의 기개로 버티면서 장렬히 전사하는 백제 충신과 명장들을 백제 멸망사에서 비로소 보게 될 것이다.

충신, 관료, 승려, 군인, 백성, 그리고…

진평왕 대에 이르면 각계 각층의 인물들이 숱하
게 등장, 왕조사 자체를 무의미하게 만든다. 그 안
에는 평민도 있다. 그들을 통해 진평왕 대 신라의
사회상을 가늠해 본다.

진지왕의 이승과 저승

그건 그렇고, 을지문덕이 살수대첩을 치를 즈음 신라에서는 수와의 외교 교섭이나 고구려군의 침략을 막아낸 것말고 또 무슨 일이 벌어지고 있었을까? 을지문덕의 살수대첩에 비하면 물론 지지부진한, 그러나 대단한 일이 벌어지고 있었다.

진지왕은 단 3년 동안 즉위했다. 576~579년 간이다. 쿠데타에 의한 축출설이 지배적이다. 아니, 그의 즉위 자체가 진흥왕 대 실권자 거칠부의 도움을 받은 왕위 찬탈 행위였다는 설이 있다.

그는 진흥왕의 둘째 아들이다. 첫째 아들인 태자 동륜이 572년 사망했지만, 그 아들, 즉 진평왕의 적손(嫡孫)인 백정이 있었으므로 부자 상속제가 확립된 신라에서 그가 정통 왕위 계승권자는 아니었다. 그가 재위하는 동안 백제와 일진일퇴 공방이 있었고 진흥왕 이래 유지되었던 중국 남조 진나라와의 외교 관계가 유지되었다.

그를 폐위시킨 화백회의는 국정 혼란과 문란한 성생활을 그 이유로 들었다. 그것을 곧이곧대로 믿을 필요는 없겠다. 더군다나 그는 태종무열왕의 할아버지로서 무열왕계의 시조다.

도화녀 설화는 삶과 죽음의 경계를 무너뜨리는 상상력으로 진지왕의 한 애정 행각을 묘사하고 있는데, 문란한 성생활에 대한 규탄과는 차원이 좀 다르다.

사량부의 도화녀는 복사꽃처럼 자태가 요염해서 소문이 자자했다. 진지왕은 소문을 듣고 그녀를 궁중으로 불러들인다. 그러나 그녀에게는 지아비가 있었다. 임금의 명을 거역하면 죽어야 하는데 그래도 좋은가고 위협하는 진지왕에게 그녀가 대답한다. 차라리 거리에서 목을 베일망정 다른 남자를 따르지는 않겠습니다…… 그런데 진지왕은 개루왕과 다르다. 그리고 그녀도 도미부인과 다르다.

"만약 지아비가 없다면 되는가?"

"될 수 있습니다."

진지왕은 도화녀를 집으로 돌려보냈다. 그후 진지왕은 왕위에서 쫓겨난다. 그리고 3년 후 도화녀의 남편이 죽었다. 그러고 10일이 지난 후, 죽은 진지왕이 한밤중에 그녀를 찾아오는데, 생시처럼 육신으로 왔다.

"남편이 없으니 괜찮지 않은가?"

도화녀는 부모의 허락을 받고 진지왕과 이레 동안을 함께 보냈다. 진지왕이 떠나고 도화녀의 배가 불러 아이를 낳으니 그가 비형이다. 비형은 도깨비와 친했다. 진지왕 뒤를 이은 진평왕이 비형을 궁중에 데려와 도깨비를 이용해 하룻밤 사이에 다리를 놓게 했다.

넓어지는 지평

진흥왕의 적손 백정이 바로 진평왕이다. 그는 많은 업적을 남겼고 그의 치세 때 신라는 많은 일을 겪지만, 업적은 진흥왕이 쌓았던 기

반을 한층 더 심화·확장시킨 것이고, 겪은 일은 진흥왕 대에 백제
·고구려 쪽으로 영역을 넓혔던 결과 백제와 고구려의 반격을 받았
던 것이라고 줄여 말해도 큰 지장은 없다.

여기서는 진평왕 대 여러 전형적인 인물들을 살펴봄으로써 당시
신라의 사회상을 구체적으로 들여다보는 게 더 유익할 것이다.

두 명의 신하

김후직은 지증왕의 증손이다. '황음'으로 진지왕이 폐위된 이후 즉
위한 진평왕이 즉위 직후 정작 사냥에 미쳐 정사를 돌보지 않았다.
그가 왕에게 간한다.

《노자》에 사냥하며 치달리는 것은 사람의 마음을 미치게 한다
고 되어 있습니다. 또 《서경》에는 안으로 여색에 빠지고 밖으로
사냥에 빠지면, 그중 하나만 있어도 망하지 않는 군주가 없다고 하
였습니다……

《노자》와 《서경》이 등장하는 것이 다시 흥미롭다. 어쨌든 왕
은 그 말을 듣지 않았다. 후에 병으로 죽게 되었을 때 김후직은 유
언을 한다. 내 시체를 왕이 사냥 다니는 길가에 묻어다오…….

어느 날 왕이 사냥을 나가는데 길가에서 '가지 마시오'라는 소리
가 들렸다. 왕이 시종을 불러 어찌된 일인지 알아보라 하니 시종이
묻고 와서 자초지종을 고한다. 그것은 죽은 김후직이 묘 속에서 간
하는 소리였다. 왕은 크게 뉘우치고 다시는 사냥을 가지 않았다.

실혜는 직책은 높지 않지만 왕을 가까이 모시는 사인이었다. 성품
이 강직해서 옳지 않은 일에는 굴복하지 않았다. 동료 진제는 달랐
다. 그는 아첨을 잘해서 왕의 귀여움을 독차지했다. 그가 실혜를 참
소한다. 아무래도 눈엣가시였던 것이다. 실혜는 우직해서 다혈질이라
충동적입니다. 언제 욱해서 소란을 일으킬지 모릅니다. 대왕 곁에 두

신라의 왕과 왕비.

기에는 적절치 않습니다.

그러면 어떻게? 왕은 난감했다. 진제는 약아빠진 사람이기도 했다. 그가 왕에게 간한다. 우선 그를 귀양보내서 성품을 공손케 한 후에 등용하시는 것이……. 그럴 듯했다. 진제가 사려 깊은 충신처럼 보였다. 왕은 실혜를 냉림으로 귀양보낸다.

어떤 이가 실혜를 부추긴다. 그대 집안은 조부 때부터 나라에 충성하고 아랫사람들에 공정한 집안으로 정평이 높은데, 아첨하는 자의 거짓 보고 때문에 귀양살이라니 원통하지 않은가? 왜 자신을 변호하지 않는가?

실혜가 답한다. 아첨하는 신하가 임금을 유혹하면 충신이 쫓겨나는 것은 어제 오늘의 일이 아니다……. 실혜는 말없이 귀양길을 떠났고, 떠나면서 노래를 불렀다. 길이가 짧지 않았건만 그 노래는 사람들 사이에 널리 불렸다.

을지문덕의 위광에 비하면 이 이야기들이 무슨 시시껄절한 소리란 말인가. 그러나 나라란 바로 그런 것이다. 이 사람들이 진평왕을 키웠다. 이 사람들의 기록이야말로 진평왕 대의 신라가 정말 오래도록 버틸 힘을 갖춘 '나라'라는 현실적이고도 진정한 증거이다. 이야기를 계속하자.

고승 원광

원광은 진평왕 때 가장 두드러진 고승이다. 그는 진흥왕 16년에 태어나 선덕여왕 7년에 세상을 떠난다. 13세 때 출가하여 승려가 되고, 30세에 경주 안강 삼기산에 금곡사를 창건했다.

4년 후 한 승려가 와서 암자를 지었는데 원광의 꾸중에도 아랑곳 않고 주술을 즐기다가 화를 입고 죽었다. 원광은 불교 공부를 더 깊게 하여 사람들을 제도해야겠다고 발심, 진평왕 11년에 중국 진나라로 갔다. 그는 ≪성실론≫ ≪열반경≫을 공부한 후 호구산에 들어 참선에 몰두했다. 그리고 그곳에서 여생을 마치고자 하였다.

그러나 수행자들이 와서 강연을 조른다. 그는 법을 설파하기 시작, 이름이 널리 알려지지만 중국이 수나라에 의해 통일될 때에 전쟁포로로 잡힌다.

풀려난 후 다시 연구에 몰두하지만, 그는 이미 중국 불교계에 이름이 널리 알려진 터였고, 신라에서는 그의 귀국을 자주 청하였다. 수나라 왕이 마침내 귀국을 허락, 600년에 귀국한 그는 유학 전에 머물렀던 삼기산에서 왕과 신하들이 듣는 가운데 ≪대승경전≫을 강의한다.

호국승 원광

그리고 그는 점차 호국 불교로 기운다. 그러나 도림과 달리 깊고 깊은 그것이다. 그는 그뒤 가실산에 머물렀는데, 화랑 귀산과 추홍이 찾아와 평생토록 지닐 계명을 청한다. 그가 말한다.

깨우친다는 것. 폴 클레,
<노인>.

불교에는 '보살십계'가 있지만 속세의 신하로 다 지키기는 어렵다. 너희가 속세에서 지켜야 할 다섯 가지 가르침을 주겠다……. 그는 더 세속화되지만, 그것은 그가 이미 깊기 때문에 가능한 세속화다.

첫째 임금에 충성을 다한다, 둘째 부모에게 효도를 다한다. 셋째 친구를 사귈 때 믿음으로 사귄다. 넷째 싸울 때는 물러서지 않는다. 다섯째 살생을 가려서 한다…….

아무리 고구려의 끊임없는 침략에 고통받고 백제와 여지껏 '대등한' 항쟁을 감당하던 신라였고 그 신라의 '호국 불교'지만, 원광의 '세속오계'는, 특히 '살생유택'은 일체 살생 금지 및 허무주의의 불교 원래에 비하면 정말 약소하다. 그러나 그 판단을 우롱하듯이 그는 한 단계 더 '내려앉는'다.

608년 고구려와 백제의 침입을 걱정한 진평왕이 그에게 출사표도 아니고 '걸사표'를 써달라고 한다. '걸사표'는 한마디로 수나라에게 고구려를 쳐줄 것을 '구걸'하는 문서다. 그가 논한다. 자신의 생존을 위하여 남을 없애려는 것은 중으로서 할 바가 못 된다. 그러나 왕의 땅에 살면서 그 물과 풀을 먹고 있으니 어찌 명을 받들지 않겠는가……. 수 양제가 고구려 침략을 결심한 것은 그가 써준 '걸사표' 때문이라 했다. 그러나 과장일 것이다.

613년 수나라 사신 왕세의를 맞아 황룡사에서 인왕백고좌 법회가 열렸을 때 그는 최상석에서 법회를 주관했다. 왕이 병들어 백약이 무효였을 때 그가 법을 설하고 계를 주어 참회케 함으로써 치유한다. 말년에는 불교 대중화를 위한 기금을 모으기도 했다.

그는 중국에서 불교의 전생애를, 아니 불교의 삶과 죽음 너머까지 살았다. 그의 불교는 당대 불교의 모든 것을 총화한다. 그러나 그가 간 것은 애당초 신라를 위해서였고(주술 퇴치), 결국은 신라를 위해 돌아온다. 그의 호국 불교는 도림보다 깊지만, 중국에서의 그의 불교가 신라의 정치적 현실을 만나 현실주의적으로 더 깊어지지는 않고, 그냥 대중화된다. 이 '절충'은 신라 불교의 초기적 한계를 보여준다 하겠다.

이것은 물론 신라가, 또 신라 불교가 삼국 통일 국면에 적극적으로 대비하고 있다는 뜻이다. 그러나 신라 불교가 이런 상태로 삼국 통일 국면에 곧장 뛰어들지는 않는다.

원광의 절충성이 절묘한 조화로 상승하는 시기는 놀랍게도 우리나라 역사상 유일하게 여성이 양대에 걸쳐 나라를 다스렸던 여왕 시대다. 여성을 통해 불교가 오묘한 깊이와 찬란한 외관을 얻게 되는 광경을 곧 보게 될 것이다. 그 과도기의 중이 혜숙이다.

혜숙의 있음과 없음, 성(聖)과 속(俗)

그는 원래 화랑의 낭도 생활을
하다 물러나 적선촌에서 20년 가
까이 은둔 생활을 했다. 어느 날
국선 구참공이 무리를 이끌고 적
선촌으로 사냥을 나왔는데, 혜숙
이 길가로 나와 고삐를 잡고 같이
데려가 달라고 조른다. 구참공은
허락했고 혜숙은 옷을 벗어젖히고
사냥 흥을 돋웠다.

사냥이 끝나고 흥청망청 잔치가
벌어졌다. 혜숙도 한데 어울려 술
과 고기를 질탕하게 먹어댄다. 잔
치 분위기가 최고조에 달했을 때
혜숙이 구참공 앞으로 나아가 말
했다.

"사슴 고기보다 더 맛있는 고기
가 있는데 드시겠습니까?"

금동여래입상, 숙수사지 출토.

구참공이 좋다고 하자 혜숙은
주위 사람을 물리고는 느닷없이 자기 다리 살을 베어 소반에 얹어
구참공에게 올렸다. 경악한 구참공이 '이게 무슨 짓이냐?'며 노기탱
천하는데, 혜숙이 공손한 어투로, 그러나 준엄하게 꾸짖는다. 공은
어진 분인 줄 알았는데 이제 보니 살생을 즐기며 남을 해쳐 자기 한
몸을 기를 뿐입니다. 그것을 어찌 군자의 행동이라 하겠습니까?……

군자라. 하지만 김후직의 간언까지 포함해서, 이것은 단지 오락에
빠지지 말고 정사에 충실하라는 도교나 유교적인 가르침이 아니고,

살생 자체를 엄금하는 불교의 호국적 가르침이라는 것을 우리는 알 수 있다. 이 '호국' 불교가 신라라는 '국가'에 오히려 더 위력적인 힘을 주었음은 앞서 말했던 바다.

어쨌거나 말을 마친 혜숙은 그대로 떠나버렸다. 혜숙이 먹던 소반을 보니 고기 덩어리가 그대로 있다. 구참공은 부끄러워하며 크게 깨달았다. 구참공은 그 사실을 진평왕에게 아뢰고 진평왕은 사자를 보내 혜숙을 정중히 모셔오게 한다.

사자가 도착해보니 혜숙은 한 여인과 한 이불에 들어 살을 섞고 있는 중이다. 사자가 기겁하여 말도 못 꺼내고 돌아가는데, 7, 8리쯤 가니 맞은편에서 혜숙이 오는 게 아닌가. 성안 시줏집에서 이레 동안 재를 올리고 집으로 가는 중이라 했다. 사자가 왕에게 본 대로 고했다. 왕은 사람을 시줏집으로 보냈다. 혜숙의 말 그대로다.

그는 죽을 때 똑같은 기적을 보인다. 혜숙이 갑자기 죽어 마을 사람들이 그를 이현 동편에 장사지냈다. 그런데 이현 서편에서 오는 사람이 그 광경을 보고 깜짝 놀란다. 방금 전에 혜숙을 만났다는 것이다.

그가 혜숙에게 어디 가느냐고 물었더니,

"이곳에서 오래 살았으니까 이제 다른 곳으로 유람갑니다."

그러고 나서는 서로 인사하고 헤어졌는데 한 반 리쯤 더 가서 혜숙이 구름을 타고 가버렸다.

장례를 막 끝내려던 참이었는데 그런 이야기를 듣고 사람들은 놀라고 신기했다. 그들은 갓 만든 무덤을 다시 파헤치고 관뚜껑을 열어보았다. 그 안에는 짚신 한 짝밖에 없었다.

융천이라는 승려도 있다. 그에 대한 이야기는 아주 간단하다. 화랑 세 명이 풍악산(금강산)으로 여행을 떠나려는데 혜성이 나타나 큰 별에 접근했다. 화랑들은 괴이한 일이라 여기고 여행을 취소하려

나무를 닮은 백성, 디에고 리베라, <시장>.

했다. 그때 융천이 노래를 지어 부르자 혜성이 사라지고 때마침 침략한 일본군도 물러갔다.

왕은 화가 복이 된 것을 기뻐하며 낭도들을 유람케 하였다 한다. 그러나 혜성 자체가 일본군일 것이다. 큰 별은 신라 중심지 경주를 상징한다.

백성은 신라의 뿌리

진평왕 대 세속 인물전을 계속해 보자.

군인 눌최가 있다. 그는 물계자 및 석우로의 후예이면서, 인물이 풍기는 충성심의 총체성과 비장미가 벌써 사뭇 다르다. 눌최는 진평왕 46년, 백제가 신라의 변경을 쳐들어왔을 때 구원병으로 파견되었다.

모두 5군이 파견되었는데, 장수들은 백제의 군진이 너무 당당해서 당할 수 없다고 판단, 여섯 개 성을 쌓고 돌아왔다. 그러나 백제군은 공격을 더욱 강화, 그중 세 개 성이 함락되었다.

눌최는 나머지 세 개 성을 지키고 있었다. 그는 5군이 돌아간 것에 눈물을 흘리면서 부하들을 격려했다. 나라가 위태로운 때야말로 절개 있고 의로운 병사가 이름을 날릴 때 아닌가…….

병사들이 모두 감동하여 죽을 각오로 성을 지켰다. 그러나 백제군은 워낙 강했다. 성이 무너졌다. 여기서 이야기가 돌연 눌최의 종에게로 옮겨간다.

그 종은 활을 매우 잘 쏘았다. 종이 활을 잘 쏘다니. 그자가 자네를 해치려 들면 어찌하려고……. 친구들이 평소에 그렇게 경고했다. 눌최는 종의 사람됨을 믿고 그 말을 괘념치 않았다.

그 종이 드디어 진가를 발한다. 종이 사력을 다해 싸우며 눌최를 보호하므로 적이 감히 접근치 못했다. 그러나 중과부적. 한 적군이 뒤에서 도끼로 눌최를 내리치니 눌최가 그 자리에서 거꾸러졌다. 종도 계속 싸우다 장렬하게 전사했다. 진평왕은 이 이야기를 듣고 눌최에게 급찬 벼슬을 추증한다.

설씨 처녀의 효심과 사랑

율리라는 마을에 설씨 성을 가진 처녀가 살았다. 귀족 출신이지만 집은 겨우 먹고 살 정도였고, 친척도 별로 없고, 그녀는 무남독녀였다. 막 소녀티를 벗은 그녀는 동네 청년들의 흠모를 한몸에 받았다. 그러나 어느 누구도 감히 말을 붙이지 못했다. 그녀 아버지가 매우 엄한 사람이었던 까닭이다.

어느 날 그녀 집안에 청천벽력 같은 일이 닥쳐온다. 늙으신 아버지가 정곡의 국경수비대로 차출되었다는 연락이 온 것이다. 정곡은 오랑캐와 호랑이 출몰이 잦은 지역. 늙고 병든 아버지가 그곳으로 끌려간다면 살아 돌아오기 힘들었다. 그렇다고 처녀인 그녀가 같이 갈 수 있는 곳도 아니었다. 이때 홀연 가실이 나타난다.

신라의 여인.

그는 사량부 사람으로 설씨 처녀를 혼자 흠모하던 차에 그녀가 곤경에 처한 것을 알고 용기를 낸 것이었다. 그는 그녀 아버지 대신 자신이 국방경비대로 나가겠다고 그녀에게 말한다.

그녀는 너무 기뻐서 아버지에게 고하니 아버지는 보답의 뜻으로 딸을 줄 터이니 아내로 삼으라 한다. 그것은 저의 가장 큰 소원이었습니다……. 가실은 뛸 듯이 기뻐하며 물러나왔다. 아버지는 혼인 날짜를 빨리 잡으려 했다. 청년의 입대일이 얼마 남지 않았기 때문이다. 그 말을 듣고 설씨 처녀는 가실을 찾아간다.

우리는 아직 젊고, 결혼은 인륜지대사입니다. 제가 당신과 결혼하기로 마음을 먹었으니 죽어도 변함은 없을 것입니다. 군대를 마치고 돌아온 후에 좋은 날을 잡아 결혼식을 올려도 늦지는 않을 것입니다……

그렇게 말한 후 그녀는 거울을 꺼내 반으로 갈라서 한쪽을 가실에게 주었다. 이것은 우리 믿음의 정표입니다. 후일 당연히 합쳐질 것입니다……

가실은 그녀 말을 따랐다. 떠나는 날 그는 자신의 가장 큰 재산이었던 말 한 필을 끌고 그녀를 찾아온다. 세상에서 보기 드문 좋은 말이었다. 이곳에 두고 갈 테니 잘 보살펴서 훗날 쓰게 해주십시오……. 가실을 떠나보내는 그녀 눈에 눈물이 그렁댄다. 그녀는 어느새 그를 사랑하게 된 것이었다.

3년이 지났지만 그가 돌아오지 않는다. 신라는 백제 및 고구려와 계속 전쟁을 치르고 있었다. 다시 3년이 지났지만 가실이 역시 오지 않는다. 딸을 보는 아버지 마음이 편할 리 없다. 저 아이가 저러다가 결국 나 때문에 혼기를 완전히 놓쳐버리는 게 아닌지……

그녀는 이미 마을에서 노처녀 축에 들었다. 가실이 살아 있을 가능성은 희박했다. 중매쟁이가 그런 아버지를 자꾸 꼬드긴다. 아버지가 딸에게 말한다. 그만하면 너도 할 도리는 다했다. 기약했던 것은 3년. 그 배를 기다렸으니 어느 누구도 너더러 약속을 어겼다고는 못할 것. 언제까지 이렇게 살 거냐. 너도 이제 네 짝을 만나 살 길을 찾아야 할 것 아니냐. 마침 괜찮은 청년도 있고……

그러나 설씨 처녀가 단호하다. 가실은 이미 그녀의 남편인 것이다. 그리고 그가 죽었을지 모른다는 생각을 그녀는 꿈에도 해본 적이 없다. 아버님, 이 오랜 세월 동안 가실이 얼마나 모진 고생을 치르고 있을 것인지요 그런 말씀 두 번 다시 마옵소서……

아버지는 겁이 덜컥 난다. 딸자식이 평생을 생과부로 살 각오인 것이다. 그는 강제로라도 결혼을 시키리라 마음먹고 중매쟁이가 말했던 그 청년과 그녀 모르게 약혼을 맺고 결혼 날짜를 잡은 후 청년을 집에 데려왔다.

그녀가 싫다고 펄펄 뛰었지만 소용이 없다. 도망치려 했으나 실패한다. 결혼식을 앞두고 그녀는 마구간으로 간다. 가실이 남기고 간

말은 윤기가 짜르르하고 용모가 말끔했다. 가실이 생각날 때마다 말을 좀더 정성스레 보살핀 그녀였다.

그녀가 말머리를 쓰다듬으니 말은 기분이 좋아 푸륵푸륵댔다. 그녀 눈에서 눈물이 하염없이 샘솟는다. 그렇다. 그녀는 기다린 세월만큼 사랑을 키워온 것이다.

그때 누가 마구간으로 들어왔다. 누, 누구? 그녀가 소스라쳐 놀라며 뒤로 물러선다. 누더기를 걸친, 나무껍데기처럼 비쩍 마른 피골상접에 얼굴이 새카만 사내였다.

"나, 나요."

"누구……?"

"나요, 가실. 당신 아버지 대신 군대에 나갔던 가실. 나를 모르겠소?"

그도 설씨 처녀가 이런 꼴의 자신을 어떻게 맞을지 자신이 없는 게 분명했다. 그는 반쪽짜리 거울을 꺼내 그녀 앞에 던졌다. 그것을 집어든 그녀는 다시 눈물이 앞을 가리고, 그렇게 엉거주춤 더듬거리며 자기 품에서 나머지 반쪽을 꺼내 맞추어보니 딱 맞았다.

하긴 그 확인이 다 무슨 쓸데없는 짓인가. 누가 6년 동안을 헤어진 그 대신 올 수 있단 말인가. 그녀는 그에게로 달려가 와락 품에 안긴다. 가실의 건강이 회복된 후 두 사람은 모든 이들의 축복 속에 결혼식을 올렸다. 그리고 백년해로하였다.

신라 진평왕 대의 인물들 2

12장

김유신, 세 청년, 그들의 가야, 그리고…

진평왕 대 인물론은 두 장에 걸쳐 전개된다. 물
론 신라는 인물론에 있어서도 여전히 현실과 환
상 사이를 넘나들고, 시공을 초월한다. 왜 안 그
렇겠는가. 그 특유의 방식을 통해 신라는 지금
가장 구체적인 힘을 모아가고 있다.

하급 관리 검군, 복잡함의 일상화

검군은 대수롭지 않은 집안 출신의 궁궐 창고지기였다. 진평왕 49
년 초가을에 서리가 내려 곡물이 제대로 열매를 맺지 못하더니, 아
니나다를까. 이듬해 봄 커다란 기근이 든다. 백성들이 자식을 팔아
끼니를 때우는 등 참상이 극에 달했다. 궁중의 창고지기들도 당장
굶어죽을 처지다. 여러 사람이 공모하여 궁궐 창고의 곡식을 빼돌
린다.

그것을 사람 별로 나눠갖는데, 검군은 받지 않았다. 그는 근랑 화
랑을 따르는 낭도였다. 화랑 정신에 어긋나는 일은 할 수 없다……
검군을 설득하는 데 실패한 동료 사인들은 일이 탄로날까 봐 두려
웠다.

전전긍긍하다가 그들은 결국 검군을 죽이기로 모의한다. 그들이
검군을 불러들인다. 검군은 그 부름의 의미를 즉각 알았다. 그는 그
들에게로 가기 전에 근랑을 찾아가 말한다.

오늘 이후에는 저를 다시 보지 못할 것입니다……. 근랑이 무슨 일이냐고 자꾸 묻자 검군은 지초지종을 이야기한다.

근랑은 상사에게 말하라고 권하지만 검군은 자기가 죽을까 봐 여러 사람을 죄받게 할 수는 없다고 답한다. 그러면 달아나면 되지 않는가? 다시 검군이 답한다. 저들이 잘못되고 내가 옳은데 왜 달아나겠습니까? 달아난다면 내가 장부라 할 수 있겠습니까?

검군이 동료 사인들에게로 가자 그들은 독약을 넣은 음식을 검군에게 주었다. 검군은 그걸 먹고 죽었다. 신라계 역사가는 그를 이렇게 평했다. '검군은 죽지 않아야 할 일에 죽었다. 그는 태산을 새털보다 가볍게 여겼다.' 그러나 이것은 일방적인 평가다.

검군 이야기에는 무엇 하나 속시원한 대목이 없고 그냥 끝탕이다. 죽음으로 끝을 맺지만 비극이라고 하기에도 뭣하다. 그렇다. 이 이야기에는 영웅도 악한도 없고, 그래서 매우 20세기 현대적이다. 근랑의 영웅화를 막는 것은 검군이지만 정작 검군은 매우 답답한 사람이다.

부정을 저지르고 검군을 죽이는 동료들은 악한의 이미지가 많이 희석된다. 워낙 굶주리던 때였고, 또 그들이 여럿이었기 때문이다. 전부를 어떻게 악한으로 몰며 죄를 묻는단 말인가. 그들은 심지어 정당화되기까지 한다.

그렇다. 세상살이가 그렇게 복잡해지고 복잡함이 일상화되었다. 그러나 그것, 그 현대적인 일상의 복잡성이 바로 신라의 힘이다.

위대한 희망의 전략가가 탄생하기까지

그리고 그 복잡성이 불교를 매개로 이승과 저승의 경계까지 허물고 꿈까지 동원하면서 위대한 희망의 전략가를 키워낸다. 김유신. 그가 벌써 등장하는 것이다. 그는 장군이면서 말년에 원광의 호국 불교보다 더 깊은 불교를 구현, 삼국 통일의 밑거름으로 삼는다.

진평왕 사망 3년 전인 629년, 신라의 고구려 낭비성(청주) 공격에 아버지와 함께 참가하여 큰 공을 세우기까지 그의 탄생 및 성장 과정은 그야말로 가야라는 나라가 신라라는 나라로 되어가는 과정 그 자체이다.

532년(법흥왕 19년) 신라에 투항한 금관가야 구해왕이 그의 증조할아버지. 할아버지 김무력의 활약은 관산성 전투에서 보았던 바다. 아버지는 서현. 이때 이미 금관가야의 김씨 왕가는 전투에서 세운 혁혁한 공을 인정받아 신라 진골 귀족에 편입되어 있었다. 그러나 신라 왕족과 통혼할 만한 대귀족은 아직 못되었다. 어머니는 만명, 지증왕의 증손녀, 진흥왕의 아버지인 입종갈문왕이 그녀의 할아버지다. 아버지는 숙흘종.

탄생과 덫과 구원

둘은 사랑에 빠졌으나 숙흘종이 반대했다. 왕족이 가야족과 혼인할 수는 없다는 것이다. 만명이 결혼할 뜻을 꺾지 않자 숙흘종은 그녀를 감금했다. 그러나 만명을 가둔 건물에 벼락이 쳤고 만명이 무너진 틈새로 탈출, 만노군(충북 진천) 태수로 부임하는 서현을 따라갔다. 벼락 이야기는 아마도 둘의 혼인이 당시로서는 매우 파격적이었다는 것, 그리고 둘이 야합했다는 것을 암시한다.

김유신이 태어난 것은 595년, 진평왕 17년 때다. 15세 때 화랑이 되었다. 그의 낭도는 용화향도라 불린다. 고구려·백제가 걸핏하면 신라를 침략해서 나라가 편할 날이 없던 때다. 그는 밤낮으로 적을 물리칠 방도를 궁리하며 무예 수련에 박차를 가한다. 그런데 그때 이런 일이 있었다고 전한다.

백석은 유신의 낭도 중 한 사람이었다. 어느 날 그가 고구려 정탐

가야 금관, 고령 출토,
5~6세기.

을 가지고 꼬드긴다. 유신은 모험심과 애국심이 발동하여 흔쾌히 그
와 함께 고구려 정탐 여행을 떠났다. 영천에 이르러 날이 저물었다.
그들은 숙소를 정하다가 묘령의 낭자 세 명을 만난다. 세 낭자는 유
신에게 술과 과일을 대접한다. 술이 거나해진 유신은 세 낭자에게
자신이 고구려 정탐을 가는 중이라고 털어놓았다. 그러자 세 낭자가
백석을 따돌리고 유신을 숲 속으로 유인한다.

숲 속에 들어서자마자 세 낭자는 산신령으로 변했다. 우리들은 호
국신이다. 지금 적의 첩자가 너를 유인해가고 있는데 그것도 모르다
니……. 말을 마치고 산신령들은 사라졌다. 유신은 가까스로 정신을
차리고 절을 두 번 올리고는 숲 속을 나와 백석에게로 갔다.

중요한 문서를 깜박 놓고 왔구나. 얼마 안 왔으니 돌아가서 그걸
챙겨와야겠다……. 백석은 아무 의심 없이 그를 따라온다. 집에 이르
자마자 유신은 그를 결박하여 문초했는데, 백석의 말이 또 유구하고
신비하다. 유신의 전생 이야기인 것이다.

전생

고구려에 유명한 점술가 추남이 있었다. 한번은 국경의 물이 거꾸로 흘러 왕이 그에게 점을 치게 했다. 추남은 왕후가 남녀간 성교를 거꾸로 하기 때문에 이런 일이 생긴 것이라 했다. 왕후는 치욕 때문에 화가 머리 끝까지 솟구쳤다. 그녀는 친히 점술 능력을 시험해보고 맞추지 못하면 죽이겠다 하고, 주머니 속에 쥐를 넣고는 무엇이 들었냐고 물었다.

쥐 여덟 마리가 들었습니다…… 왕후는 주머니를 열어보였다. 쥐 한 마리잖은가. 저놈을 즉시 처형하라! 추남은 '내 죽은 후 다른 나라 장군으로 태어나 반드시 고구려를 멸망시키겠다'고 절규하고는 숨을 거두었다. 사람들이 혹시나 하여 쥐의 배를 갈랐더니 뱃속에 새끼가 일곱 마리 들어 있었다. 왕과 왕후는 두려움에 퍼렇게 질렸다.

그날 밤 왕이 꿈을 꾼다. 추남이 신라 서현공 부인 품으로 들어가는 것이 꿈에 보인다. 그렇게 추남이 유신으로 재탄생하는 것이다. 왕이 신하들에게 꿈 이야기를 하니 모두 추남의 맹세가 실현될까 봐 걱정하였다. 그래서 당신을 유인하게끔 고구려에서 나를 보낸 것이오……. 이 이야기는 물론 사실일 리가 없다. 하지만 고구려 정권의 기괴한 잔학성은 여기서도 유감없이 발휘된다.

두각을 나타내다

어쨌거나 그렇게 죽을 고비를 넘긴 유신은 앞서 이야기했듯이 629년 고구려 낭비성 공격에서 처음으로 두각을 나타낸다. 그는 중간급 전투 부대 지휘관으로서 혼자 말을 타고 적진으로 돌진, 적장의 목을 베어왔다. 신라군은 대번에 사기가 올라 낭비성을 점령한다. 이때 그의 나이 34세이다. 유신의 이야기는 그뒤로도 계속된다. 그

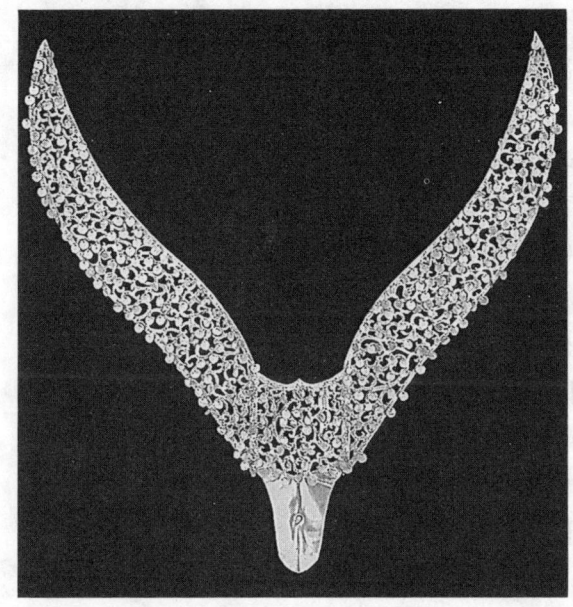

신라 금관, 천마총 출토.

는 78세까지 살면서 무려 다섯 명의 왕을 몸으로 보필케 된다. 하지만 유신의 이야기는 여기서 일단 끝내자.

이 시기는 진평왕이 중국의 새로운 통일 왕조로 등장한 당과 외교 교섭을 적극적으로 펼치기 시작하던 때다. 당은 618년 건국되어 628년 중국 통일을 완수한다. 신라는 621년부터 조공을 통한 외교 관계를 수립하고 거의 매년 외교 사절을 파견한다. 625년에는 고구려 때문에 당에 조공을 할 수가 없다며 신라가 당에 호소한다. 그리고 당 고조가 사신을 보내 고구려와 신라의 화해를 주선하기도 한다. 54년 만에 진평왕이 죽자 당 태종은 좌광록대부를 추증하기도 했다.

그러므로 우리는 신라를 떠나 더 넓은 곳으로 가고자 했던 두 청년 대세와 설계두 이야기로 이 장을 끝맺도록 하자. 김유신이 아무리 명장이었다 한들, 신라의 불교 문화와 정치가 아무리 국력을 이상적인 형태로 신장시켰다 한들, 모험 정신으로 가득 찬 신세대 청년들의 진취적이고 국제적인 시각에 의한 신라인 자체의 개안(開眼)이 없었더라면, 신라의 삼국 통일은 불가능하지는 않았더라도, 매우 뒤늦게 그것도 아주 복고적인 형태로나 가능했을지 모른다. 그들은 또 하필 각각 진평왕 초기와 말기에 살았다.

모험심에 가득 찬 신세대

대세는 내물왕의 7대손이며 이찬 등대의 아들이다. 명문 귀족의 자제로서 출세길이 탄탄대로로 그 앞에 뻗어 있었다. 그러나 그는 바다 건너 더 넓은 세상을 꿈꾸는 청년이었다. 그는 특히 도교 신선술에 마음이 끌렸다.

그는 어느 날 승려 담수의 마음을 떠보았다. 신라 산골에 묻혀 일생을 보낸다면 연못 속 고기나 새장 속 새와 다를 바가 뭐 있는가. 나는 장차 배를 타고 바다를 건너 남쪽 오와 월 지방에 가려 한다. 그곳에서 스승을 만나 신선이 되면 바람을 타고 허공을 날 것이다. 그것이야말로 천하의 장관 아니겠는가……

담수는 누구보다 외국에 관심이 많았다. 불경 공부 때문이었다. 하지만 담수는 동조하지 않는다. 막막하기도 하고, 신선술이라는 것이 걸리기도 했다. 무엇보다 신라 불교는 토착화에 더 관심이 많았다. 대세는 이번에는 건장한 체격에 지조가 있는 구칠을 염두에 두고 남산 절에서 그와 함께 머물며 친하게 지낸다. 어느 날 대세가 넌지시 구칠의 마음을 떠본다.

그대와 내가 서방으로 갈 뜻이 있다 가정하고 물 위에 각자 나뭇잎을 띄워 누가 먼저 가나 알아보자……. 대세의 것이 먼저 떠내려간다. 내가 먼저 가야겠구나……. 대세의 그 말에 구칠이 화를 벌컥

낯설고 신기한 신세계,
칼 슈미트 — 로틀루프,
<엠마오 가는 길>.

낸다. 나도 남잔데 왜 혼자 못 가겠는가? 그제서야 대세는 서방으로 함께 가자는 제안을 진지하게 한다. 구칠은 자기도 바랐던 바라면서 대찬성이었다.

두 사람은 남해에서 배를 타고 떠난다. 그후로 어떻게 되었는지는 아는 사람이 없다. 진평왕 9년, 신라가 한강 유역을 차지하여 서해 항로가 뚫렸지만 중국이 여전히 낯설고 신기한 신세계였던 때다. 대세에 원광의 생애를 다리로 놓으면 설계두에게 이어진다.

설계두는 6두품 집안 출신이다. 6두품은 재상이나 장군은 될 수 없는 신분이다. 어느 날 친구들이 모여 술을 마시며 장차 인생 설계를 논하는 자리에서 그가 말한다.

우리나라는 골(骨)과 품(品)을 따지는 신분 제도 때문에 자기 능력을 다 펼칠 수 없다. 나는 장차 서해 바다를 건너 중국으로 가련다. 그곳에서 큰 공을 세워, 내 힘으로 높은 벼슬을 얻고 천자를 옆에서 모시련다……

그가 몰래 배를 타고 중국으로 건너간 것은 진평왕 43년. 중국에

당 태종.

서 막 당이 세워진 때였지만, 설계두도 그후 소식이 없었다. 이번에
도 그걸로 그만인가?

설계두에 관한 기록은 그후 24년이 지나서야 이어진다. 그 동안
설계두는 무엇을 했을까? 밑바닥부터 차근차근 밟아 올라갔을 것이
분명하다.

그리고 그에게 좋은 기회가 온다. 당 태종이 직접 고구려 정벌에
나섰다. 당 태종은 대대적으로 지원병을 모집했고, 설계두는 지원하
자마자 장교로 임명되었다. 요하를 건너자마자 당 태종은 다리를 철
거한다. 배수의 진을 친 것이다. 요동 주필산 밑에서 고구려와 대접
전이 벌어진다. 설계두는 선두에 서서 깊숙이 달려가 용감하게 싸우
다 전사하고 만다.

그러나 이게 끝이 아니다. 그날 전투에서 가장 큰 공을 세운 자로
설계두가 추천된다. 참혹하게 난자당한 설계두의 시신을 보고 당 태
종이 눈물을 흘리며, 설계두에 대해 물었다. 그가 신라인이라는 것을
안 당 태종은 탄식한다. 우리나라 사람도 죽음이 무서워 선봉을 꺼

리는데 외국인이 우리를 위해 죽었으니 무엇으로 보답할꼬…….

신하가 평소에 들었던 설계두의 평생 소원을 당 태종에게 아뢴다. 당 태종은 자신의 옷을 벗어 그의 시신을 덮어주고 대장군이란 직책을 내려주었다. 그의 꿈은 죽어서 이루어졌다. 후에 고구려, 그리고 백제를 멸하는 신라와 당의 연합은 이렇게 단순하고 외적인 주종 관계가 아니었다.

그리고 대세와 설계두의 뒤를 이어 수많은 사람들이 중국으로 향했다. 진취적인 기상을 품고, 혹은 겸손하게 배우겠다는 마음으로 일부 승려들은 더 큰 배움을 찾아 천축국(인도)까지 갔다. 이들로 인해 신라에게 중국은 더 이상 '아름다움의 비극'이 아니다.

신라의 미래였던 가야

이야기가 또 앞으로 내뻗었지만 우리는 더 용감하게 진평왕 대보다 1백 년 전에 멸망한 가야 이야기로 돌아가서 역사를 이어보자. 김유신의 가계와 두 청년의 진취적인 해외 진출, 그 두 가지가 그것을 가능케 하고, 필요하게 하고, 혹시 필연적이게 한다. 가야 이야기는 통일신라 때까지 이어지는 것이다. 멸망이란 사람들 마음 속에 이리 신비한 흔적을 남기는 것이다.

석탈해가 누군가. 그는 신라의 시조다. 그런데 그가 신라로 곧장 오지, 아니 가지 않았다. 수로왕이 가야의 터줏대감이고, 그가 '먼 데서 온' 떠돌이다. 석탈해가 수로왕에게 왔을 때 번듯한 나라였다. 가야인들은 여럿이 함께 둑을 쌓고 땅을 개간했다.

궁궐, 관청, 창고를 이미 지은 후다. 마을 회의에도 새로 회의장을 세웠다. 수로왕은 관직을 만들고 관리를 임명하고 백성들을 자식처럼 사랑한다. 석탈해가 수로왕을 찾아온 것은 그런 때였다.

그런데 석탈해가 바닷길을 따라와 가야국에 와서 수로왕에게 임

금 자리를 내놓으라고 큰소리를 친다. 둘은 변신술로 승부를 내기로
한다. 사실 수로가 이 내기에 응할 이유는 전혀 없었다. 석탈해는 땡
전 한푼 없는 이방인이고 수로는 일국의 왕이다. 그가 내기에 응한
것은 무한한 자신감의 표현이겠다. 그 자신감이 가야 멸망의 한 원
인이겠지만.

탈해가 매로 변하자 수로는 독수리로 변한다. 탈해가 다시 참새가
된다. 수로는 즉시 매로 변한다. 탈해가 항복한다.

탈해를 죽일 수 있었는데 수로는 죽이지 않았다. 석탈해는 신라로
가서 왕이 된다. 그렇다면 가야가 신라를 멸할 수 있었는데도 멸하
지 않았다?

그렇다. 멸하지 않았을 뿐 아니라 김유신으로 하여 신라를 큰 나
라로 세웠다. 물론 탈해와 수로의 만남은 신라 기록이 아니다. 그러

세계로 열리다. 토머스 하트 벤튼, <댄스홀이 있는 시내 활동>.

나 신라가 없애지 않은 기록이다. 가야는 그럼 어떤 나라였던가. 신라의 미래였다!

인도 공주 허황옥과 수로부인

수로왕의 배필은 그 까마득한 시절에 벌써 인도 여자다. 허황옥. 그녀는 인도 아유타국 공주이다. 왕과 왕후가 꿈에 상제의 명을 받았다. 그녀를 가야국 수로왕의 배필이 되게 하라…… 왕은 상제의 명령에 따랐다. 그는 붉은 깃발을 단 배에 허황옥을 실어 보낸다. 많은 시종들을 딸려 보냈음은 물론이다.

허황옥의 배는 베트남, 중국, 일본 해안을 거쳐 가야국 서남쪽에 닿았다. 수로왕은 그녀가 올 것을 미리 알았다. 수로는 신하들을 보내 정중히 맞았고 자신도 친히 궁 밖으로 마중나갔다. 둘은 해와 달처럼 잘 어울렸다. 150년을 함께 살고 왕비가 먼저 세상을 뜬다. 왕은 시름에 잠겨 있다 10년 후에 세상을 떠난다. 수로는 가야의 처음이자 끝이다.

6세기에 가야는 신라에게 멸망당한다. 그러나 세계로 열린 신라인들의 마음은 온전히 가야적이다. 가야는 신라의 길이다. 가야 멸망 후 약 2백 년, 진평왕 대보다 약 1백여 년 후인 통일신라 성덕왕(702 ~737년) 때 가야가 다시 등장한다.

순정공의 아내 수로부인은 절세미인이었다. 깊은 산이나 큰 못을 지날 때면 신비한 영물들이 나타나 그녀를 납치해가는 일이 잦았다.

순정공이 강릉 태수로 부임하던 중 동해안에 이르러 점심을 먹고 있는데 이번에도 갑자기 바다 용이 솟구쳐올라 부인을 끌고 바닷속으로 들어가버린다.

순정공이 어쩔 줄 몰라 하자 한 노인이 나타나 말한다. 여러 사람의 입은 금도 녹인다 했습니다. 사람들을 많이 모아 노래를 부르면

중앙아시아에서 수입된 장식 보검.

서 막대기로 언덕을 치면 바다 짐승이 겁을 먹고 부인을 돌려보낼 것입니다······.

순정공은 그 말대로 했다. 과연 얼마 후 용이 수로부인을 내놓았다. 이때 수로부인은 허황옥인가? 그녀는 인도로 다시 가려고 했던 것일까? 가다가 다시 신라 백성들 애원성을 듣고 돌아오는 것일까? 멸망한 가야가 그만 잊혀지려다가 신라를 위해 잊혀지지 않는 것일까?

다시, 구지가

그래서 신라라는 국가의 생명이 몇백 년 더 연장되는 것일까? 그때 불렀다는 노래가 절묘하다. <해가>로 이름 붙여진 그 노래는 사실 구지가인 것이다.

거북아 거북아 수로부인을 내놓아라
남의 부인을 빼앗아간 죄 얼마나 큰지 아는가
만약 말을 안 듣고 돌려주지 않으면
그물로 너를 잡아 구워 먹겠다

가야를 탄생시킨 설화가 다시 가야를 부른다. 그 부름이 오늘에 이르기까지. 그러나 우리는 진평왕 원년 이야기로 돌아가 '진평왕' 장을 끝내기로 하자.

신라의 세 가지 보물

왕은 신장이 11척이나 되었다. 어느 날 천사가 궁전 뜰에 내려 금으로 새기고 옥으로 장식한 옥대(허리띠)를 바치며 말했다. 상제께서 이것을 왕께 전해드리라 하였습니다…… 왕은 친히 무릎을 꿇고 그 옥대를 받아들었다.

왕의 거구에 딱 맞는 길이였다. 왕은 종묘 큰 제사 때는 항상 이 옥대를 찼다. 후에 고려 태조 왕건이 신라 정벌을 앞두고 신하에게 물었다 한다.

"신라에 세 가지 보물이 있어 나라를 지켜준다 했는데 그게 무엇인가?"

황룡사의 장육존상이 그 첫째고, 그 절 9층탑이 둘째며, 진평왕의 천사옥대가 그 셋째라고 좌우가 대답했다. 왕건이 신라를 멸하자 마지막 왕 경순왕이 그 천사옥대를 왕건에게 바쳤고 왕건은 그것을 안방 금고에 고이 간수하였다.

장육존상에 대해서는 이미 말했다. 황룡사 9층탑은 아찔해라, 백제라는 나라와 연관된다. 다음 장이 그 이야기다.

백제라는 나라 13장

무왕의 서동요와 신라승 자장,
아비지의 황룡사 9층탑

백제의 참회는 신라에 대한 그리움으로 표현되고, 신라를 위해 자신의 예술을 바친 한 백제 예술가에서 절정에 달한다. 물론 그것을 야기시킨 신라 불교의 비극도 있다. 하지만 신라의 비극은 백제 경우와 달리, 삼국 통일의 밑거름으로 심화된다.

백제의 마지막 희망

백제에게 마지막 희망이 있던 때가 있었다. 신라 진평왕, 백제 무왕(600~641년) 때다. 그런데 그 희망은 모두 고구려의 경우보다 더 노골적으로 신라적이다. 그 이야기가 펼쳐진다.

우선 무왕까지의 백제 왕들을 훑어보자. 위덕왕(554~598년)은 관산성 전투에서 전사한 성왕의 맏아들이다. 그는 패전에 대한 귀족들의 책임 추궁으로 정치적 곤경에 빠지게 된다. 그러나 신라 및 고구려에 대하여 적대적인 정책을 계속 추구한다.

웅천성을 공격해온 고구려군을 물리쳤다. 고구려를 공격하게끔 수나라를 여러 번 충동질했고, 598년 수나라가 고구려 공격을 준비중인 것을 알고는 길 안내역을 자청했다. 빈번히 신라 국경을 침범했다. 반면 중국 남북조 여러 왕조와 외교 관계를 가졌다.

혜왕(598~599년)은 성왕의 동생이다. 그뒤를 이은 법왕(599~600년)은 혜왕의 맏아들. 이 둘은 모두 재위 기간이 일년밖에 되지 않는다. 백제는 국세가 극도로 약화되고 있었다. 귀족들의 활동 무대이자 경제적인 원천이었던 황해 연안 무역기지들이 고구려에 의해 점령된다. 진흥왕이 한강 유역을 차지하며 황해 지역으로 진출하자 백제의 해상 활동은 신라에도 못미치게 된다.

게다가 수나라에 의한 중국 통일조차 백제에 타격을 주었다. 중국 본토에 잔존하던 기지들을 완전히 상실하게 되는 것이다. 백제는 심각한 내분에 빠져들게 된다.

법왕이 불교를 지푸라기처럼 붙잡았다. 살생과 사냥을 금하고 불교 계율을 민간에까지 강제한다. 그러나 그렇게 강제된 불교가 백제의 정치·경제적 파탄을 치유할 수는 없었다.

꿈의 언어인 노래

무왕이 왕이 되기 전 일화가 있다. 당연하겠다. 그게 무왕이 백제의 마지막 희망이 되는 단서다. 그가 어렸을 때 백제는 절망의 나락에 빠져 있었다. 꿈의 언어인 노래가 없었더라면 그는 희망으로 클수 없었다. 모든 사람이 그렇다.

무왕의 이름은 서동 혹은 맛동. '마를 캐는 아이'란 뜻이다. 마는 갈아먹기도 하고 쪄먹을 수도 있는, 그 당시로서는 긴요했던 식량 대용품. 그때는 고구마도 없었으니까.

그의 어머니는 과부였는데, 서울 남쪽 연못가에 집을 짓고 혼자 살다가 연못의 용과 관계하여 서동을 낳았다. 서동은 일찌감치 장사에 나섰기 때문에 어린 나이에도 세상을 볼 줄 알았고, 원대한 꿈을 품고 있었다. 그러던 어느 날 그는 신라 진평왕의 셋째 딸 선화공주가 매우 아름답다는 소문을 듣게 된다.

그는 머리를 깎고 백제인이 아닌 것처럼 변장한 후 신라의 서울 서라벌로 간다. 나들이 나온 선화공주를 본 서동은 첫눈에 반해버렸다. 상상했던 것보다 훨씬 더 아름다웠다. 그는 선화공주를 자기 여자로 삼겠다고 결심한다.

그의 신라 접근법은 고구려와 다르다. 즉 백제인답게, 아니, 백제답게 가난하고 또 문화적이다. 그리고 중국이 신라에 그랬던 것과 마찬가지로 신라는 백제에 더 이상 '아름다움의 비극'이 아니게 되지만, 그 과정은 신라와 다르다.

서동요

서동은 산에서 마를 캐어 서라벌 아이들에게 공짜로 나누어준다. 서동이 나타나면 아이들이 몰려들 것은 당연하다. 그러던 어느 날 서동은 아이들에게 노래를 하나 가르쳐준다. 그 가사는 이렇다.

善花公主主隱 他密只嫁良置古 薯童房乙 夜矣卯乙抱遺去如

이것은 이두로 된 기록이다. 뜻으로 풀어야 할 것과 음으로 풀어

일본으로 가다. 우마타로, <베개의 시>.

야 할 단어가 섞여 있다. 고유명사와 주요한 동사·부사를 뜻으로, 나머지를 음으로 풀면 그 뜻은 대충, '선화공주님은 남몰래 정을 통해 서동을 밤에 몰래 안고 간다.' 그쯤 된다.

이 노래를 아이들이 좋아라 불러대어 장안의 유행가로 만드니 어른들은 킥킥대고, 가사를 사실로 믿어버리는 자가 많았다.

조정은 발칵 뒤집혔다. 왕실 위신이 말이 아니고, 더군다나 그 상대방인 서동이 미천한 신분이니 더 미칠 노릇이었다. 절대 그럴 리가 없다고 왕비는 변호한다. 그러나 중신들의 간언이 빗발친다. 버티다 못한 왕은 선화공주를 먼 곳으로 유배보낸다. 누명 쓰고 먼길 가는 공주에게 왕비가 금 한 덩어리를 주었다.

노래의 현실화

서동은 유배지로 향하는 길목에서 공주를 기다렸다. 공주가 나타나자 그는 공주를 모르는 척하며 친절을 베풀고 경호원으로 써달라고 간청한다. 그는 용기가 있어 보였다. 선화공주는 허락한다. 서동은 오래지 않아 그녀의 마음을 사로잡았다. 노래의 현실화다.

서동은 자신이 서동이라는 것, 그리고 이제까지의 일을 공주에게 모두 밝힌다. 공주는 운명이라고 생각하고 서동을 따라 백제로 간다.

그녀가 금덩어리를 내놓고 살림 꾸릴 계획을 짜는데, 서동이 묻는다.

"이게 무엇에 쓰는 물건입니까?"

금이라는 것이지요……. 공주가 설명을 하니 서동이 껄껄 웃으며 말한다. 내가 어려서부터 마를 캐던 산에서 이런 것을 많이 보았소……. 공주는 그것이 아주 귀한 보물이니 부모님이 계신 대궐로 보내드리자고 한다. 좋지요…….

두 사람은 금덩어리 다섯 개를 모아서 익산 용화산 사자사 지명법사를 찾아간다. 이 금을 실어보낼 방법이 없겠는지요······. 지명법사는 그날 밤 신통력을 써서 공주의 편지와 금 다섯 덩어리를 신라의 궁중으로 옮겨놓았다. 진평왕은 서동이 예사 인물이 아닌 것을 알고 노여움을 풀었다. 그리고 자주 편지를 보내어 안부를 물었다.

천진과 '고여 썩는' 비애

그렇게 진평왕의 후원으로 서동은 마침내 백제 왕이 되고······. 해피엔딩이다. 이 이야기가 사실이라면 무왕은 정말 한심하고 철딱서니없는 자였을 것이다. 마도 황금도 그는 공짜로 준다. 도무지 경제를 모르고 나라 운영 전반에 대한 걱정이 없다. 그리고 문화의 유약·탐닉 지향에 대해서도 속수무책이다. 천진난만한 아이들이 부르는 흉한 노래에서 이중의 음탕까지는 별로 먼 거리가 아니다. 백제 불교도 마찬가지다. 신라를 위한 신통술인 것이다.

이때는 신라와 백제 두 나라가 사생결단의 혈투를 벌이다가 백제가 회복 불가능의 상처를 입고 난 후였다. 그렇다. 물론 사실이 아니다. 무왕은 실제로는 법왕의 아들이다.

그러나 이 이야기에는 어딘가 고난을 꿋꿋이 헤쳐나가려는 어린 세대의 꿈의 상상력 속에, 문화와 금은 보화를 전달하는 방식으로밖에는 나라로 존립할 수 없는 백제가 신라를 선망하면서 스스로 '고여 썩는' 어떤 비애를 무겁게 머금고 있다.

실제로 무왕은 어떤 임금이었는가. 그는 신라에 대한 수세를 공세로 전환시키며 사비 시대의 한 획을 그은 임금이다. 물론 마지막 단말마였다. 그 다음 대는 곧장 멸망의 낭떠러지다.

무왕의 시대

그가 재위한 기간은 41년. 그가 왕권의 안정을 이룰 수 있었던 것

백제 금동용봉봉래산 향
로, 7세기.

은 재위 기간 중 집요하게 신라 서쪽 변방을 집중 공략했던 정책이 실효를 거두었기 때문이다. 백제는 낙동강 방면으로의 진출에 성공한다. 이것은 군사적 압박을 받은 신라로 하여금 당과 군사적인 유착을 더욱 강화하게끔 만들지만 백제는 국내적 안정을 바탕으로 국제적인 문제에 보다 적극적인 자세를 취할 수 있었다.

고구려와 수가 일대 각축을 벌일 때도 무왕은 어느 한쪽에 가담하지 않고 어부지리를 노리는 편이었다.

무왕은, 아니 무왕도 강화된 왕권의 존엄을 과시하기 위해 대규모 역사를 단행한다. 그리고 그 도가 매우 지나쳤다. 630년 사비성을 중수하고, 634년 왕궁 남쪽에 인공호수 및 인공섬을 조성했는데, 그 위세가 신선이 사는 방장서산을 방불케 했다. 그는 사찰 건립도 같은 맥락에서 왕성하게 추진했다.

왕흥사를 30년 만에 완성했고 궁성 내불당 성격을 띠는 제석사를 창건했다. 그리고 막대한 경비와 시간을 들여 동방 최대 규모의 미륵사를 익산에 창건한다. 그는 익산으로 천도를 단행하여 귀족 세력

부여 정림사지.

의 재편을 시도할 참이었다.

귀족과는 '긴장된 균형' 관계를 이루었다. 대왕포(백마강)라는 지명은 무왕과 그 신하들이 흥겹게 어우러져 즐겼다는 고사를 전하고 있다.

선화공주의 소원

그러나 사찰 건립은 강화된 왕권 과시를 위한 문화적 사치에 가까웠다. 무왕에 의해 급속히 강화된 왕권은 그뒤를 이은 의자왕 초기 정치 개혁을 통해 전제 왕권을 구축하는 지경에까지 이르지만, 백성들의 가난을 경제적 토대로, 불교를 문화적 사치의 외화(外化) 수단으로 거느린 전제 정치는 단명과 파멸을 의미했다.

그것에 대한 곡진한 참회였을까? 아니면 또 다른 변명이었을까? 사찰 건립과 연관한 무왕과 선화공주에 대한 일화 하나가 더 전한다.

무왕이 왕비 선화와 함께 사자사로 가고 있었다. 용화산 아래 큰 못가에 이르자 미륵삼존이 못 속에서 나타난다. 왕과 왕비는 기겁을 하여 수레를 멈추게 하고 절을 올렸다. 미륵삼존이 사라지고 정신을 수습할 즈음 왕비가 왕에게 간청한다. 이곳에 큰 절을 세우고 싶습니다. 부디 제 소원을 들어주소서……

절을 지으려면 우선 못을 메워야 했다. 둘은 왕년의 지명법사를 찾아가 방법을 의논한다. 지명법사는 다시 '신통력'을 발휘, 하룻밤 사이에 산을 허물어 못을 메웠다. 그렇게 해서 창건된 것이 바로 미륵사다.

선화공주의 소원. 그렇다. 다시 신라다. 그러나 신라라면 '신통력'이 아니라 누대에 걸친 인고의 현실과 환상적 신비의 결합을 요했을 것이다. 나무아미타불…….

백제의 말기 신라 지향은 아비지라는 한 백제 예술가의 고뇌에서 진정하게 백제적인 그것으로 총화된다. 이 백제 이야기는 신라 이야기로 감싸져 있고, 신라 이야기의 핵심을 이루는 형태로 존재한다. 이 이야기는 선덕여왕(632~647년) 대로 자연스럽게 우리를 넘겨줄 것이다.

신라 고승 자장

유력한 진골 귀족 무림은 자식이 없었다. 그는 스스로 불교에 귀의하면서 천부관음에게 자식을 간청한다. 만약 아들을 낳게 되면 불교 일꾼으로 키우겠다는 맹세도 덧붙였다. 그후 무림 부인은 품안에 별이 떨어져 들어오는 태몽을 꾸고 아들을 낳는다. 때는 진평왕 12년. 이 아이가 선종, 훗날의 자장이다.

자장은 촉망받는 청년으로 성장하여 결혼도 하고 학업에 힘썼다. 그러나 부모가 일찍 돌아가자 그는 처자도 버리고 속세를 떠났다. 그는 절을 세우고 홀로 살면서 가시덤불 이부자리를 깔고 덮는 등 고행 수련을 계속했다.

어느 날 나라에 재상 자리가 비게 되었다. 학식으로 보나 문벌로 치나 그가 적임자였다. 왕이 그를 부르지만 그가 거절한다. 왕이 몇 차례 거절을 당하고는 급기야 화가 치밀어서, 입궐하지 않으면 목을 베겠다고 위협했다. 그는 '하루 동안의 계율이 1백 년 삶보다 낫다'며 다시 물리친다. 왕은 할 수 없이 그의 출가를 허락한다.

소승불교의 승리

자장에게 있어서는 이때가 고행 수련·개인 해탈의 소승 불교가 호국 불교와 첨예하게 대립하다가 전자의 승리로 귀결되는 단계다. 그후 그는 당나라로 불교 유학을 떠나, 얼마 되지 않아 유명해진다.

한 장님이 자장의 설법을 듣고 참회하자 곧 눈을 뜨게 되었다는

자장율사 초상, 통도사 소장.

소문이 돌자 그는 더욱 유명해진다. 그러나 이러한 구복 불교는 그의 생애 중 별로 중요한 단계가 아니다.

당나라에 있을 때 그는 청량산(오대산)에서 문수보살을 뵙게 해달라고 기도했다. 문득 잠이 들었는데 꿈에 석가가 나타나 범어로 된 시구를 그에게 준다. 잠에서 깨어난 그는 아무리 생각해도 그 뜻을 알 수 없었는데, 마침 지나가던 스님이 그 뜻을 풀어주면서 덧붙여 이렇게 말한다.

신라로 돌아가면 명주(강릉) 경계의 오대산으로 가라. 거기에도 문수보살이 살고 있다. 너희 나라 황룡사는 바로 석가와 가섭불이 강의하던 곳이다. 연좌석이 지금도 있다. 그렇기 때문에 인도 왕이 바다에 띄운 황철 몇 근이 1천3백 년 후 너희 나라에 이르러 불상이 이루어지고 그 절에 모셔졌다……

그런가. 그래야겠다……. 그러나 아직 신라로 돌아갈 생각은 확실하지 않았다. 그냥 사람이 사는 곳마다 구제할 중생이 있고 중생마다 부처 마음을 갖고 있으니 신라로 돌아감직도 하지 않은가, 그런 생각일 뿐이었다. 그러다가 자장은 다시 태화지를 지나다가 용을 만나게 된다.

불국토 사상

용은 그 스님이 바로 문수보살이었다면서 어서 고국에 돌아가 황룡사 9층탑을 세우라고 한다. 황룡사 호국룡이 나의 장자인데 범왕의 명을 받아 그 절을 보호하고 있으니, 9층탑을 지으면 이웃나라가 항복하고 조공하며 일본이 해치지 못할 것이다. 그대 나라 왕이 여자라서 적국들이 함부로 업수이 여기고 있으니, 그렇게 하여 여왕을 구하라……

자장은 마침내 결심한다. 그래, 돌아가자……. 선덕여왕의 부름이 수차례 있은 터였다. 이때의 단계가 문수보살을 매개로 자장의 호국 불교 단계가 열린다. 그러나 이 호국 불교는 불교가 여성과 만난 결과였다. 그 만남으로 신라의 호국 불교는 원광 때보다 훨씬 더 폭넓고 깊고 열린 사상과 예술을 성취하게 된다.

귀국한 자장은 신라가 본래 부처님의 나라였다는 불국토 사상을 전파, 신라인들의 긍지를 드높이면서 불교 조직을 체계화하는 동시에 토착화시켰다.

황룡사 복원 모형.

불행한 백제 예술가 아비지

그렇지만 목조 9층탑 건립을 매개로 또 다른 이야기가 갈라져 나온다. 자장은 귀국하자마자 선덕여왕을 설득, 황룡사에 목조 9층탑을 짓게 한다. 황룡사는 전역이 2만 평에 달하는데, 목조 9층탑은 황룡사 마당 한중간에 우뚝 솟아 절 건물 전체를 그 아래 거느리는 거대한 규모로 될 터였다. 지름 1미터 가량의 초석이 약 3미터 떨어져서 여덟 개가 놓여 4각의 한 변을 이룬다. 그렇게 1층은 일본, 2층은 중화, 3층 오월, 그리고 탁라─응유─말갈─단국─여적─예맥의 순으로 전부 9층. 그 안에 부처 진신사리 1백 알을 봉인하여 이들 나라들로부터 침략을 막으려는 염원이다.

그런데 신라에는 이런 규모의 탑을 지을 만한 기술자가 없었다. 선덕여왕이 보물과 비단을 들려 백제로 사신을 보내고 명공을 보내

줄 것을 간청한다. 백제 왕은 명공 아비지를 보낸다. 아비지는 소장(小匠) 2백 명을 거느리고 일을 했다. 그런데 처음 중심 기둥을 세우던 날 그가 꿈을 꾼다. 그 꿈 속에 백제가 망하는 것이 보였다.

그는 사실 백성의 굶주림과 나라 정치 전반에는 관심이 없고 자국의 문화 역량을 과시하는 데만 열심인 '철부지' 백제 왕의 명에 따라 엉겁결에 신라로 온 셈이었다. 그리고 와보니 그게 아니다! 그 탑은 장차 백제를 망하게 하려는 탑이었다. 왕도 왕이지만 자신의 예술이 장차 조국을 멸망시키는 데 쓰인다는 것을 깨달은 아비지는 경악한다.

그는 기둥 세우는 일을 멈춘다. 그래서 어떻게 되나. 탈출, 본국 소환, 아니면 형벌? 모두 아니다. 문득 천지가 진동하고 어두워지더니 노승 한 사람과 장사 한 사람이 금전문으로부터 나와 그 기둥을

예술의 비극. 마르크 샤갈, <손가락이 일곱 개인 자화상>.

세우고는 사라졌다. 아비지는 정치, 불교, 백성, 예술이 어우러진 신라의 힘에 다시 경악한다. 그 '예술'은 이미 자기 자신의 경지를 뛰어넘는 것이었다. 아, 운명이로다⋯⋯.

아비지는 마음을 돌려 탑을 완성시킨다. 내가 왜 백제의 예술가로 태어났을꼬 신라의 예술가였다면 얼마나 행복했을까⋯⋯. 그러나 그건 아비지뿐 아니라 백제라는 나라 자체의 한탄이었다. 그리고 그 한탄의 문화가 슬픔의 힘으로 전화되어 신라 불교 예술의, 슬픔의 핵을 이루게 된다.

문수보살과 자장의 비극

이야기는 여기서 끝나지 않는다. 아비지의 비극에 이어 자장의 비극이 남은 것이다. 황룡사 9층탑을 지은 후 자장은 문수보살을 만나기 위해 오대산으로 간다. 그러나 문수보살은 없었다.

자장은 하산하여 불교 전파에 힘쓴다. 그의 명성은 높았고 정치적 영향력도 강했다. 그의 불교는 점점 더 호국 불교화했다. 문수보살을 만나고 싶은 생각은 전처럼 열렬하지 않았다.

자장은 말년에 다시 세속 정치가 싫어졌다. 그는 서울을 떠나 명주에 수다사를 세우고 그곳에서 지냈는데, 어느 날 꿈에 당나라에서 보았던 그 스님이 나타났다. 내일 그대를 대송정에서 보리라⋯⋯.

퍼뜩 놀라 잠에서 깬 자장은 대송정으로 갔다. 대송정은 해변의 큰 소나무 숲이다. 과연 문수보살이 있다. 자장이 불교 의식을 갖추려 하자 문수보살이 말한다. 태백산 갈반지에서 다시 만나리라⋯⋯. 갈반지란 '칡넝쿨이 서린 곳'이다. 의상은 즉시 태백산으로 갔다. 이곳이 바로 갈반지다⋯⋯.

큰 구렁이가 나무 밑둥치를 휘감고 있는 곳을 발견하고 자장은 그곳에 석남원(정암사)을 세우고 지내며 문수보살을 기다렸다.

그런데 왜 시종을 거느렸을까? 속세 부귀영화의 맛과 편안함을 뿌리치기 힘들어서였을까? 그 시종이 화근이 된다. 하루는 남루한 차림의 늙은이가 나타났다. 칡삼태기를 어깨에 멨는데 그 안에 죽은 강아지가 들어 있었다. 자장을 만나러 왔다.

밖에 있던 시종이 말한다. 우리 스승의 이름을 함부로 부르는 자는 여태껏 본 적이 없다. 우리 스승이 누군지 아느냐…….

네 스승에게 그대로 전하기만 하라……. 노인의 흔들림없는 말투에 갸우뚱한 시종이 들어가 자장에게 아뢰었다. 말을 다 듣고 난 자장이 말했다. 아마 미친 사람인가 보구나…….

시종은 자장도 자기 비슷한 의견인 것에 용기백배, 노인을 매몰차게 쫓아냈다. 노인이 통탄한다.

"돌아가리라, 돌아가리라! 제 잘난 것만 믿고 남을 업신여기는 자가 어찌 나를 볼 수 있겠는가."

그가 칡삼태기를 거꾸로 털자 죽은 강아지가 튀어나오더니 사자 모양의 보좌로 변한다. 노인은 그 보좌에 올라타더니 빛을 발하며 사라진다. 사자 보좌를 탄 것은 그가 문수보살임을 뜻하는 것이다. 자장은 급히 몸가짐을 갖추고 빛을 따르려 했지만 이미 빛이 너무 아득하여 도저히 따를 수가 없었다. 자장은 그 자리에 쓰러져 숨을 거둔다.

자장의 비극은 세속 호국 불교의 비극이다. 그러나 바로 그 비극을 통해 신라 전체가 역동하고 또 강화된다. 아니, 종교적 해탈과 호국 종교의 모순은 자장의 비극을 통해 정화되고, 여성을 매개로 제 스스로의 깊이를 열게 된다. 신라의 모순이 그 비극을 통해 모순의 깊이로 전화되고, 백제의 위대한 예술의 고통이 그 계기를 슬픔의 핵으로 제공한다.

문수보살.

황룡사의 비극

그것으로 끝인가. 아니다, 황룡사와 황룡사 9층탑의 비극이 아직 남았다. 비극으로 승화된 신라 호국 불교의 상징 황룡사 탑이 마침내 이룩된 것은 선덕여왕 14년인 645년.

그러나 698년 7년 6월 탑이 벼락을 맞는다. 720년 탑을 다시 세웠지만 868년 6월 두 번째 벼락이 떨어지고, 그 다음 왕 때 다시 중수된다. 고려 시대로 넘어간 954년 10월 세 번째 벼락을 맞고 1021년 네 번째로 중수된다.

다시 1035년 네 번째 벼락을 맞고 1064년에 다시 중수된다. 1095년 다섯 번째 벼락이 치고, 1096 여섯 번째 중수되고, 1238년 겨울

몽고군의 내습으로 탑과 장육존상과 절의 전부가 모두 재앙을 입었다.

그러는 동안 고려의 호국 불교는 고려 정치를 좌지우지하면서 스스로 세속 정치화, 색의 음란성을 보이는 지경까지 전락한다.

고구려는 어떤가, 아니 어땠는가? 을지문덕 장에서 우리가 암시받았듯이, 고구려는 정치의 공(空)이다. 고구려는 삼국 간 분쟁이 없었다면 우리나라로 편입이 되기는 되었을까 의심이 갈 정도로 유목성이 강했고, 북방 민족과의 혼재성이 강했다. 그것이 거꾸로 고구려의 강한 정치 중심 지향을 낳았고, 고구려 특유의 정치적 변증법을 낳았다.

공의 공

그것이 정치 분야에만 국한되었다는 것이 고구려의 비극일 터이다. 신라의 삼국 통일에 의해 기초 잡힌 우리나라는, 여태까지도 그 세 나라 특성의 종합이며 공의 공이다.

물론 지금은 불교와 정치의 관계를 논할 시대가 아니다. 그러나 그 '공의 공'이 무화일 것인가, 세계의 중심으로 될 것인가는 여전히 남은 문제이고, 이제는 전적으로 우리 하기에 달렸다. 그러나 또한 어느 나라 어느 집단 어느 개인인들 그렇지 않겠는가, 20세기 말 이 불확정성과 개인·우주의 가상 현실 시대에?

이 같은 당대감을 품고, 하지만 흥분은 가라앉히고 다시 역사 속으로 들어가자.

성(性)과 성(聖) 사이 　14장

선덕여왕, 김유신과 김춘추, 원효와 의상

선덕여왕이 등극하면서 신라 불교는 완연 여성·모태의 성격으로 승화된다. 그 모태가 임신하는 것이 바로 삼국 통일이다. 신라는 김유신의 무력과 김춘추의 외교력을 양 바퀴로 하여 삼국 통일을 향해 내닫는다. 이야기는 꽃과 흉측한 생식기의 대비에서 시작된다.

진평왕을 이은 것이 선덕여왕(632~647년)이다. 그녀는 진평왕의 장녀인데, 왕에게 아들이 없자 화백회의에서 그녀를 왕위에 추대했다. 그녀가 왕위에 오른 것은 모계 사회의 잔재라는 면보다 부자 상속·성골 계승의 전통이 확고했던 면이 더 크다.

그래서 여왕의 능력을 증거하는 이야기가 필요해진다. 그리고 그 이야기들이 스스로 발전 과정을 밟아, 불교를 매개로 하여 성(性)이 성(聖)으로 진화되는 진경을 보여주게 된다.

선덕여왕의 능력과 위대함을 증거하는 이야기는 크게 세 가지다. 그리고 그 사이에 숱한 에피소드들이 찬란한 수를 놓으면서 그 안으로 섞여들어가 선덕여왕의 생애 자체를 신라 최상의 불교 예술품으로 창조해내는 것이다. 첫째 이야기는 이렇다.

아름다운 꽃, 신세대

그녀가 왕에 오르기 전이다. 당나라 태종이 자주색, 붉은색, 흰색

세 가지로 그린 모란꽃과 그 씨앗 석 되를 보내왔다. 신라에서는 처음 보는 꽃이었다. 진평왕이 그녀에게 그 그림을 보이며 신기해 한다. 그런데 그녀가 그 그림을 다소 들여다보더니 대수롭지 않게 말한다.

"이 꽃은 아름답기는 하지만……."

"하지만?"

진평왕은 좀 걱정이 되었다. 지금으로 봐서는 딸이 왕위를 이을 것인데, 그녀가 당나라에 대해 시큰둥한 상태라면 어찌 큰일이 아니겠는가. 그러잖아도 당나라가 그녀를 업수이 여길 것이 걱정인 그였다. 그런데 그녀 대답은 한술 더 뜬다.

"이 꽃은 아름답긴 하지만 향기가 없을 것입니다."

"네가 그것을 어떻게 아느냐?"

왕은 다소 노기까지 띠면서 되물었다. 이 아이가 이리 철없고 건방져서야……. 그러나 그녀의 답변은 발랄하고 영특하다.

"이렇게 활짝 핀 꽃인데도 나비와 벌이 없지 않습니까?"

그림을 들여다보니 과연 그렇다. 궁궐 뜰에 꽃씨를 심었더니 꽃이 피었는데 과연 향기가 없었다. 어허……. 진평왕은 전쟁에 시달린 자신과 사고 방식이 전혀 다르게 신세대적인, 그리고 당연하게도 여성적인 그녀의 관심과 기지에 감탄한다. 그러나 아마 안심하지는 못했으리라. 지금 기성세대가 신세대에게 갖는 태도도 그런 것 아닐지. 그러나 신라의 마음은 그것을 과감하게 받아들인다. 꽃과 여왕의 향기가 기지의, 공도 아니고 색도 아닌 육(肉)으로 들어서는 이야기 자체가 그것을 뭔가 물씬하게 증거하고 있지 않은가.

남근(男根)과 여근곡(女根谷)

두 번째 이야기는 그 기지를 바탕으로 원초적인 성(性)이 호국 정신으로 상승되는 과정이다.

왕위에 오른 지 5년쯤 되던 해. 아주 추운 해. 봄이지만 아직 으슬으슬했다. 그런데 괴이한 일이 일어났다. 대궐 서쪽 옥문지(玉門池)에 개구리 떼가 몰려들어 밤낮없이 울어대는 것이다. 여왕이 그 말을 듣고는 서둘러 군사 2천을 뽑아 서쪽 교외의 여근곡을 치게 한다. 그곳에 백제군 5백여 명이 휴식을 취하고 있었다. 신라군의 기습에 모두 죽거나 사로잡혔음은 물론이다.

그걸 어떻게 알았을까? 신하들이 궁금하지 않을 리가 없다. 여왕이 대답하는데, 거의 음담패설에 가깝다. 개구리는 눈이 불거졌으니 병사의 모습이고, 옥문이란 여자의 성기(性器)다. 그 빛이 흰데, 흰색은 서쪽을 상징한다. 서쪽에 여자의 성기를 상징하는 곳이 또 있다. 여근곡이 그곳 아닌가. 군인은 남자다. 남근이 여근 속에 들어가면 반드시 죽는 법. 그들은 죽으러 들어온 것과 같다……

이 원초적인 농담에 신하들은 얼굴이 새빨개졌을까? 그렇지는 않았을 게다. 신라 대는 남녀간의 성행위가 자유롭게 이야기되던 때다.

여근곡.

선덕여왕은 모계 사회의 못생기고 힘센 아마조네스였을까? 그랬을지도 모른다. 적어도 이 이야기에서는 그런 분위기가 풍긴다. 그러나 이야기가 진전되면서 신라 선덕여왕은 역사상 가장 아름다운 여인으로 변해간다. 불교가 성(性)을 성(聖)으로 전화시키고 예술이 그것을 지고지순한 아름다움으로 승화시킨다.

이승의 무덤, 도리천

다소 성급하지만 우리는 세 번째 이야기로 이어지자. 어느 날 여왕이 신하에게 이른다. 정미년 초여드레에 내가 죽을 것이니 도리천에 장사지내주시오……. 신하들은 긴가민가했지만 여왕의 예언이 틀린 적이 없었으므로 아무 말 없이 고개를 조아렸다. 그러나 도리천이라니. 그게 어딘가. 도리천은 불교 사바 세계의 중심인 수미산 꼭대기다. 중턱의 사천왕이 불법을 지키고 사방을 지킨다.

도리천이 어디니이까……. 이승의 신하들이 묻는다. 남산의 남쪽 봉우리요……. 알았습니다. 예언했던 날에 여왕이 죽었다. 신하들은 여왕을 그녀가 말했던 장소에 묻었다. 도리천이 어디니이까……. 그 질문도 묻었다.

그리고 30년 후 삼국 통일의 문무왕이 여왕 능 아래 사천왕사를 세웠다. 사람들은 그제서야 여왕 능이 도리천이라는 것을 알았다. 혹시 문무왕은 그렇게 하여 뒤늦게 여왕의 무덤을 도리천으로 만들어주었던 것일까? 그렇다면 선덕여왕의 예견은 원인무효인 것 아닐까? 하지만 이 이야기는 그것보다 더 깊다. 문무왕이 그런 의도였다면 그는 여왕의 의중을 잘못 이해한 것이다. 여왕의 말은 누구에게든 무덤은 그 주인의 도리천이라는 일체 열반 사상의 핵심을 찌른 바 있기 때문이다. 정말 이승의 도리천이 어디니이까……

부처＝여성?

신라 불교는 미시선화에서 보이듯이, 국선과 미륵을 동일시한 이래 점차로 왕을 부처와 동일시해왔다. 진흥왕의 두 아들 동륜태자및 금륜왕자는 불교 왕의 이름을 딴 것이다. 진평왕의 아명은 백정, 즉 석가모니 아버지의 이름이고, 왕비 또한 석가모니의 어머니인 가야부인이다. 그런데 그 왕위를 여성이 잇는다. 이렇게 신라에서 석가모니와 여성의 결합이 불교 초유의 진리의 실험에 돌입한다.

그래서 어떻게 되는가? 세 가지 이야기를 통해 불교의 한 핵심은여성이라는 진리가 정치적으로 현현된다. 위의 세 이야기가 그 과정의 기둥 줄거리이지만, 그것 사이를 잇는 계단들이 숱하게 있다. 그계단들은 공을 색으로 색을 공으로 역전시키면서 부처＝여성이라는진리를 더욱 심화·확대시키고 예술화시킨다. 동시에 선덕여왕이라는 매개가 그것들을 모태(母胎)로 감싼다.

첫째 이야기의 발전과 역전으로서 지귀 설화가 있다. 지귀는 신라청년으로 선덕여왕을 사모했는데 정도가 너무 심하여 상사병이 났고, 그 소문이 서라벌에 자자했다. 여왕은 영묘사에 불공을 드리러갔다가 그 소식을 듣고 지귀를 부른다. 왕궁이 아니고 절간으로.

지귀는 절간 탑 밑에서 여왕을 기다리다가 그만 잠이 깜빡 들었다. 초조와 긴장, 그리고 그리움의 무게가 그의 심신을 극도로 지치게 했던 것이다. 여왕이 그때 불당에서 나온다. 여왕은 잠든 지귀 곁에 가락지를 빼어놓고 왕궁으로 떠난다. 흠칫 잠에서 깬 지귀는 가락지를 보았다. 여왕의 가락지. 아, 벌써 떠났구나, 이런……. 하지만가락지는 사랑의 언약을 상징하는 것. 안타까움과 환희, 그리고 더욱불타는 사모의 정이 그를 감쌌다.

어찌할꼬, 어찌할꼬……. 도저히 견딜 수 없는 사모의 정이 정말불로 변했다. 그의 마음에 불이 붙어 그의 몸을 태우고 절도 태웠다.

'소리를 보는' 관음(觀音)

이 이야기는 혹시 여왕이 지귀
에게 육(肉)을 주었다는 암시일까?
아니, 그것은 중요하지 않다. 지귀
의 불탑은 안타까움과 모자람의
불탑이지만, 동시에 섹스 그 자체
를 상징한다. 공의 찰나적 색화(色
化)와 색의 찰나적 공화(空化)의
합일인 것이다.

여기에서 사랑과 육욕에 시달리
는 남자 중생에게 평생토록 여성
의 사랑과 육을 보시, 사랑과 욕
망과 쾌락의 허무를 깨닫고 득도
하게끔 이끄는 관음보살까지는 찰
나가 생애로 역전되고 가파른 길
이되 결코 먼 길은 아니다. 관음
보살이 무엇인가. 관음(觀音)은

금동관음보살입상.

'소리를 보는' 보살이다. 이 공감각(共感覺)이 색과 공 각각의, 그리
고 합일의 한 절정인 허무의 에로티시즘을 낳는 것이다.

둘째 이야기를 셋째 이야기로 이어주는 에피소드들은 김유신과
김춘추가 채운다. 두 집안 간 통혼, 두 사람의 평생에 걸친 우정, 신
의, 그리고 삼국 통일을 위한 지향이 모두 선덕여왕의 품 안에서 진
행되고 거꾸로 선덕여왕을 삼국 통일 그 자체의 품으로 만들어버린
다. 그 이야기를 들어보자.

꿈을 물려받는 후대

김춘추는 김유신보다 7세 아래로, 폐위된 진지왕의 손자다. 김춘추가 왕이 되려면 김유신의 힘이 필요했고, 김유신이 가야계 신라인으로서 삼국 통일의 꿈을 이루려면 왕인 김춘추가 필요했다. 그렇게 둘은 만나자마자 의기가 투합했고, 김유신은 평생 동안 김춘추의 오른팔 노릇을 겸손하고 충실하게 수행했다.

둘은 정상적인 처남 매부 사이였다가 후에 김춘추가 태종 무열왕으로 즉위하면서 다시 젊은 장인과 늙은 사위 관계로 더욱 결속되는데, 처남 매부가 되는 사연은 어우러질 꿈과 연관이 있고, 장인 사위 관계가 된 것은 목표를 이룬 현실과 연관이 있다. 그렇다. 어떤 때는 현실적인 것이 훨씬 덜 멀쩡하다.

유신에게 보희와 문희 두 누이가 있다. 둘 다 미인이었다. 어느 날 언니 보희가 꿈을 꾼다. 서악에 올라 오줌을 누는데 그 오줌이 서울에 가득 차는 것이다. 그녀도 아마조네스로 시작하는가? 그러나 선덕여왕과 달리 여기서 그것을 극복하는 것은 본인 자신이 아니고 다음 세대다.

"언니, 그 꿈 나한테 팔아라."

꿈 이야기를 하자 동생이 그런다. 뭘 줄래? 언니가 탐내던 그 비단치마 줄게…… 그러자, 까짓거…… 이렇게 신세대가 등장한다. 자, 받을 준비를 해……. 문희는 치마폭을 벌려 꿈을 받았다. 윗세대의 몽매함은 여기서 끝나지 않는다.

그런 일이 있고 며칠 후였다. 유신이 자기 집 근처에서 친구인 춘추와 공을 차고 있었다. 그런 와중에 유신이 일부러 춘추의 옷을 밟아 옷고름을 떨어뜨린다. 그리고 그것을 다시 달아준다며 춘추를 집으로 데려온다. 유신은 술상을 마련하여 대접하면서 보희에게 옷고름을 달아주라고 한다. 그러나 보희가 싫다 한다. 할 수 없이 문희에

치마폭에 꿈을 받고. 조르주 루오, <거울 앞에서>.

게 부탁하는데, 춘추는 다소곳이 옷고름을 매달고 있는 문희에게 반한다. 춘추가 유신을 쳐다보니 유신이 빙그레 웃으며 고개를 끄덕였다. 아, 이 사람이 나와 맺어주려고……. 춘추는 문희와 그날 함께 잔다.

삼국 통일을 임신하다

그렇게 춘추가 몇 번을 유신 집에 드나들더니 문희 몸에 아이가 섰다. 난감한 일이었다. 혼인도 안 했는데 임신이라니. 하지만 유신에게 이미 생각이 있었다. 유신이 짐짓 노한 체하며 미혼모는 집안의 수치이므로 불태워 죽이겠다고 펄쩍펄쩍 뛰면서 동네방네 소문을

냈다. 그리고 선덕여왕이 김춘추 등과 함께 남산 산책을 나오는 때를 맞추어 집뜰에 나뭇가지를 쌓아놓고 불을 질렀다.

연기가 순식간에 치솟아올랐다. 무슨 일이냐……. 기왕에 소문을 듣고 있던 신하들이 자초지종을 설명하면서 김춘추 눈치를 흘끗흘끗 살핀다. 김춘추는 여왕의 외조카. 이런, 이러다가 왕족을 죽이겠구나……. 여왕은 급히 사람을 보내 문희를 구하게 한다. 이때 문희의 뱃 속에 들었던 아이가 바로 삼국 통일을 완수하는 문무왕.

그 '자해극'은 신라 왕족에 자신을 편입시켜주지 않으면 자신도 신라의 삼국 통일에 기여하지 않겠다는 엄포로 들린다.

그렇게 선덕여왕은 문희와 김춘추를 혼인시키라고 특명을 내린다. 유신의 부모가 어떻게 결혼했던가. 이 결혼은 김유신 집안이 신라 왕족으로서 위상이 한 단계 드높아졌다는 증거. 이야기는 아연 통일 전쟁 속으로 급속히 빠져드는데, 우리는 호흡을 고르기 위해 선덕여왕을 역사적으로 살펴보면서 그 안에 일화를 삽입시키는 방식을 택하여 보자.

여왕의 삼국

그녀는 즉위하던 해 대신 을제로 하여금 국정을 총괄케 하고 전국에 관원을 파견 백성들을 진휼케 한다. 이듬해에는 주군의 세금을 일년 동안 면제시켰다. 634년 분황사를, 635년 영묘사를 세웠다. 자주적인 연호를 사용, 자주성을 견지한 면도 있지만, 즉위 후 거의 매년 당나라에 조공 사신을 파견하면서 당에 대한 의존도를 높인 면도 있다. 하지만 이때는 신라에 대한 고구려와 백제의 연합 공격이 빈번해지던 시기였다.

642년 신라는 백제와 고구려의 맹공을 받게 된다. 백제에 벌써 마지막 왕 의자가, 고구려에 망국(亡國)의 지도자 연개소문이 권좌에

분황사 석탑.

올랐을 때다. 그리고 김춘추와 김유신이 이미 선덕여왕의 오른팔과
왼팔로 들어섰을 때다. 선덕여왕은 미혼으로 후계자가 따로 없었다.
야심만만한 김춘추가 그녀를 호위했을 것은 당연하다.

그러나 여왕의 신라는 서쪽 40여 개 성을 의자왕의 백제에 빼앗
기게 된다. 게다가 고구려·백제 연합군이 당항성을 공격해온다. 당
항성은 당과 직접 교류할 수 있는 유일한 성. 다급한 신라는 당에게
구원을 요청, 당의 중재로 겨우 지켰다.

백제는 장군 윤충을 앞세워 신라의 낙동강 방면인 거점 대야성(협
천)을 함락한다. 당시 대야성 성주는 김춘추의 사위인 품석. 김품석
은 부하 금일의 아내를 탐내다가 어느 날 겁탈했다. 금일은 이에 원
한을 품고 있다가 백제군이 공격해오자 그들과 내통, 창고에 불을
지른다. 성안의 분위기는 일거에 흉흉해지고 대다수 장군들이 항복
을 주장한다.

그러나 항복기를 꽂고 성 밖으로 나가던 장수와 군대는 잠복하고
있던 백제군에게 피습, 속속 거꾸러지고, 이 광경을 본 김품석은 성
으로 되돌아가 처자를 죽이고 자신도 자결한다. 처음부터 결사항전

을 주장했던 죽죽만이 항전파를 수습해 끝까지 싸우다가 장렬히 전사한다.

선도해의 균형

이 소식을 전해 들은 김춘추는 실성한 듯 하루종일 기둥에 기대서 있다가 분노가 폭발했다. 백제를 없애지 않으면 사내 대장부가 아니다…… 그러나 그는 타고난 외교가이지 장군은 아니었다. 그는 선덕여왕에게 허락을 받고 고구려에 군사를 청하러 떠난다. 목숨을 걸었다지만 참으로 무모한 짓이었다.

아니나다를까, 연개소문이 김춘추를 가두고 오히려 고구려의 옛 땅을 내놓으라고 요구한다. 김춘추는 당당히 거절하며 연개소문을 나무란다. 죽음도 불사하면서. 도움을 청하러 온 사신을 위협하여 오

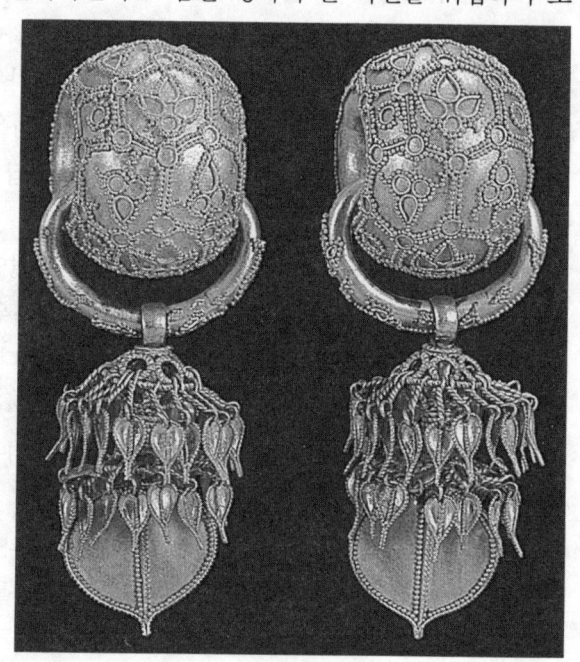

태환식 금귀고리, 경주 부부총 출토, 5~6세기.

히려 땅을 내놓으라니 신에게 죽음이 있을 뿐 다른 것은 없겠나이다…… 김유신은 결사대 1만 명을 이끌고 그를 겨우 구원해낸다. 하지만 그 전에 김춘추 쪽의 자세 변화에 대한 일화가 먼저고 더 중요하다. 이 이야기는 김춘추의 '꾀'가 아니라 '깨달음'과 연관된다.

사신들이 머무는 객관에 두 달 동안이나 갇혀 있던 김춘추는 고구려 관리 선도해에게 비단과 금은보화 등을 선물로 주며 어떻게 돌아갈 길이 없겠는가 은근히 물었다.

선도해가 옛 이야기를 들려준다. 별주부전이다. 죽을 병을 얻은 용왕은 육지에 사는 토끼의 간이 특효라는 말을 듣고는 거북이를 보내 토끼를 용궁으로 꾀어 오게 한다. 출세를 시켜주겠다는 말에 좋아라 용궁까지 따라온 토끼는 간을 내놓으라는 말에 기겁을 한다. 죽으라는 소리 아닌가. 그러나 토끼는 정신을 차리고 묘안을 짜내어 용왕께 말한다.

저는 간을 꺼냈다 집어넣었다 하는데 하필 꺼내놓고 있는 중에 왔습니다. 진작 말했으면 가져왔을 텐데. 용왕님의 병을 고치는 데 제 간이 소용이 된다면 아까울 게 무엇이겠습니까…… 용왕은 긴가민가했지만 육지로 가서 간을 가져오라며 토끼를 풀어준다. 토끼는 육지에 도착하자마자 도망을 쳐버린다.

선도해의 비유는 의미심장하다. 용왕=고구려/토끼=김춘추의 비유야 그렇다치고 간=국토의 비유가 그야말로 절묘한 것이다. 삼국에게 국토란 생명만큼 소중한 간 같은 것이다. 힘이 있다면 누가 그것을 빼앗기려 할 것인가. 그러나 외교로 볼 때 그 땅은 또한 꺼냈다 집어넣었다 하는 것이기도 하다.

힘이 약할 때는 준다고 했다가 힘이 강할 때는 오히려 적의 영토를 빼앗고, 힘이 계속 약한 상태라도 끝까지 외교적으로 버티다가 막판에 몰리더라도 처음부터 결사항전을 주장할 것이 아니라 끝까지 피해를 줄이게끔 노력하는 게 외교의 본질 아닌가.

외교에 진실과 거짓이 어디 있는가. 지금처럼 못 준다고 정직하게 뻗대고 고구려 왕에게 신의를 요구하는 것이 과연 외교관다운 짓인가……. 이렇게 선도해의 외교 선진국 고구려가 김춘추의 후진국 신라에게 외교의 본질을 한수 가르쳐주는 대목인 것이다. 선도해도 고구려가 외교적으로도 기우는 나라임을 알고 있었던 것일까?

전쟁과 외교

어쨌든 김춘추는 크게 깨닫는다. 그는 '왕께서 고구려의 옛 영토를 돌려달라고 분부하신 것은 지당합니다. 신을 돌려보내주신다면 그 땅을 고구려에 반환토록 하겠나이다.'라고 편지를 올린다. 그 편지와 김유신의 결사대 출진의 소식을 접한 연개소문은 비로소 김춘추를 돌려보낸다. 당과의 결전을 앞두고 있던 고구려로서는 신라의 공격까지 감당할 여력이 없었다.

이때 김유신의 지위는 압량주(경산) 군사령관. 그는 국내에서 착실한 승리를 거듭하며 승진을 거듭하던 중이었다. 얼마 후 그는 다시 상장군으로 승진, 백제 원정군의 최고 지휘자로 임명되어 연전연승을 거둔다.

김유신의 무공은 주로 국내적으로 백제에 맞서 쌓인 것이다. 김춘추의 외교 업적은 국제적으로 당과 고구려와의 등거리 외교라는 위험천만한 줄타기를 통해 쌓인다. 선도해의 가르침을 그는 평생 실천한 것이다. 김유신과 김춘추 연합의 절묘함이 여기서도 드러난다.

어쨌거나, 아니, 그러므로 김춘추와 김유신이 고구려 옛 땅을 돌려주겠다는 약속을 지켰을 리가 없다. 연개소문은 백제 의자왕에게 사신을 보낸다. 백제가 신라와 싸우게 되면 고구려는 당을 쳐서 당이 신라를 구하지 못하게 하고, 고구려가 당과 싸우게 되면 백제가

외교의 곡예. 맨 레이, <줄타기 광대, 그녀 자신의 그림자를 동반하다>.

신라를 쳐서 신라가 당나라를 지원하지 못하게 하자……. 이렇게 고구려·백제 간에 공수동맹이 맺어진다.

고구려·백제의 협공을 신라 혼자서는 아무래도 감당키 힘들었다. 선덕여왕은 643년 당에 사신을 파견, 구원을 요청한다. 당나라에서 귀국한 자장의 건의에 따라 황룡사 9층탑을 축조하던 해다. 당 태종이 내놓은 세 가지 비책은 선덕여왕을 둘러싼 친왕파에게 매우 모욕적인 것이었다.

첫째, 고구려 요동 지방을 우리가 공격하여 신라가 한숨 돌릴 시간을 주마. 둘째 당나라 군복과 붉은 기를 가져다 신라군이 당군처럼 위장하면 고구려·백제군이 놀라 달아날 것이다. 셋째, 여왕이 다스리니까 이웃나라들이 넘보는 것이므로 여왕을 폐하고 당 태종의 친족을 한 사람 임시 왕으로 모시고 당군을 주둔시키면 고구려·백제가 함부로 넘보지 못할 것이다.

당 태종의 이 오만한 제안은 신라 조정을 발칵 뒤집고 내분으로 치닫게 한다. 여왕을 둘러싼 김춘추·김유신 중심의 친왕파는 신라 스스로 힘을 키워 당의 콧대를 꺾어야 한다는 주장이었다.

상대등 비담 등 일부 귀족들은 당 태종 말대로 여왕 탓이라며 여왕의 퇴진을 요구한다. 그러나 그들이 집중적으로 겨냥한 것은 당을 따돌리고 고구려에 군사 지원을 요청하려 했던 김춘추의 외교 전략상 '실책'이다. 당 태종은 이미 연개소문의 고구려를 침공중이었다.

하늘을 꾸짖은 친위 쿠데타

이런 긴박한 때에 여왕이 덜컥 병석에 눕는다. 후사가 없으므로 화백회의가 새 왕을 추대해야 하는데, 화백회의 의장이 바로 상대등 비담이었다. 김춘추와 김유신의 결합은 최대의 위기를 맞게 되고, 그 위기를 돌파하기 위해서는 친위 쿠데타밖에 방법이 없다.

친왕파가 비담 일파를 반란죄로 문책하는 등 먼저 그들을 자극한다. 비담 일파는 정말 반란을 일으키고, 그렇게 친왕파와 비담파 간의 내전이 벌어진다. 처음에 비담파는 세력이 우세했다. 하지만 선덕

선덕여왕릉, 경북 경주시 보문동.

여왕을 확보하지 못하고 반란군으로 내몰린 처지였다.

그들은 명활성에 진을 치고 월성의 친왕파를 10여 일 간 공격한다. 그 와중에 선덕여왕이 죽고 김춘추, 김유신에 의해 선덕여왕의 사촌 여동생 진덕이 여왕에 추대된다.

그날 밤, 월성에 큰 별이 떨어졌다. 흉조가 아닐 수 없었다. 비담파는 여왕 쪽이 패망할 징조라고 크게 기뻐하며 군사들의 사기를 충천시킨다. 월성 쪽 군사들이 사기가 떨어지고 민심이 흉흉해진다.

그러나 김유신은 기지와 의지로써 그 흉조의 난국마저 헤쳐나간다. 그는 허수아비에 불을 붙여 큰 연에 매달고 하늘 높이 띄워 올렸다. 그리고 월성에 떨어지던 별이 다시 하늘로 올라갔다고 소문을 퍼뜨려 민심을 수습했다. 그뿐이 아니다. 그는 대규모 제사를 올리며 하늘에 호소하는데 그 기개는 하늘을 흡사 꾸짖는 투다. 하늘이시여, 어찌 왕을 해치려는 역적 비담 등을 도우시나이까. 우리들을 도우소서. 그것이 역사의 순리니이다······.

친왕파 군사들의 사기는 다시 올라갔다. 비담파는 여전히 세가 우세했지만 김유신 부대의 실전 기량을 너무 과소평가, 결전에서 패배한다. 아니, 어느 한쪽의 일방적인 승리였다고 할 수는 없다.

더 근본적으로 그들이 사활을 걸고 결사항전했다고 볼 수도 없다. 신라는 내분을 적절하게 대화로 수습하는 정치 문화 수준이 삼국 어느 나라보다 높다.

비담이 죽은 후 귀족파와 친왕파 간의 협상이 이루어졌다. 친왕파가 세운 진덕여왕의 즉위를 귀족들이 인정해주는 대신 귀족파는 알천을 상대등으로 앉힌다. 양파의 알력은 여전하고 둘은 각각 자파 세력 확장에 힘쓰게 된다. 그러나 이제 곧 삼국 통일이다. 김춘추와 김유신 세력은 날로 확장된다.

마곡사, 충남 공주군 사
곡면 운암리.

모태(母胎)

자장은 선덕여왕을 위한 승려였다. 모태로서의 선덕여왕은 김유신
과 김춘추에 의해 역사적으로 계속 이어진다. 그러나 불교적으로 선
덕여왕을 잇는 것은 차세대 승려들, 특히 원효와 의상이다. 그들은
후에 통일신라 초기 불교 최고의 경지를 구현한다.

그들의 청년 시절을 잉태하는 것이 부처=여성 선덕여왕의 모태이
다. 그리고 그들이 바로 선덕여왕=모태를 삼국 통일의 불교로 다시
역전·발전시켜낸다. 하지만 그렇기 때문에 원효와 의상은 조금 뒤
로 미루고, 이 장의 말미를 승려 혜공 이야기로 장식하자. 그는 원
효가 불경 해설서를 쓰면서 의문이 생길 때마다 찾아가 물었던 고
승이다.

혜공은 천진공 집에 고용 살던 노파의 아들이다. 아명은 우조 천
진공이 종기가 심해 다 죽게 되었을 때 7세의 우조가 그 곁에서 오
로지 묵상만으로 종기를 터뜨려 낫게 하였다. 천진공은 우연의 일치
거니 했다.

세월이 한참 흐른 후 천진공은 다시 놀랄 만한 일을 겪는다. 동생

부임시 선물로 주었던 매를 다시 보고 싶었는데, 그걸 우조가 이미 알고 새벽에 갖다 바치는 것이다. 천진공은 우조가 범상치 않은 인물임을 알아보고 크게 사죄하며 그를 출가시킨다. 법명은 혜공.

그런데 그의 행태가 심상찮다. 매일 술에 취해 삼태기를 지고 노래하고 춤을 추며 거리를 누볐다. 백성 속에 있었던 것이다. 사람들은 그를 삼태기 짊어진 스님, 부궤화상이라 부르며 친하게 대했다. 오어사(吾漁寺)란 절이 있는데 원효가 혜공이 잡아준 고기를 먹고 똥을 누자 혜공이 '네 똥은 내 고기다'라고 한 데서 붙여진 이름이다. 그는 이적도 많이 남겼다. 구참공을 놀라게 한 것이 대표적인 사례이다.

시체와 구더기, 신라 불교의 새로운 경지

구참공이 산길을 유람하다가 구더기가 들끓는 시체를 보았는데 자세히 살펴보니 혜공이다. 구참공은 산행을 멈추고 슬피 울며 탄식했다. 그리고 말고삐를 돌려 서울 성안으로 돌아왔다.

그런데 혜공이 몹시 취해 시장 안을 한바탕 휘젓고 있는 것이다. 그는 공중에 뜬 채로 세상을 떠났다. 사리는 그 수를 이루 다 헤아릴 수가 없었다.

이적은 이적이고, 사리는 사리다. 그런데 그 피비린 전쟁통에 유람과 시체와 구더기가 왜 이리 가까운가. 슬픔과 기쁨이, 깨우침과 시정의 질탕한 취중 행각이, 삶과 죽음이, 그리고 지상과 공중이 왜 이리 가까운가. 그 가까움이 신라 불교의 새로운 경지를 암시하는 것 아닐는지.

《삼국사기》의 저자 김부식은 선덕여왕에 대해 이렇게 평한다. '하늘에도 양은 강하고 음은 약하며, 사람에도 남자는 높고 여자는 낮은 법인데 어찌 아녀자가 나라 일을 결정한단 말인가. 신라가 아

녀자를 왕으로 모시고도 망하지 않은 것은 요행일 뿐이다. ≪서경≫
에도 암탉이 울면 집안 망한다고 하지 않았던가……'

　아무리 그가 '고구려를 승계한' 고려 사람이고 또 아무리 그가 유
교 사상에 물들어 있었다고는 하나, 그는 정말 선덕여왕을, 또 신라
의 불교를 너무 몰랐다.

가장 찬란한 멸망의 빛　　15장

당의 고구려 침략

고구려의 최후가 묘사된다. 그것은 빛의 찬란한
명멸과 같았다. 연개소문, 당 태종의 대결 속에
안시성 성주 양만춘의 전공이 멸망을 배경으로
더욱 찬란하게 빛나고, 당 태종은 정복을 포기하
고 눈을 감으며, 연개소문은 스스로 벼랑이 되어
죽는다. 고구려가 망한 것은 그후이다.

비참한 최후

당 태종이 고구려 침략을 강행한 것은 644년, 선덕여왕이 죽기 3년 전이다. 이때 고구려의 제1인자는 연개소문. 사태를 좀 정리해보자.

영류왕(618~642년)은 영양왕의 이복동생이다. 그가 즉위하던 해 당나라가 건국된다. 당과 잠시 밀월 관계가 유지된다. 고구려는 수와 치른 대전쟁의 후유증을 시급히 치유해야 했고, 당도 민심 수습 등 완전한 통일 작업에 힘을 쏟아야 했다.

그리고 위협적이었던 돌궐을 견제하려면 고구려와의 평화적인 관계가 긴요했다. 양국이 외교 사절을 자주 교환하고 4년 후에 전쟁포로를 교환하더니 그 2년 후 공식적 외교 관계가 성립되면서 도교가 들어온다. 도교는 고구려 정치권을 매료시킨다.

그러나 당나라가 국내 혼란을 수습하고 630년 동돌궐을, 640년 고창국을 격파·복속시키면서 양국 간에 다시 긴장감이 감돈다. 물론 고구려와 당 어느 쪽도 우호 관계가 계속 유지되리라고 생각하지 않았다. 그리고 640년 이후에도 태자 환권을 당에 파견하고 당나라 국학에 고구려인의 입학을 요청하는 등 표면상 우호 관계는 계속되고, 그 전에도 긴장과 전쟁에 대비한 조치는 있어 왔다.

631년 당나라가 사절을 파견, 고구려의 수군 격파 기념 경관을 파괴한다. 그리고 641년에는 고구려의 내정과 지리를 염탐한다. 고구려는 631년부터 당의 침략에 대비, 천리장성을 수축하기 시작하고 장장 17년 동안에 걸쳐 완성을 보게 된다.

어쨌든 고구려는 638년까지도 칠중성을 공격하는 등 신라를 괴롭힐 여유가 충분히 있었다. 당과의 관계에서 '선도해의 균형'이 깨진 것은 640년대부터다.

그리고 642년 영류왕이 천리장성 수축 책임자인 군 최고 실력자 연개소문을 제거하려다가 오히려 역공을 당해 몸이 토막나는 비참한 최후를 맞으면서 당과의 관계는 악화일로로 치닫는다.

연개소문의 전생과 성장

고구려의 나라 성격상 연개소문이란 귀족 세력의 등장은 여러 모로 반동적이고, 그 자체로 고구려 멸망을 상징한다. 신라 역사가도 그것을 알았을까? 이적행위(利敵行爲) 그 자체인 연개소문의 탄생설화가 그것을 웅변한다.

수 양제가 고구려 요동을 정벌할 때 장수 양명은 전사하면서 '내 반드시 고구려 신하가 되어 고구려를 멸망시키겠다'고 했는데 그가 연개소문으로 태어났다는 것이다. 연개소문의 개(蓋)는 양(羊)과 명(皿)을 합친 자다.

그러나 연개소문은 동시에 군사 강국 고구려의 운명이기도 하다. 그가 없었다면 고구려는 가장 찬란한 멸망을 빛을 남기지 못했을 것이다. 중국 역사에는 당 태종이 고구려를 쳤을 때 이기지 못한 것은 연개소문 때문이라 했고, 그것 아니라도 연개소문은 그 용맹성으로 인해 중국 사람들에게 널리 알려져 있었다.

연씨 가문은 고구려의 대표적인 귀족 집안이다. 개소문의 아버지는 고구려 제1관등으로 국정을 총괄하는 대대로를 지냈다. 대대로직은 귀족회의에서 선출하며 임기가 3년이다.

그러나 이 대는 왕권이 약화되어 귀족 중 가장 강한 자가 스스로 대대로에 오르고 임기에 구애받지 않으며 죽으면 아들이 그뒤를 잇는 게 관례로 되었다.

찬란한 벼랑, 루트비히 미스 반 데어 로데, <유리로 된 고층 건물 계획>.

그러나 연개소문은 처음에 그 자리를 이어받지 못했다. 성질이 난폭하고 제멋대로였기 때문이다. 그는 귀족들을 모아놓고 그간의 행동을 반성하면서 '제대로 못하면 쫓아내도 괜찮다'는 서약까지 한 후 겨우 그 자리를 물려받는다.

대대로가 되자마자 그의 지도자 자질이 위력을 발하기 시작한다. 그는 급속도로 자기 세력을 키워나갔다. 그 세력은 영류왕을 위협할 정도였다. 왕은 그를 좌천시켜 천리장성 책임자로 보낸다. 그러나 그곳에서 그는 자기 세력을 더욱 키웠다. 왕이 그를 죽이려 모의하자 연개소문은 선수를 치는데 그 방법이 매우 잔혹하다.

그는 부대 사열식을 핑계로 평양성 남쪽에서 대규모 연회를 베풀며 왕의 신하 1백 명을 초대한다. 그리고 그들을 모조리 죽이고는 내친김에 궁궐로 달려가 왕까지 참살, 영류왕의 조카 장을 새로 왕에 앉힌다. 그가 고구려 마지막 왕 보장왕(642~668년)이다.

신중한 전략가 당 태종

보장왕에게는 실권이 전혀 없었다. 연개소문은 막리지로 취임, 정치권뿐 아니라 군사권까지 장악하고는 절대 권력을 행사한다. 아니, 왕의 참살이 아니라도 그럴 수밖에 없었을 것이다. 당과의 전쟁은 고구려의 여력과 연개소문의 집권기를 공히 탕진시켰다.

호시탐탐 고구려 침략 기회를 엿보기는 했지만, 당 태종은 실제로 고구려 침략을 결심하기까지는 매우 신중한 단계를 밟았다. 연개소문 집권 전에 이미 고구려 군사 기밀을 수집해갔던 당 태종은 연개소문의 쿠데타 소식이 들리자 곧바로 출전 채비를 차리지만 신하들의 만류를 따른다.

연개소문은 을지문덕 못지않은 장수이고, 이미 당의 침략을 예비하고 있으며, 중국인들에게는 수나라가 패전한 악몽이 아직 잊혀지지 않은 터이므로, 좀더 기다린다면 연개소문이 방약무인하여 경계를 늦출 것이고, 중국의 민심도 고구려 전쟁을 지지하는 쪽으로 다소 기울게 될 것이라는 신하의 간언은 틀린 데가 없었다.

그러는 동안 연개소문은 자신의 능력만 믿고 강경 일변도의 대외 정책을 채택하는데, 이는 그가 고구려의 전통적인 군사 귀족이었던 데서 기인한다. 그는 동북아시아 정세를 국제적으로 보지 못했다.

물론 그는 몽골 고원에서 돌궐에 대신하여 일어난 설연타 세력과 연대, 당의 후방을 견제하려 했다.

그러나 김춘추의 연합 요청을 거절하고 백제·고구려 연합으로써 당과 신라의 연합을 막아보려 했던 것은 그의 세력의 물적 토대인 군대의 이해에 상응하는 결정이었지, 위기 시절 고구려의 존속을 보장하는 국제 외교의 시각은 전혀 결여한 것이었다.

빛의 찬란한 명멸

당 태종은 신라 공격을 중지하라는 요구를 고구려가 일축하고 사신마저 가두자 전쟁을 선포한다. 그제서야 연개소문은 당에 백금을 바치고 숙위생을 파견하는 등 화해의 길을 모색하지만, 이미 늦었다. 당 태종은 10만의 육군과 해군을 파견하더니 이듬해 직접 고구려 공격에 가담한다.

수나라 군대가 인해전술을 썼다면 당 태종의 군대는 실전 경험이 풍부한 정예다. 연개소문은 서곽 중심의 전술을 버리고 평원에서의 대회전을 기도, 대패당하기도 한다. 그러나 고구려는 당 태종에게 망하지 않는다.

아니, 고구려는 전쟁에 져서 망한 것이 아니다. 고구려의 군사력은 그만큼 잠재력이 컸다. 아니, 바로 그렇기 때문에 전쟁에 이기면서 나라가 망하는 과정과 장면은 전혀 고구려적인, 빛의 찬란한 명멸의 비극으로서 '아름다움의 비극'과 동전의 양면을 이룬다.

첫번째 격전지는 고구려 제1급 성인 요동성. 당은 장군예의 정예병들이 개모성(무안)과 비사성(대련만 북안)을 쑥밭으로 만든 후였다. 연개소문은 신성과 국내성의 보병 및 기병 4만을 지원군으로 보낸다. 당의 장수 장군예는 정예 부대를 거느리고도 역부족을 느껴 도주한다. 고구려인들의 사기가 크게 올랐다.

그러나 당 태종은 도착하자마자 장군예를 처형, 군기를 잡고 요동성을 12일 동안 밤낮을 쉬지 않고 공격해댄다. 고구려인들의 저항은 완강했지만, 당군이 바람 부는 방향에 맞추어 성 서남쪽 다락에 방

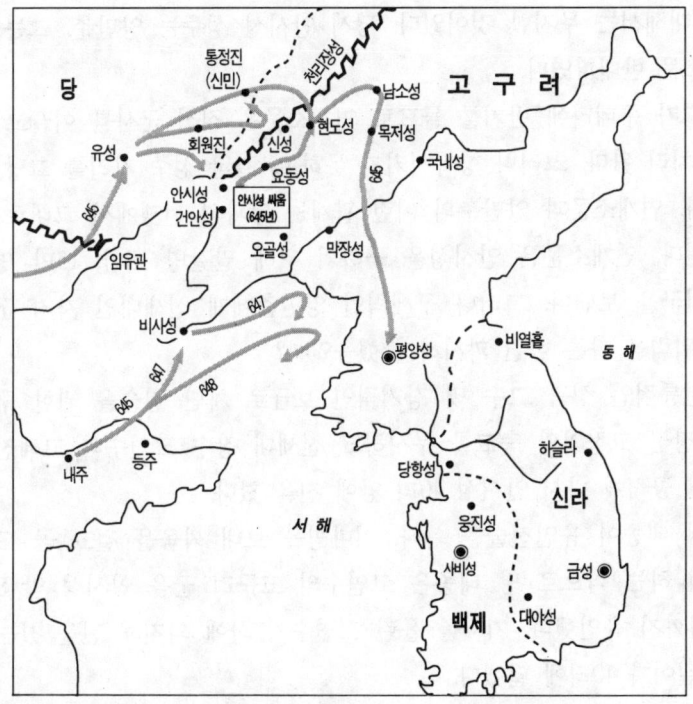

고구려와 당의 전쟁.

화, 성을 모두 불태우고 함락해버렸다. 당군은 여세를 몰아 백암성마
저 함락한다. 그러나 다음 목표에 대해 의견이 갈라졌다. 이제부터
고구려 본토 공격이 시작된다. 수나라의 모욕을 되풀이할 수는 없다.
신중해야 했다.

안시성 싸움의 서장

장수 이적이 안시성을 제안한다. 당군은 안시성으로 향한다. 고구
려·당나라 대전쟁이 절정을 이루는 안시성 싸움이 그렇게 시작된
다. 이적의 판단은 '연개소문'에 대해서는 정확했지만, 고구려 전체

에 대해서는 무지한 것이었다. 당시 안시성 성주는 양만춘. 그는 연개소문 반대파였다.

그가 쿠데타에 반기를 들므로 연개소문은 직접 군사를 이끌고 그를 치러 왔다. 그러나 항복시키지 못하고, 결국 성주 자리를 그냥 맡겼다. 연개소문과 양만춘의 이런 관계는 당과의 전쟁에서 그대로 반영된다. 연개소문은 안시성을 구하기 위해 말갈병 포함, 15만 명의 구원군을 보낸다. 그러나 구세력인 양만춘에게 신세대인 자기 군대의 위력을 다른 한편 과시하려 했음일까?

전통적인 성곽 고수 및 장기적인 보급로 차단 전술을 권한 구세대 장군 고정의의 충고를 무시하고 신세대 장수 고연수와 고혜진은 정면 공격에 나서 안시성 40리 앞에 진을 쳤다.

당 태종이 유인전술을 쓴다. 기마병을 보내 싸움을 걸고 곧 도망치게 하는 식으로 당 태종은 고연수의 고구려 군을 안시성 앞 8리 지점까지 유인했다. 기세를 올린 고연수가 산에 의지해 진을 쳤는데 그 길이가 40리에 달했다.

당 태종도 기가 질렸다. 신하들이 제안한다. 평양 수비가 약할 것이니 군대 일부를 빼서 평양을 치자…… 그러나 당 태종은 고개를 저었다. 그곳엔 연개소문이 버티고 있는데……

당 태종은 시간을 끌면서 산 뒤쪽에 슬금슬금 당군을 배치한다. 그러다가 고구려군을 기습, 3만의 병사를 죽이고 고구려군을 패주시킨다. 고연수는 남은 병력을 추스려 산에 진지를 구축하지만 이미 사방이 포위된 상태였다. 고연수는 맥없이 항복하고 만다.

제 탓이니이다, 폐하

당 태종은 고구려군을 모두 풀어주고 말갈인은 모두 처형해버린다. 그러나 이 같은 당의 회유책도 연개소문 신세대의 실책도 양만

춘을 굴복시키지는 못했다. 양만
춘은 연개소문이 아니라 고구려를
위해 싸운 것이었던 까닭이다. 당
태종이 오판했던 대목이다.

이적은 약이 바짝 올라 '안시성
이 함락되는 날 성 안의 남자는
다 죽이자'며 당군을 독려했지만
안시성은 더욱더 굳건히 버텼다.
당나라 장수 일부가 평양을 치는
문제를 다시 거론하지만 이번에도
당 태종은 고개를 흔든다. 연개소
문은 그만큼 두려운 존재였다.

그 대신 당 태종은 50만 명을
동원해서 60일 동안 안시성 동남
쪽 모퉁이에 흙산을 쌓는다. 마침
내 흙산이 안시성보다 높아진다.
당군이 그 위에서 안시성을 내려

뿔나팔을 부는 악사, 안악 제3호 무덤 전
실 남벽.

다보며 공격을 퍼붓는다. 안시성 사람들도 성을 증축했지만 역부족
이었다. 당군의 돌대포가 성을 군데군데 무너뜨리면 거기에 목책을
치는 것이 고작이었다. 게다가 흙산 일부가 성쪽으로 무너지면서 성
곽이 붕괴된다.

이제 끝인가? 아니다! 그때가 바로 절호의 기회다. 물론 행운도
있었다. 흙산을 지키던 당나라 장군 부복애가 사적인 일로 자리를 비
운 것이다. 완강히 저항하던 안시성군이 그 틈을 비집고 아예 흙산을
점령해버린다. 그리고 삽시간에 참호를 파고 흙산을 기지화한다.

격노한 당 태종이 부복애의 목을 베어 병영에 걸고 총공격령을 내린다. 그러나 사흘을 공격했건만 아무 성과가 없었다. 당연한 일이 었다. 그 동안 당군도 엄청난 군인과 보급품과 세월을 낭비했다. 장 군 도종이 맨발로 기 앞에 나아가 엎드려 형벌을 청한다. 제 탓이니 이다, 폐하, 저를 처단하시고 군사들을 돌리소서……

당 태종의 송별 의식

당 태종은 순간 정신이 퍼뜩 든다. 벌써 가을이다. 요동은 가을 바람도 살을 에는 곳. 금방 추위가 닥칠 것이다. 병마가 더 이상 머 무르기 힘들다. 군량은 떨어졌다. 당 태종은 도종을 용서하고 군대를 철수시킨다.

그러나 고구려군도 이들을 쫓지 못한다. 이때 당 태종이 고구려군 의 화살에 눈을 다치고 회군했다는 설도 있으나 믿기 어렵다. 당 태 종은 떠나면서 성루에 올라 송별 의식을 하는데, 안시성주 양만춘에 게 비단 1백 필을 보내 경의를 표한다.

하지만 놀랄 일은 아니다. 양만춘은 중국 전체의 최정예와 맞서 싸우고도 지지 않았다. 이적은 당나라 영웅으로 존경받는 불세출의 장군이다. 그의 신하들도 마치 당나라 궁궐을 집약한 듯 최고급이

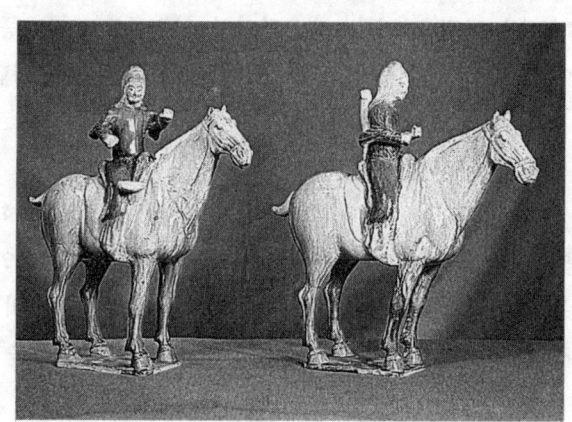

당나라 기병.

었다.

안시성은 고구려 멸망 후에도 당에 굴하지 않고 끝까지 저항한 11개 성 중 하나다. 양만춘의 그후 행적은 남아 있지 않지만, 그 용기와 기백은 부흥운동으로 연결되었을 것이다.

어쨌거나 그렇다고 당 태종이 고구려 침공을 단념한 것은 아니다. 그는 전면전 대신 끊임없는 국지전을 전개, 고구려 국력을 피폐케 한다. 그리고 때를 보아 다시 3군대 30만을 동원하는 전면전을 준비시킨다. 그러나 신하들의 반대가 완강하다.

그들의 논리가 도교적인 것이 눈에 뜨인다. 노자에 만족할 줄을 알면 욕되지 않고 그칠 줄 알면 위험하지 않다 하였습니다. 폐하의 위엄과 공덕이 이미 하늘을 찌를 듯하고 강토의 개척 또한 그럴 만합니다. 무엇 때문에 죄없는 병졸을 칼날 아래 쓰러지게 한단 말입니까…….

당 태종은 비로소 정복의 꿈을 포기한다. 죽음에 임하여 도교에 심취한 것도 크게 작용하였을 것이다. 그의 유언에 따라 고구려 원정 준비는 중지된다.

자식들의 권력 투쟁

그러나 태종의 뒤를 이어 오른 고종은 한반도에 대한 욕심을 버리지 않았다. 그는 내치에 힘을 쓰면서 당나라를 최대의 영토를 거느린 최절정의 국가로 키워가면서 신라와 연합, 660년에 우선 백제를 멸망시킨다. 백제 멸망은 다음 장에서 다루게 될 것이다.

당이 다시 고구려를 대대적으로 공격한다. 일거에 평양성이 포위당했다. 이번에는 연개소문이 직접 상대한다. 그는 아들 남생을 압록강으로 보내 보급로를 차단하고 그 자신은 사수에서 당군을 격파한다. 겨울이 닥쳐왔다. 당군은 신라로부터 군량을 공급받자마자 서둘

멸망하다. 폴 나시, <꿈의 한 풍경>.

러 철수한다.

　그러나 이 승리는 너무도 멸망의 기운이 짙다. 연개소문은 666년에 죽는다. 그때까지 기회를 노리던 당이 다시 고구려를 덮친다. 이번에는 양상이 전혀 다르다.

　연개소문에게는 아들 남생, 남건, 남산 세 아들이 있었다. 연개소문은 남생을 후계자로 훈련시켰다.

　그러나 남생은 권력 투쟁의 와중에서 남건 및 남산에게 밀리고 당에 망명, 668년 앞장서서 당군을 이끌고 고구려를 공격한다. 게다가 연개소문의 동생 연정토가 신라에 망명, 신라군을 이끌고 남쪽에서 올라온다.

　평양이 한 달 넘게 포위당하게 되자 보장왕은 남산을 보내 항복한다. 그러나 남건은 끝까지 항전하다가 당군이 성에 불을 지르자 자결하려 했으나 여의치 않았다. 남건은 귀양보내지고 남생과 남산에게는 직위가 주어졌다.

연개소문, 고구려의 벼랑

연개소문은 자식들의 권력 투쟁을 예견하지 못했을까? 하지만 예견했던들 그에게 무슨 수가 있었단 말인가. 그는 고구려가 스스로를 몰아세운 벼랑 그 자체를 상징한다. 연개소문은 권세도 위용도 대단했다.

모든 실권을 쥔 그는 몸에 다섯 개의 칼을 차고 다녔고, 말을 타거나 내릴 때 항상 부하를 땅에 엎드리게 하여 발판으로 삼았다. 그가 가는 길은 호위병이 열지어 경호했고 맨 앞에 선 자가 큰소리로 '물렀거라!'를 외쳤다. 그 소리에 앞에 있는 모든 사람들이 멀찍이 엎드려 머리를 조아렸다.

그가 살았더라면 고구려는 망하지 않았을까? 그랬을 것이다. 그러나 벼랑으로 몇 년을 더 버틴들 그게 무슨 소용이란 말인가. 고구려 멸망에 즈음한 이야기는 많다.

그러나 짧게 끝내는 것이 고구려에 대한 최소한의 예의일 것이다. 다만 우리는 연개소문의 위풍당당이 어딘가 고구려의 역사를 거슬러 올라가는 듯하더니 고구려의 멸망이 삽시간에 위만 조선의 그것을 연상시키는 지경으로 전락하는 그 충격적인 광경에 경악하면 족하다.

그렇다. 연개소문은, 연개소문의 벼랑은, 정말 벼랑 끝에 도달한 고구려의 옛 영화와 피비린 용맹에 대한 그리움의 고구려적인 표현이다. 그리움 자체의 벼랑화인 것이다.

낙화암, 꽃에서 꽃으로   16장

백제의 멸망, 의자왕, 성충, 계백, 그리고 화랑들

백제 멸망의 때가 온다. 그리고 드디어 백제·전형적인 결사 항전의 명장이 등장한다. 그의 최후의 미학이 마지막으로 신라의 승리까지도 머금고 빛을 뿜어낸다. 그는 전쟁에 패배했다. 하지만 역사를 뛰어넘은 더 숭고한 어떤 장면을 연출한다. 그것을 통해 우리는 신라 화랑의 그후까지 살펴볼 수 있다.

해동증자의 사치와 방종

의자왕(641~660년)은 무왕의 맏아들이다. 태자 때부터 부모에 대한 효심과 형제에 대한 우애가 깊어 해동증자로 불렸고, 아들의 이름도 효로 지었다. 그런 그가 왜, 어떻게 사치와 방종으로 나라를 망친 군주로 전락해 갔을까?

그는 말년의 무왕에게 유교 사상을 전수받았다. 하지만 고구려에서 도교 사상이 그랬듯이 백제에서 유교 사상이 정치학으로 되기에는 아직 일렀다.

도교 사상을 정치와 접목시키기에는 방대하고 여유만만한 당과 달리 고구려가 너무 완강하고 꽉 조여진 정치체였다. 유교를 정치와 접목시키기에는 백제가 너무 문약했다. 그 문약이 후세 방탕·황음의 한 원인이 된다.

의자왕은 무왕이 쌓아놓은 것을 토대삼아 과감한 정치 개혁을 단행하고 빠른 시기에 강력한 왕권을 구사한다. 즉위 이듬해 손아래

왕자의 아들 교기를 비롯하여 이복형제 자매의 딸 네 명과 내좌평 기미 등 유력 인사 40명을 섬으로 추방하고 대좌평 나지성까지 은퇴 시키면서 귀족 세력에 대한 통제력을 강화하는 것이다.

동시에 외교 노선도 당과 고구려에 대한 등거리 외교에서 친 고 구려 쪽으로 선회한다. 이 내정과 외교는 물론 서로 맞물려 있다. 그 렇기 때문에 의자왕의 신라 공격은, 매우 강력한 것이기는 했지만 백제로서도 매우 헐겁고 무거운 옷 같은 것이다.

의자왕은 그렇게 지친 심신을 주색잡기로 달래다가 한 사람의 악 녀, 두 사람의 충신, 한 사람의 패전영웅, 그리고 삼천궁녀 전설을 남기고 나라를 잃게 된다.

악녀와 충신

악녀는 군대부인이다. 그녀는 궁중권세를 장악하고는 어진 사람들 을 마구 죽였다. 국가의 통치 질서가 그렇게 붕괴된다.

두 사람의 충신은 성충과 흥수다. 그는 656년 의자왕이 신라와의 싸움에서 연승한 데 자만하여 주색에 빠지자 극언을 서슴지 않으며 간하다가 투옥된다. 옥중에서 정말 백제인답게 단식을 하다가 죽음 에 임박하여 글을 올렸다.

'충신은 죽더라도 임금을 잊지 못하는 법. 신이 죽으면서 한 말씀 올립니다.'로 시작되는 그의 글월은 놀랍게도 장래 전쟁을 예견하면 서 내놓은 전술적 견해로 마무리되고 있다.

강 상류에서 적병을 맞이하면 나라를 보전할 수 있습니다. 적군이 쳐들어온다면 육로로는 탄현을 넘지 못하게 하고 수로로는 기벌포를 넘지 못하게 한 후 험한 지형에 의지하여 싸우면 틀림없이 이길 것 입니다……

그가 죽은 것은 의자왕 재위 16년, 즉 백제가 망하기 3년 전이다.

660년 신라군은 탄현을 넘어 수도 사비로 쳐들어오고 당군은 기벌포를 지나 사비성으로 쳐들어온다. 왕은 그제서야 성충의 말을 듣지 않은 것을 후회하였다.

충언의 한계

그러나 성충의 '군사적' 충고는 의자왕뿐 아니라 백제 전체에 걸맞지 않았던 것 아닐까, 의자왕의 유교적 태도가 백제에 걸맞지 않았던 것처럼? 고지협곡에서의 싸움은 고구려 정신에 걸맞았다. 전쟁에 끼여든 이상 농업국 백제에게 걸맞는 것은 평원에서의 영웅적인 최후였다.

홍수는 좌평으로 있다가 죄를 지어 고마미지현(전라남도 장흥)으로 귀양가 있던 사람이다. 660년 당과 신라의 연합군이 백제를 치려하므로 왕이 전쟁에 대비한 회의를 열었다. 의논이 구구하여 결정이 나지 않자 왕은 홍수에게 사람을 보내어 묻는다.

홍수의 의견 또한 성충과 다를 바 없었다. 옳지만 너무 늦은, 그리고 백제에 걸맞지 않는. 그들은 지당하고 틀리지 않을 뿐 현실 감

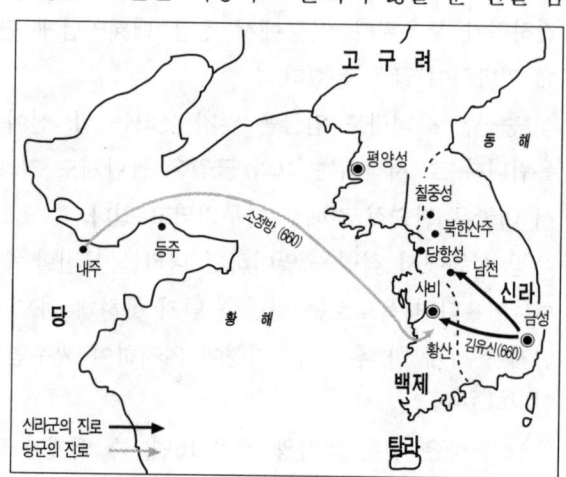

신라·당 연합군의 백제 공격.

신라군의 진로
당군의 진로

각이 없고, 임금을 멍청하게 보이게 할 뿐 책임을 지는 어떤 결정에도 참가하지 않는다.

그냥 지식인일 뿐인 그들은 객관주의적이고 이기적이기까지 하다. 신하들은 흥수의 말의 진의를 의심한다. 귀양가 있는 자가 왕을 해하려 함 아닐까…….

의자왕도 그런 의심에 물든다. 목이 좁은 기벌포와 탄현으로 유인해서 사로잡음이 더 좋지 않을까……. 그러나 그때는 이미 소정방의 당군이 기벌포를 지나고, 김유신이 이끄는 신라군이 탄현을 넘고 있었다.

영웅적인 최후의 미학

그러나 이 둘은 비극의 서장을 알릴 뿐이다. 계백이야말로 가장 백제다운 영웅이다. 그를 통해 백제 정신이 영웅적인 최후의 미학으로 승화되는 것이다. 그 미학은 급기야 적국 신라의 용맹전사들까지 멸망의 이야기 속으로 끌어들인다. 마치 백제가 신라를 합병하는 길은 그 길밖에 없다는 듯이.

계백은 5천 명의 결사대를 거느리고 황산'벌'(벌판)로 달려간다. 신라 군사는 5만 명. 그에게 남은 것은 최후밖에 없었고 그것을 백제적인 '비극의 아름다움'으로 형상화하는 가장 적절한 자가 바로 계백이다. 그의 행위는 현대의 분신 자살과 유사하다.

그는 출정하기 전에 처자식을 모두 죽인다. 살아서 남의 노비가 되어 욕을 보느니 차라리 그의 손에 죽는 것이 나았다. 부인도 기꺼이 동조한다. 아니, 패망한 백제 장군의 아내로서 겪을 고통을 미리 덜어달라고 그녀가 먼저 간청했을지 모른다.

그렇다. 계백도 그의 아내도 승리에 대한 실낱 같은 희망 따위는 갖고 있지 않았다. 하지만 그렇게, 그 승리보다 더 중요한 삶·죽음의 의미를 향해 계백이 치르는 황산벌 전투는 신라측의 가장 감동적인 승리와 환희의 장면조차 계백의 장렬한 전사 속으로 빨아들인다.

그렇다. 계백의 황산벌 전투는 계백이 현실에서 지고 예술에서 이기는 과정이다.

계백의 군사들은 이탈자 한 명 없이 모두 죽기를 각오하고 싸워, 처음 네 번의 전투를 모두 승리로 이끈다. 아무리 전투에 귀신인 김유신이라지만 미칠 노릇이었다.

이것은 도무지 우월한 전술과 전략, 혹은 군사력으로 해결될 문제가 아니었다. 저 불굴의 정신을 어쩔 것인가? 그렇다. 요는, 핵심은, 죽음을 뛰어넘는 의미와 의미의, 결사대와 결사대의 싸움이었다. 여기서 신라의 화랑이 해결사로 등장할 것은 당연하다.

계백, 신라 소년이 일궈내는 기적을 돕다

화랑 반굴과 관창. 이들은 각각 김흠순 장군과 품일 장군의 아들로서 아버지를 따라 백제 정벌에 참여한 터였다. 김흠순은 김유신의 아우다. 계백은 처자를 미리 죽이지만, 김흠순은 아들 반굴을 종용한다.

위급한 시기에 목숨을 바치는 것이 충과 효의 완성이 아니겠는가…… 반굴이 곧바로 적진으로 말을 내달려 힘껏 싸우다 죽는다. 신라군의 사기는 크게 올랐다.

그러나 그것만으로 전세가 뒤바뀌지는 않는다. 품일 장군이 제 아들 관창을 내세운다. 그는 약관 16세의 소년. 그리고 놀랍게도 그 소년이 일궈내는 기적을 계백이 돕는다.

관창은 말을 타고 적진으로 내닫는다. 그는 여러 명을 죽이지만 역부족, 백제군에게 사로잡힌다. 그러나 너무 어리다……. 계백은 관창을 살려 보냈다.

관창도, 《동국신속 삼강행실도》.

자신이 죽인 자식 생각이 나서였을까? 그렇지는 않을 것이다. 다만 그는 신라군의 정신 무장 상태를 알았고, 종말에 이른 것을 알았다. 이것은 비극의 완성을 위해서다.

돌아온 관창은 우물물로 목을 축이고 다시 적진으로 내닫는다. 그리고 다시 포로로 잡힌다. 계백은 그가 다시 오리라는 것을 알았을까? 알았을 것이다.

계백은 그의 머리를 베어 말 안장에 달아 보낸다. 품일이 그 머리를 붙들고 옷소매로 피를 닦는다. 내 아이 얼굴이 살아 있는 것 같구나. 임금을 위해 죽었으니 영원히 살리라……. 비로소 신라의 때가 온다.

역사를 뛰어넘는 어떤 것

'그 죽음으로 달라지는 것이 없지 않은가.'

조선초 권근은 계백이 잔인무도한 행동으로 처자를 살해하여 오히려 군사들의 사기를 떨어뜨렸다고 비난하면서 계백의 죽음을 그렇게 평했다. 그는 고려의 신하였으나 패망하는 나라를 버리고 새로 등장하는 조선에 적극 협력한 사람이다.

그래서 그렇게 말했던 것일까? 권근을 비난할 수는 없다. 그를 미래지향적이라고 평가할 수도 있을 것이다.

다만 그는 계백뿐 아니라 백제 전체를 이해하지 못했다. 아니, 신라도 이해하지 못했다. 그리고 무엇보다 역사 속으로 파고들면서 역사를 뛰어넘는 예술의 존재 이유를 그는 이해하지 못했다.

어쨌거나, 신라군은 이들 용사들의 임전무퇴 정신으로 중무장, 계백의 결사대를 물리치고 전쟁을 승리로 이끈다. 우리는 여기서 계백

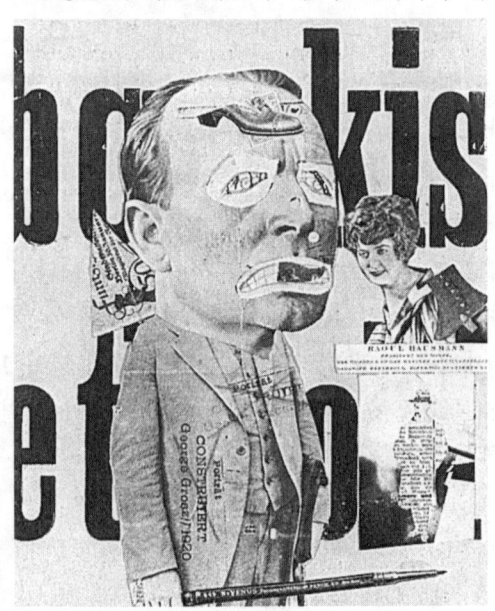

충신? 라울 하우스만, <예술평론가>.

을 흡인력삼아 신라의 임전무퇴 용사들을 되짚어보자.

그들은 죽음의 의미로써 삶의 시간을 극복한 사람들이므로, 거슬러 올라갔다가 삼국 통일 이후까지 뻗어가도 되겠다. 그리고 화랑과 화랑 사이 군인과 백성들이 있는 것이 당연하겠다.

친구

화랑 귀산과 추항은 원광에게 세속오계를 가르침받고 어떻게 되었을까? 602년 백제가 대군을 동원하여 아막성(전북 남원 운동)을 공격해왔다가 신라군의 반격에 밀려 후퇴하고 신라군도 피로하여 진격을 멈추고 군사를 되돌릴 때다.

무은이 이끌던 후미의 부대가 백제 복병의 기습공격을 받았다. 무은은 귀산의 아버지다. 그는 아버지가 말에서 떨어지는 것을 보자 달려나가 아버지를 탈출시키고 힘껏 싸웠다.

그 곁에 친구 추항도 있었다. 이를 지켜본 군인들이 용기백배하여 돌격, 백제군은 살아 돌아간 자가 없었다. 그러나 귀산과 추항은 온몸에 창을 맞고 함께 숨이 끊긴다. 진평왕이 그들의 시체를 부여잡고 통곡하였다 한다.

부자(父子), 그리고 종

찬덕은 가잠성 성주. 612년 겨울 백제가 대군을 이끌고 와 성을 공격했다. 진평왕이 구원군을 보냈으나 소용없고 성이 포위된 지 1백 일이 넘자 양식이 떨어지고 식수가 고갈되어 성 사람들은 시체를 뜯어먹고 오줌을 마실 지경이었다.

찬덕은 책임을 통감, 눈을 부릅뜨고 나무로 돌진, 스스로 목숨을 끊는다.

해론은 그의 아들이다. 여러 해가 지난 후 해론이 가잠성을 탈환한다. 그러나 곧 백제 지원군이 달려온다. 해론은 단검을 꺼내 들고 적진으로 달려가 여러 명을 죽이고 자신도 죽었다. 그의 나이 20세.

눌최와 그의 종이 장렬하게 전사한 것은 그 12년 후였다. 그리고 647년 진덕여왕 때다. 백제군이 무산, 감물성 등을 공격한다. 이때 신라군 장수는 김유신. 보병과 기병 1만을 거느렸지만 백제군이 워낙 강해서 고전을 면치 못하던 그가 부하 장수 비령자를 불러 함께 술을 마시며 부탁한다. 그대가 장병들의 사기를 다시 불러일으킬 수 있을 것이다……

비령자의 아들 거진과 종 합절도 참전 중이었다. 비령자가 합절에게 이른다. 내가 나라를 위해 죽을 것인데, 거진이 걱정된다. 그는 어리지만 뜻이 곧아서 나를 따르려 할 것이다. 아들마저 죽는다면 아내는 누구를 의지할 것인가. 부디 네가 막아다오. 네가 거진과 더불어 나의 해골을 거두어 마님을 위로해 드려라……

비령자는 창을 꼬나들고 말을 채찍질하여 적진으로 내닫는다. 그는 두어 명을 죽이고 자신도 죽였다. 거진이 뒤를 쫓으려니 합절이 말린다. 그러나 거진은 합절의 팔을 칼로 치고 적진으로 내달아 전사했다. 합절 역시 달려가 전사한다.

반굴과 관창의 이야기는 그 다음이다. 계백이 자신의 종말을 알아챘던 그 역사적 근거가 여기까지다. 그뒤로 이어지는 것은 누구인가. 백성들이다.

부모형제

백성군 병사 심나는 날랜 용사였다. 백제군들은 그를 '날아다니는 장수'라고 불렀고, 그가 있는 신라 백성군과 교전하려 하지 않았다. 그의 아들 소나 역시 용감했다. 신라 아달성으로 말갈이 침입했을 때다. 말갈군은 소나가 무서워 멀리서 활만 쏘아댔다.

소나는 물러서지 않고 온몸으로
화살을 받아낸다. 그는 고슴도치
처럼 되어 죽었다. 부인이 말했다.
잘된 것이다. 전시에 장부가 어찌
아녀자의 간호를 받으며 시름시름
앓다 죽겠는가……

용무늬 칼자루 장식.

취도는 경주 출신의 하급 귀족
이다. 일찍이 출가하여 도옥이라는
법명을 받았는데 전쟁이 계속되자
환속하여 군인이 되었다. 그때 그
의 이름은 취도 '달려가 무리가
되자'는 뜻이다. 그는 적진에 들어
가 싸우다 전사했다. 그의 형과 동생 핍실 모두 적과 싸우다 죽었다.

지금은 밤

장군 흠운은 명문 귀족 출신으로 왕의 사위였다. 그가 조천성을
공격하려고 양산 아래 진을 치고 있다가 백제군의 야간 기습을 받았
다. 그가 창을 쥐고 적군을 기다리는데 부하가 말린다.

지금은 밤이므로 누가 누구인지 알아보지 못합니다. 지금 죽는다
면 일개 무명용사와 다를 바 없습니다……. 그가 대답한다. 이미 나
라에 몸을 바쳤는데 어찌 공명을 구하겠는가……. 그는 적과 맞붙어
싸우다 죽었다.

물론이다. 그렇게 죽은 사람들 이야기뿐이다. 하지만 김유신 다음
세대가 등장한다. 하필 그의 아들부터다. 이들은 죽음 앞에 회의하는
세대이다. 왜 안 그렇겠는가. 어느 정도 평화가 찾아오면서 삶은 그
렇게 단순한 것이 아니게 된다.

죽음의 세대, 삶의 세대

672년 석문(황해도 서흥)에 당군과 말갈군이 진을 치고 신라 토벌을 노리던 때다. 김유신의 둘째 아들 원술도 장교로 이 전쟁에 참가했다. 미처 진을 치기도 전에 밀려온 적군에 장군 효천과 의문이 죽었다.

다른 길이 없었다. 그가 목숨을 바쳐 사기를 드높여야 했다. 그가 말 위에 올라 무기를 잡자 보좌관 담릉이 말고삐를 잡으며 만류한다. 죽는 것은 쉬운 일. 어디서 죽느냐가 중요하다. 살아서 후일을 기약하는 것이 낫다……

원술이 듣지 않고 말에 채찍을 가하려 했으나 담릉이 죽기 살기로 말고삐를 놓지 않는다. 원술은 담릉의 고집에 지고 만다. 아니, 살고 싶은 마음이 사실 컸다. 그후 원술은 죽을 '기회'를 한 번 더 외면한다. 70세가 넘은 아진함 장군이 남아 적과 싸우다 전사하고 그 아들도 따라 죽었다.

유신은 왕명과 가훈을 어긴 원술을 죽여 군기를 잡을 것을 문무왕에게 간곡히 아뢴다. 문무왕은 차마 그렇게 하지 못했다. 문무왕은 문희가 낳은 아들이요, 김유신의 외조카다. 원술과는 외사촌간인 것이다. 문무왕은 원술을 용서한다.

그러나 유신은 원술을 용서하지 않았다. 유신이 죽은 후 원술은 어머니를 찾아가지만 어머니도 만나주지를 않는다. 원술은 매소천성 전투에 참가, 큰 공을 세우고 상을 받는다. 그러나 그는 벼슬을 받지 않고 숨어 살다 세상을 떠났다.

여기서 우리가 김유신의 완고나 원술랑의 유약을 비난할 필요는 없다. 역전의 빨치산 세대와 평화 건설의 신세대 간 갈등이 20세기의 가장 거대한 실험인 소비에트 혁명을 실패로 돌렸던 한 원인임을 되새기면 족하다.

갑옷, 경상남도 김해 출토.

낡디낡은 틀니

김영윤은 정반대 경우다. 그는 김흠순의 손자, 반굴의 아들이다. 아버지의 영웅적인 죽음과 당숙뻘인 원술의 비극 사이에서 고뇌하다가 그는 임전무퇴의 영웅이 되리라 작심한다.

그러나 그가 사는 시대는 이미 전쟁이 끝난 시대. 그의 비극은 그 터무니없음이 정말 돈 키호테적이고 현대적이다.

684년 신문왕 때 그에게는 '다행히'도 전쟁이 일어난다. 보덕성(전북 익산)에 이주해 살던 고구려 유민들이 반란을 일으키는데, 토벌군에 김영윤이 가담한다. 가문의 임전무퇴 정신을 잇고 오겠다……

그러나 장군들이 잠시 후퇴를 결정한다. 이 무리들은 하루목숨을 다툴 뿐 어차피 죽을 목숨들이다. 옛말에 궁한 도둑은 끝까지 쫓지 말라 하였으니 우선 저들에게 길을 비켜주고 피곤에 지친 틈을 타 공격하면 될 것이다……

그러나 영윤만이 홀로 따르지 않고 싸우려 한다. 그의 부하가 말한다. 다른 장군들은 목숨이 아까워 그런 것이 아니다. 그들은 역전의 용사들. 그들의 판단을 믿어야 한다. 혼자 나가 싸운다는 것은 당치않다……. 그러나 영윤은 대장부가 일에 임하면 스스로 결정할 뿐인데, 어찌 꼭 중론을 따르라 하느냐며 적진으로 달려가 싸우다 죽었다.

적은 신라가 압도적으로 우세한 가운데 일어난 소규모 반란군이었다. 김영윤의 죽음은 무모하기 짝이 없을 뿐 아니라 매우 우스꽝스럽고 이기적인 공명심의 발로였다.

그러나 더 크게, 평화·건설 시기 젊은 세대의 '뒤늦은 빨치산주의'는 정말 낡디낡은 틀니처럼 보다 밝은 미래로의 지향 자체를 무겁고 추하게 짓누르면서 옛날 진정한 영웅들이 흘린 뜨거운 피를 빙자, 한갓 시체 썩는 내를 풍길 뿐이다.

김영윤의 모험주의는 전시대 영웅들의 모험과 기상에 대한 모독이며 발길질이고, '포스트모던한' 풍자다. 삼국 통일 전쟁기 신라 백성은 김유신이라는 명장을 갈망했지만, 그들이 진정 바란 것은 전쟁이 아니라 평화다.

가장 희미한 멸망

어디까지 왔는가. 여기서 다시 백제로 이어지는가.

당군과 신라군이 밀어닥치자 의자왕은 황급히 사비성을 버리고 북쪽 웅진성(공주)으로 옮겨 간다. 그곳은 방어하기에 훨씬 좋았다. 그러나 왕족들 사이에 내분이 일어난다.

사비성에 남았던 왕자 태가 자신을 왕으로 칭한다. 태자 효의 아들 문사는 밧줄을 타고 성을 탈출한다. 나·당 연합군의 공격이 심해지자 태는 성문을 열고 항복한다. 결국 의자왕도 항복했다.

희미한 멸망. 에곤 시엘
레, <죽음의 고통>.

의자왕은 태자 효, 왕자 융, 대좌평 사택천복 등 대신 장교사병 88명, 그리고 백성 1만 2천 명과 함께 당나라로 압송되었고 거기서 병사했다. 백제 건국 678년 만의 일이다.

백제 멸망과 연관된 이야기들은 많다. 그리고 백제의 부흥운동이 곧바로 일어난다. 당연하다. 더 과감하게 말하자면, 백제 부흥운동은 백제 멸망 전부터 있었다. 백제 귀족들에게는 백제 멸망이 왕의 멸망이지 국가의 멸망이 아니었다. 그래서 백제의 멸망은 가장 희미하다. 그래서 그랬을까. 백제는 백제 '왕'만을 위한 멸망 이야기를 따로 남겨놓았다.

백성과의 화해

낙화암은 충청남도 부여군 부여읍 백마강변 부소산 서쪽 낭떠러지 바위다. 백제 멸망 때 3천 명의 궁녀들이 그 바위에서 강으로 몸을 던져 자살하였다는 고사 때문에 그런 이름이 붙었다.

여기서 3천 궁녀들은 의자왕 말년의 방탕을 상징하면서 동시에 꽃으로 비유된다. 동시에 그 꽃들은 적국의 군대에 성적 굴욕을 당하느니 차라리 죽음을 택하는 순결 지향을 암시한다.

그렇다. 향락에 탐닉한 군왕의 역사적인 죄를 충신이 장렬 전사의 피로 대속하는 동안 패배가 수천 송이 꽃의 낙화로 승화된다.

그것은 추락이 아니다. 꽃에서 더 숭고한 꽃으로의 낙화이고, 백성이 창출해낸 도미부인 전설의 상부구조화이다. 백제는 그렇게밖에, 즉 예술로밖에는 도탄에 빠진 백성과 화해할 수 없었단 말인가.

그러나 이것은 또한 여전히 왕의 이야기이므로, 쓰러진 나라의 사람들을 다루지 않는다. 쓰러진 자(임금)의 나라(이상)를 다룰 뿐이다.

이 낙화의 미학이 일본으로 건너가 할복의 피를 꽃잎의 낙하로 묘사하는 일본 노 예술의 전통적인 한 표현으로 굳어지게 되는 과정은 쉽게 짐작할 수 있겠다.

그것이 추를 동반한 문화·예술적 에로티시즘으로 이어질 것도 간단치는 않지만 예상할 수는 있다. 일본에서는 종교도 예술의 일부가 된다. 백제가 그랬던가?

하지만 이제 삼국 통일 주역의 시선으로 되돌아가 김유신과 김춘추의 이야기를 계속할 때다.

김유신과 김춘추 17장

이야기와 역사의 승리

김유신과 김춘추의 관계는 세계사상 유례를 찾
기 힘든 모범적인 관계로서 지금의 정치사에도
시사하는 바가 많다. 그렇다. 김유신은 영원한 2
인자였다. 그렇게 둘이 합심하여 신라 중대(中代)
왕실을 연다. 그러나 김춘추도 따지고보면 영원
한 2인자이다. 그것이 삼국 통일을 가능케 한 정
치적 힘이었다.

첩자와 대신 죽은 자

이 장 서두는 첩자 두 사람, 그리고 상관 대신 죽은 자 한 사람이
장식한다. 이긴 자들의 이야기일수록 현실주의적이거나, 이어야 할
것이기 때문이다.

조미압은 신라인으로 백제에 포로로 잡혀가 좌평 임자의 종이 되
었다. 그가 임자와 김유신과의 비밀 협정을 주선한다. 둘은 두 나라
중 어느 한 나라가 망한다면 서로 돕기로 합의한다. 조미압은 백제
의 정보를 김유신에게 전하는 유능한 첩자가 된다.

덕창은 고구려 보장왕 때 승려인데, 신라에서 첩자로 활약했다.
도림의 신라판이다. 그러나 그는 전혀 본의 아니게 신라를 돕게 된
다. 김춘추가 고구려로 밀사행을 했을 때, 그는 김유신과 피의 맹세
를 했다.

떠나간 후 60여 일이 지나도 오지 않으면 김유신이 고구려와 백
제를 침략한다는 내용이었다. 춘추가 고구려에 억류된 지 60일이 지

나자 김유신은 장사 3천을 뽑아 고구려를 칠 계획을 세웠다.

이 정보가 덕창 귀에 들어간다. 그가 보장왕에게 이 사실을 알리자 보장왕은 서둘러 김춘추를 풀어주었다.

온군해는 진덕여왕 때 사람이다. 선덕여왕은 김유신·김춘추의 모태였고 내내 그렇다. 진덕여왕은 그들의 화려한 의상에 지나지 않았다. 물론 둘이 진덕여왕을 업수이 여기고 조종했다는 뜻은 아니다. 그러나 김유신과 김춘추의 이야기로 진덕여왕 치세가 대부분 채워진다.

김춘추가 당에서 외교 활동을 마치고 귀국할 때다. 고구려가 그 정보를 알고 군사를 보내어 김춘추의 배를 쫓았다. 신라와 당나라의 연합을 주도하던 김춘추였으므로 고구려군의 추격은 결사적이었다. 김춘추의 목숨은 풍전등화와 같았다. 이때 수행원 온군해가 나선다.

그는 재빨리 춘추의 옷을 입고 춘추의 모자를 쓰고는 태연자약하게 배 위에 앉았다. 그 태도는 누가 보아도 춘추였다. 추격병들은 그를 죽이고는 춘추를 죽인 줄로 착각했고, 그 틈에 춘추는 간신히 작은 배를 타고 도망친다.

그렇게 구사일생으로 살아온 춘추를 김유신이 맞는다. 춘추가 말한다. 사람이 죽고 사는 것이 운명에 달렸구나. 공을 만나니 얼마나 기쁜지 모르겠다…… 춘추는 사실 김유신보다 더 위험한 일들을 수행했던 것인지 모른다. 그리고 김유신이 국내를 튼튼히 지켜주지 않았다면 그의 '일'은 실행조차 불가능했던 것이었다.

1인자의 자리

하늘이 돕고 계심입니다…… 그렇게 유신은 춘추에게 제1인자 자리를 권하며, 죽을 때까지 제2인자로 남을 것을 맹세한다. 654년 진덕여왕이 죽자 김춘추가 왕에 오른다. 태종 무열왕(654~661년).

그는 왕의 직계인 성골이 아니고 진골이었고, 귀족회의는 상대등 알천을 추천했지만, 아무도 그의 즉위를 막을 수 없었다. 김유신의 힘과 김춘추에 대한 지지가 워낙 컸던 것이다. 그때 춘추의 나이 52세, 김유신의 나이 59세였다.

무열왕은 자신의 셋째 딸을 유신에게 시집보냈다. 그리고 상대등이 죽자 유신을 상대등에 임명하는데, 바로 일인지하 만인지상의 자리였다.

그 둘은 곧 전성기를 맞고 호흡을 맞추어 660년 백제를 멸한다. 물론 당군의 도움이 있었다. 그러나 김유신이 있으므로 신라는 당과 대등한 군사적 관계를 유지할 수 있었다. 황산벌 전투가 끝나고 이런 일이 있었다고 한다.

신라군은 계백의 결사대를 격파하느라 당군과 합류하기로 약속한 장소에 예정보다 훨씬 늦게 도착했다. 당군 사령관 소정방은 그것을 빌미로 신라 장군 김문영을 참수하려 했다.

신라군의 기를 미리 꺾어두자는 것이다. 유신이 격노한다. 내가

각종 마구.

이런 모욕을 받을 수 없다. 반드시 먼저 당군과 결전을 치르리라. 그 후 백제를 격파해도 늦지 않다……

유신이 한 손에 보검을 빼어들고 다른 손에 창을 움켜쥐는데 머리칼이 꼿꼿이 섰다. 기가 질린 소정방은 없던 일로 할 수밖에 없었다. 뿐인가. 백제를 멸망시킨 뒤 소정방은 유신의 공을 추켜세운 뒤 당 황제를 대리하여 백제 땅 일부를 식읍으로 내주겠다며 유신을 꼬드겼다. 유신이 단호히 거절했음은 물론이다.

2인자의 자리

신라 장군 회유에 실패하자 당군은 신라 침공을 은밀히, 그리고 서둘러 진행시키지만, 그 사실을 알아챈 김유신이 결사항전의 자세를 보이자 곧바로 신라 정벌을 포기한다.

의자왕과 그의 신하, 그리고 숱한 백제 백성들이 당으로 압송되기 직전의 일이다. 신라는 군신 관계가 공고하여 쉽게 정복할 수 없다……. 그는 이렇게 본국에 보고했다고 한다.

661년, 백제 멸망 이듬해 무열왕이 세상을 떠났다. 백제인들의 부흥운동이 거세지고 고구려가 신라를 넘본다. 신라로서는 매우 어려운 시기였다.

그런데 설상가상으로 소정방에게서 구조 요청이 온다. 소정방은 당군을 이끌고 평양성을 포위, 수개월 간 공격했지만, 겨울이 닥쳐와서 오도가도 못하는 처지였다.

누가 갈 것인가. 적의 영토 깊숙이까지 식량을 운반하는 그 유사 이래 최초의 일에 누가 나설 것인가. 나이 66세의 김유신이 나선다. 문무왕은 그의 조카였다. 즉위하자마자 그가 통치력을 시험받는 것이다. 문무왕은 유신과 독대하며 너무 고마워 눈물을 흘린다.

유신에게도 그 일은 버겁게 느껴졌던가. 그는 산 속에 들어가 명상을 하면서 자신감을 키운다. 그렇게 군량을 싣고 고구려로 떠나는데 출발부터 군인들이 두려움에 덜덜 떤다.

하늘이 우리를 돕기로 한 것. 용기 있는 자는 반드시 살아올 것이다……. 유신은 자신의 말을 실제로 믿는다. 그는 부하들을 격려하며 선두에 나서서 진격한다. 말과 사람이 지쳐 쓰러지는 일이 잦자 그는 더욱 강하게 말에 채찍을 가하며 몰고 나갔다.

다른 사람들도 그렇게 뒤따르니 감히 추울 겨를이 없었다. 소정방은 군량을 전달받자마자 당으로 철수하고 김유신이 오히려 고구려군을 쳐부수며 적진을 빠져나왔다.

668년 신라가 당과 연합하여 고구려를 칠 때 김유신은 없었다. 불안해 하는 장수들에게 그는 천도·인심·지리를 얻어야 한다고 가르친다. 문무왕이 직접 총지휘를 맡고 유신의 아우 흠순과 문무왕의 동생이자 유신의 사위인 김인문이 오른팔 왼팔 역을 맡았다.

김유신이 빠져 매우 두려운 마음으로 참가했던 이 전쟁을 그들은 이기고 돌아왔고 문무왕의 위치는 확고해졌다.

영원한 2인자

그러나 문무왕은 누구보다 김유신에게 고마움을 표한다. 문무왕은 유신에게 태대서발한 직위를 제수하고 식읍과 지팡이, 수레 등을 하사한다. 그는 살아 있다는 사실만으로도 신라에 강력한 힘이 되어주었다는 뜻이었을까? 물론 그렇기도 하다.

그러나 더 깊은 고마움은 김유신이라는 '영원한 2인자'야말로 자기 왕권의 가장 강력한 밑바탕이라는 것을 문무왕이 전쟁에서 크게 깨달은 것에서 비롯된다.

그렇다. 왕위 세습은 부왕이 이룩한 강력한 왕권만으로는 보장되지 않는다. 튼튼하고 면면한 '영원한 제2인자 정신'이 선대와 후대를

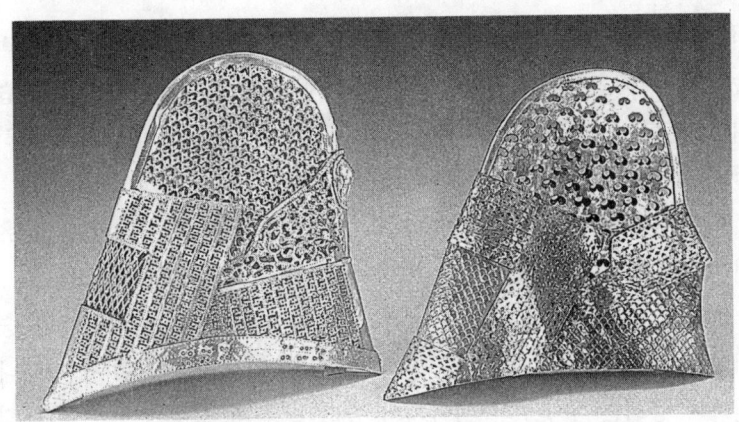

금관모, 천마총과 금관총 출토.

밑바탕으로 이어주어야 하는 것이다.

673년 유신은 79세의 나이로 죽는데, 유신이 죽기 직전 친히 병문안을 온 문무왕과 유신이 나눈 대화는 그 엄정한 역사의 법칙을 눈물겹게 웅변한다.

"신은 사지의 힘을 다해 대왕을 받드는 것이 소원입니다만, 병이 이 지경에 이르렀으니 다시 뵙지 못하겠습니다."

"내게 경은 고기에 물과 같은데 경에게 피치 못할 일이 생긴다면 백성과 이 나라는 어찌하란 말이오."

"신 따위가 나라에 무슨 보탬이 되었겠습니까. 다행히 주상께서 소인을 쓰시며 의심치 않으셨고 전적으로 밀어주셨습니다. 오로지 주상의 현덕에 힘입어 하찮은 공이나마 세워 삼국은 한 집이 되고 백성 또한 한마음 되었으니 그나마 다행입니다."

"그게 어찌 하찮은 공이며 경 없이 그 일이 가능치 않았다는 것을 세상 사람 누가 모르겠소 가지 마오 나를 더 보필해주오."

"폐하, 신이 감히 한 말씀 드릴까 합니다. 왕위를 계승하는 임금이 처음부터 잘하지 않는 이가 없지만, 끝까지 이끌어가는 이가 적습니다. 그때 전대의 업적이 하루아침에 무너지니 통탄할 일이겠습니다. 부디 소인을 멀리하시고 군자를 가까이 하소서. 나라가 무궁히 발전한다면 신은 죽어도 여한이 없습니다."

이토록 행복하고 간절한, 그리고 현실적인 '영원한 제2인자'의 유언이 역사상 또 있었던가.

신라의 승리는 김유신과 김춘추의 승리이며 영원한 제2인자의 승리이고, 또한 이어짐과 쌓여옴의, 그러므로 역사의 승리이다. 그러나 신라의 승리는 무엇보다 이야기의 승리다. 꿈과 상상력이 현실과 결합한 결과의 승리인 것이다.

애인과 가족

소년 시절 유신은 천관녀라는 기생에 푹 빠져 있었다. 이를 안 유신의 어머니가 울면서 그를 꾸짖는다. 나는 이미 늙어 밤낮으로 오직 바라는 것은 네가 훌륭히 성장하여 가문을 빛내는 것뿐인데 어찌 기생집이나 들락거리고 있느냐…….

유신은 크게 뉘우치고 다시는 기방에 출입하지 않겠다고 맹세한다. 그는 그 맹세를 지켰는데 하루는 김유신이 술에 취해 혼미하여 말에 탔더니 말이 옛 습관대로 천관의 집으로 갔다.

천관이 한편 원망하고 한편 눈물을 흘리며 반가이 맞는데 술이 깬 유신이 사태를 파악하고는 칼로 말을 베고 안장도 버린 채 돌아가버린다. 천관은 원망하는 노래를 한 곡 지어 세상에 전하였다.

후에 김유신은 천관의 집 옛터에 절을 지어 천관사라 하였다. 그리고 또 후에 김경신이 소립 쓴 차림으로 12현금을 들고 천관사 샘 속으로 들어가는 꿈을 꾸고 왕위(원성왕, 785~798년)에 오르게 된다.

어쨌거나 말의 목을 베고 몇 년이 지났을까? 645년 1월 김유신은

아름다움과 전쟁. 산드로 보티첼리, <비너스와 마르스>.

백제 침입의 급보를 받고 가족도 못 만난 채 다시 출전, 승리를 거두었다. 그리고 두 달이 지나 김유신이 귀환하는데 다시 급보가 온다. 이때 유명한 일화가 전한다.

전열을 정비하고 즉시 떠나게 되자 가족이 문 밖에 나와 얼굴이라도 보려고 기다린다. 그는 눈길 한번 주지 않고 지나쳤다. 그리고 한 50보쯤 가서야 비로소 말을 멈추고 집에 가서 물을 가져오게 하였다.

가져온 물을 꿀꺽꿀꺽 들이키더니, "우리 집 물맛이 예전 그대로군." 그리고는 그만이었다. 행군이 다시 출발하고 가족은 그 말만 전해 들었다.

죽음과 그후

유신이 죽을 때가 되자 나라에 괴성이 나타나고 지진이 일었다. 그리고 군복 차림에 병기를 든 수십 명의 군사가 유신의 집에서 울며 나오는 것이 보였다.

그 말을 듣고 유신은 자신의 최후가 왔음을 알았다고 한다. 그러나 아, 마지막의 울음. 울음이여……. 그의 생애는 여기서 끝나지 않는다.

그가 죽은 후 1백 년이 더 지난 혜공왕(765~780년) 시절 김융이 반역죄로 사형에 처해진다. 김융은 김유신의 후손. 죽은 김유신이 무덤에서 나와 미추왕 무덤을 찾아가 정말 피눈물을 흘리며 항의한다. 신은 평생 동안 나라를 위해 일했습니다. 죽어 땅 속에 묻혀서도 나라를 위하는 마음 한치도 흔들림이 없습니다.

그런데 신의 자손이 죄도 없는데 처형당했습니다. 신을 조금이라도 생각한다면 어찌 그런 일이 있을 수 있겠습니까? 이제 더 이상 이 나라를 위해 힘쓰지 않겠습니다. 이곳을 떠나 머나먼 다른 곳으로 옮겨가겠습니다. 부디 허락해주십시오…….

그대와 내가 나라를 돌보지 않는다면 백성들은 어찌하겠소? 전과 같이 힘을 써주시오……. 김유신이 세 번씩이나 간청하지만 미추왕은 끝내 허락하지 않았다. 김유신은 회오리 바람이 되어 자신의 무덤으로 돌아갔다.

김유신의 신라

김유신의 후손들이 신라 존속 기간 동안 내내 김유신만큼의 대접을 받았을 리는 없다. 그의 손자 김윤중에 이르면 벌써 왕이 선물로 명마 한 필을 하사한 것을 두고 신하들의 불평이 노골적으로 쏟아진다. 무열계 가문과 김유신 가문 사이도 김춘추·김유신 때만큼 친밀했을 리는 없겠다.

김유신이 태종무열왕 묘를 찾지 않고 미추왕 묘를 찾은 것은 그것을 암시하는 바 크다. 그러나 그것만이 아니다. 신라 '이야기'의 위력은 여기서도 입증된다.

미추왕 묘는 시조묘. 유신은 김춘추와의 우정을 넘어 신라 전체에

상서로운 동물 모양을 딴 토기, 미추왕릉 지구 출토.

호소하는 것이고 신라 전체가 그런 유신을 간곡히 말리는 것이다. 세월이 가고 사람들의 관계는 달라진다. 특히 비정한 정치의 세계에 서는 그렇다. 그러나 김유신과 신라의 관계가 어떻게 달라지겠는가?

김유신과 신라의 관계는 역사상 최고의 관계였다. 전에도 없었고 앞으로도 없을, 유일무이한 것이다. 이 일화는 그 점을 역설적으로 강조하고 있다.

혜공왕은 죽은 김유신이 미추왕 묘를 찾아갔다는 소문을 듣고는 경악, 대신 김경신을 보내어 김유신 묘에 사죄 뜻의 제사를 올리게 하고, 취선사에 토지 30결을 주어 장군의 명복을 빌게 한다. 취선사 는 김유신이 세운 절이다.

이밖에도 까치로 둔갑하여 염탐나온 백제 공주를 칼빛으로 쏘아 격추시킨 이야기 등 김유신의 신묘한 무공을 다룬 이야기는 많다. 그러나 이쯤해서 우리는 김춘추의 '역사' 속으로 가닥을 잡아 들어 가야겠다.

중대(中代) 왕실의 첫 왕

태종 무열왕 김춘추는 신라 중대 왕실의 첫 왕이다. 그는 진덕여왕 재위 때부터 적극적인 친당 외교를 폈고, 백제 공격을 위한 군사 지원을 당 태종에게서 약속받는다. 그의 막강한 영향력으로 신라는 650년에 이미 자주적인 연호를 버리고 당나라 연호를 채택하게 된다.

다른 한편 당나라에서 귀국한 후 왕권 강화를 위한 일련의 내정 개혁을 주도했다. 그 내용은 당나라를 후원 세력으로 하여 신라 관제를 중국식으로 개편하면서 왕권을 실질적으로 강화시키는 것이었다. 이는 물론 진덕여왕의 왕권을 위한 것이 아니다. 그는 그런 식으로 신귀족의 세력을 신장시키면서 자신이 즉위할 기반을 만드는 것이다.

진덕여왕이 죽은 후 섭정으로 추대되었다가 곧바로 왕위에 오르는 그는 당장 아버지와 어머니를 대왕 및 태후로 추증, 왕권의 정통성을 확립했고, 법률을 구체화, 율령 정치를 강화했다. 그리고 이듬해 원자 법민을 태자에 책봉하여 왕권 안정을 꾀한다.

진골 출신으로 폐위된 진지왕의 손자였던 만큼 왕권 안정에 대한 그의 집착은 강했다. 즉위하자마자 친족들의 관등을 한 등급씩 올려주더니 그는 그 이듬해 당에서 귀국한 둘째 아들 김인문을 군주에, 다시 2년 후에 당에서 귀국한 문왕을 집사시중에 임명, 직계 친족에 의한 지배 체제를 구축한다.

게다가 귀족 세력 대표가 하게 되는 상대등 자리에 김유신을 앉힌 것은 왕권이 거의 전제화되었다는 의미이다. 이 조치로 귀족 세력은 약화되었고 전제 왕권의 방파제 역할을 맡은 행정책임자 집사부중시의 권한이 내정에서 상대적으로 강화된다. 당나라의 후원 및 그런 조치들이 그의 백제 · 고구려 정벌을 가능케 해주는 것이다.

진정으로 바라는 것은 평화. 피카소, <게르니카>.

655년 고구려가 백제·말갈과 연합하여 신라 북경 지방 33개 성을 점령하자 그는 당나라에 구원병을 요청한다. 당은 정명진과 소정방을 보내어 고구려를 공격했다. 660년부터 백제 정벌이 본격적으로 시작된다. 3월에 소정방을 비롯한 육해군 13만 명이 백제를 공격하고, 5월에는 무열왕이 친히 정예군 5만 명을 이끌고 당군의 백제 공격 지원에 나섰다. 황산벌 전투가 벌어지는 것은 그해 7월.

사비성 함락 이후 9월에 당나라는 유인원의 군사 1만과 김인태의 군사 7천으로 하여금 사비성을 지키게 한다. 그러나 10월 태종 무열왕은 아직 정복되지 않은 백제 지역의 이례성 등 20여 개 성을 친히 접수했다.

백제 정벌에서 전사한 자나 공을 세운 자에게 논공행상을 게을리 하지 않았고 항복해온 백제 관료들에게는 신라의 관등을 주는 등 회유책도 썼다. 그가 정복된 백제 지역의 관리에 매우 적극적이었음은 압독주를 대야(협천)로 다시 옮기고 아찬 종정을 도독에 임명한 것에서도 드러난다.

신라가 백제를 정벌하는 동안에 고구려군은 신라 침략을 계속했다. 660년 칠중성(적성)을 공격해왔고 그 이듬해에는 고구려 장수 뇌음신이 말갈군과 연합, 술천성(여주)과 북한산성을 다시 공격해온다. 그러나 성주가 잘 막아냈고 태종 무열왕은 그의 관등을 높여주었다.

다시, 영원한 2인자

파란만장한 그의 생애 중 단 8년 동안만 그는 왕으로 재위했고 정작 통일을 뜬 눈으로 보지는 못했다. 너무 짧았던 것 아닐까? 안타까운 것 아닐까? 그러나 그도 빨치산 세대였다. 그의 짧은 재위 기간은 오히려 신라에 도움이 되었을지 모른다.

그는 삼국 통일 전쟁에 다음 세대를 끌어들여 훈련시켰고, 삼국 통일의 마지막 장을 스스로 떠맡게 하였다. 다음 세대는 그 경험을 바탕으로 통일신라를 건국하는 과제를 부여받았고, 그 과제에 전쟁 세대와 달리 누추하지 않게, 그리고 신세대와 달리 경박하지 않게 응답한다.

그렇다. 김유신만이 영원한 제2인자였던 것이 아니다. 역사적으로 어느 위대한 인간이나 다 영원한 제2인자인 것이다.

신라의 삼국 통일   18장

부흥운동, 당나라, 김인문, 문무왕의 유언

신라의 삼국 통일은 미흡한 것이었다. 딱히 영토가 좁아들었기 때문이 아니다. 고구려와 백제는 부흥운동이 아니더라도 신라 왕실에 편입된 부분말고는 각각 제 길을 역사 속에 계속 파고든다. 지금까지도 그렇다. 영토 문제라면, 신라는 당과의 결전에서 매우 선전했다.

통일의 허실(虛實)

백제와 고구려가 멸망한 후에도 신라의 삼국 통일 과정은 오래 이어진다. 이것은 모든 일 뒤에 있게 마련인 마무리 작업과 성질이 좀 다르다.

신라는 당과 일전을 치르고 나서야 한반도에서의 우위를 점하며, 백제와 고구려의 부흥운동을 마무리하는 데도 꽤 시간이 걸렸다. 그리고 그것을 깨끗이 처리할 때쯤이면 고구려의 유민들이 만주벌판에 발해라는 나라를 세운다.

백제가 정신적으로뿐 아니라 인적·물질적으로도 일본과, 혹은 일본으로 이어진다면, 신라는 삼국을 통일한 것이라기보다 삼국을 동아시아화했다고 해도 틀린 말은 아니다.

그럴 때 신라로서 가장 큰 통일의 의미는 당과 대등한 수준으로 국가의 위치가 오른 것일 터이다. 아니, 그렇다. 통일도 공(空)이다. 그것은 3중으로 위대한 공이다.

의자왕이 말년에 방탕의 극에 달하고 계백이 장렬한 전사를 했지만 백제의 멸망이 백성들에게 우리가 생각하는 성격과 수준의 '망국'으로 비쳐지지는 않았을 터이다. 삼국 시대의 국가 개념은 근대적인 민족 개념이 성립되기 이전이었으므로 그만큼 약했고, 백제는 귀족 세력이 엄존했으므로 국가 개념이 더욱 약했다.

신라도 마찬가지였다. 그러나 신라는 국가를 향한 상승세를 계속 탔고, 삼국 통일이 바로 그 지향의 완성이었다. 게다가 백제의 경우는 백성과 왕의 관계가 도미부인 설화에서 보았듯이 상당히 적대적이었을 것이다.

그렇기 때문에 백제 부흥 운동에 가담하는 백제 토착 세력은 많았다. 하지만 또 그렇기 때문에 그것은 국가 왕조 재건을 위한 부흥과는 성격이 좀 달랐다.

뭉치면 살고 흩어지면 죽는다

의자왕은 신라·당 연합군의 침략을 받은 지 한 달 만에 무너졌다. 곳곳에서 신라와 당군에 대한 저항이 일어났다. 그중 가장 큰 세력은 부흥운동을 벌인 지수신. 그의 근거지였던 임존성은(고구려처럼!) 지형이 험한 곳이었다.

지수신은 고구려와 일본의 후원을 받았다. 그는 당군의 공격을 막아내는 데 그치지 않고 적극적인 공세를 취해 사비성을 공격한다. 이 공격으로 인해 소정방은 의자왕과 백성들의 당나라 압송을 감행한다.

그러나 백제 부흥군 지도층 간 내분은 필연적이었다. 661년 백제인들 사이에 승려 도침과 장군 복신이 새로운 지도자로 등장한다. 복신은 의자왕의 조카로 지명도가 높았다. 그들은 먼저 왕자 풍을 왕으로 추대한다. 풍은 일본에 지원병을 요청하러 갔다가 돌아온 참이었다. 이들의 근거지는 주류성(한산).

그들의 사기는 높았지만 공통 목표는 분명하지 못했다. 당군이 백제인들을 모조리 죽이고 신라에게 나라만을 넘겨준다고 약속했다는 소문이 그들을 똘똘 뭉치게 만들었다.

하지만 그만큼 '백제 부흥'이라는 것은 명분론 이상을 벗어나지 못하게 된다. '뭉치면 살고 흩어지면 죽는다'는 한 나라를 지키는 데 유효할지 몰라도 한 나라를 부흥시키는 데는 턱없이 모자란 구호였던 것이다.

풍, 도침, 복신의 백제 부흥군 세력은 그 세력이 날로 커졌다. 그러나 도침을 영군장군, 복신을 상잠장군이라 칭하고 국가 체제를 갖추어갈 무렵 분열의 길로 치닫는다. 복신이 도침을 죽이고 그의 군대를 합병하는 것이다.

이 반목은 치명적인 것이었다. 그들은 지방 여러 성을 근거지로 하여 사비성을 공격하고 신라·당나라 연합군의 보급로를 끊어버렸다. 그러므로 바야흐로 멸망한 백제를 다스리던 웅진도독부 책임자

산수문전, 백제, 부여 규암면 출토, 6세기경. 사찰 벽 혹은 바닥에 쓰인 벽돌.

였던 당나라 장수 유인궤가 사신을 보내 백제 부흥군과 대화를 모색
하던 때였던 것이다.

고구려적

내분이 없었다면 백제는 당분간이라도 정말 부흥했을지 모른다.
당과 신라의 관계는 곧바로 깨지니까. 하지만 이러한 상승세가 바로
내분의 원인이 아니었을까. 도침은 말하자면 결사항전파였다. 그는
사신이 일개 하급장교이고 자기는 일국의 대장이라 하여 대화에 응
하지 않았다. 그러나 결사항전은 계백으로 족하다.

그는 백제화되지 않은 불교를 상징한다. 그의 군사는 많았지만 생
각은 무척 고구려적이었다. 복신은 좀 다르다. 복신은 자신을 왕으로
세우려는 구체적인 생각을 갖고 있었다. 도침의 사망으로 백제 부흥
군 자체는 별로 큰 타격을 받지 않았고 오히려 통수권이 통합된 면
이 있었다.

그는 도침의 군사를 병합했을 뿐만 아니라 배반하고 도주한 자들
까지 받아들여 권력이 막강해졌다. 그는 사비성의 당나라 장수 유인
원에게 사신을 보내 이렇게 조롱하였다고 한다. 장군께서는 언제
당나라로 돌아가시려는지. 본인이 미천하나마 전송을 해드리려고
하는데…….

그러나 복신은 제 꾀에 제가 빠진다. 그는 병을 핑계대고 자리에
누웠는데, 속셈은 병 문안 온 임금 풍을 제거하고 스스로 왕이 되려
는 것이다. 그러나 그 사실을 알아챈 풍이 먼저 군사를 이끌고 가서
복신을 죽여버렸다. 복신은 연개소문이 아니었던 것이다.

663년 9월 두릉이성과 주류성 등 여러 성이 함락당하자 백제 왕
풍은 고구려로 망명하고 왕자 부여충승과 부여충지는 일본인들과 함
께 항복한다. 지수신만이 항복하지 않고 임존성에 웅거하면서 계속

항거한다. 그는 신라군의 1차 침략을 잘 막아냈다. 이때 신라군의 참패는 무열왕의 문책을 야기시켰을 정도다.

그러나 그는 고립을 벗어날 수 없었다. 게다가 부흥운동 동지였던 흑치상지와 사탄상여가 임존성을 공격해오니 그도 버티지 못하고 663년 고구려로 달아난다.

백제적

흑치상지는 누구인가. 그야말로 가장 백제적인 인물이다.

그는 서부 출신으로 2품관인 달솔에 올랐다. 키가 7척이 넘고 용감하며 지략이 뛰어났다고 한다. 그는 의자왕이 항복할 때 휘하 군사들을 이끌고 같이 항복한다.

그러나 당군이 의자왕과 태자 효 등 여러 왕자를 사로잡고 당나라 군사를 풀어 제멋대로 약탈을 자행하자 그 만행에 분개, 가까운 족장 10여 명과 반기를 들고는 지수신의 임존성으로 합류한다.

부흥군이 3만으로 늘어나 소정방을 물리치고 2백여 개 성을 한때 되찾은 것은 지수신과 그의 힘이 절대적이었다. 그러나 당에서 새로이 원병을 보내 수륙의 두 길을 막아버리자 그는 홀연 수군을 이끌던 장수 유인궤에게 항복한다.

왜 그랬을까? 그는 계백과 정반대의 의미로, 즉 현실적인 면에서 백제적인 사람이다. 그에게는 백제라는 나라보다 백제의 백성이 더 소중했다. 그는 당과 계속 전쟁을 치를 경우 백성이 겪을 고초가 가슴 아팠다.

당나라 유인궤가 그를 설득한다. 항복하라. 병사들의 시체를 묻어주고 끊어진 다리를 세워주고 백성들에게 곡식을 나누어주리라……. 당은 그에게 백제의 자치와 평화를 약속한다.

그렇다. 나 혼자 배신자로 낙인찍히면 된다. 이길 수 없는 전쟁에 이 무슨 쓸데없는 자존심인가. 백성들이 왜 망국의 한줌 자존심을 위해서 이토록 고통받아야 하는가……. 그는 항복했고 당은 약속을 지켰다. 백성들을 회유하는 데 힘썼고 당에 데려갔던 왕자 융을 돌려보내 웅진도독으로 삼았다.

측천무후.

그의 비극은 거기서 끝나지 않는다. 융은 신라를 견제하기 위한 꼭두각시에 불과하다는 것이 드러나고, 백제인들이 다시 사비성을 점거하는 등 반당운동을 전개한다. 그는 당군을 이끌고 직접 동료인 지수신의 임존성을 쳤다. 그의 비극성은 절정에 달한다

하지만 거기서 끝나지 않는다. 그의 백성·현실주의를 입증하고 기리는 듯 '그후' 이야기가 있는데, 그 속에서 그는 결코 비겁하게 배신한 군인이 아니다. 당군을 이끌고 당나라로 건너간 그는 장수가 되어 토번과 돌궐과의 전투에서 큰 공을 세운다.

그는 '국공'의 지위에까지 올랐다. 9등급의 귀족 중 3등급으로 식읍 3천 호를 소유하는 직위다. 그런가? 곧 한계가 온다. 흑치상지는 측천무후 통치 때 응양장군 조회절과 더불어 반란을 꾀한다는 무고로 옥에 갇혔다가 처형된다.

거기서 끝나지 않는다. 흑치씨 가문 이야기가 그뒤로도 중국 기록에 이어지는데 특히 둘째 딸 흑치씨는 706년, 흑치상지와 비슷한 백제 장수 출신으로 그 지위가 흑치상지 못지않았던 남편 및 가족과 힘을 합쳐 산시성 천룡산 당대석굴에 삼세불상과 제현성을 조각했

돈황의 부처와 보살상. 7~8세기.

다. 이 불상 조각은 707년 완성되었는데 8세기 전반기 중국 조각을 대표한다. 참으로 백제답다 할 것이다.

그러나 정말 백제다운 것은 농민 봉기이다. 백제 시대 당시부터 빈발했던 농민 봉기는 백제 멸망 이후에도 그 규모와 방법, 그리고 세계관의 변화를 거의 거치지 않고 동학 농민 전쟁에까지 1천2백여 년의 인고(忍苦)로 지속되는 것이다. 그것, 백제 정신이면서 농민 정신인 그 전통이 얼마나 끈질긴지를 우리는 앞으로 보게 될 것이다.

'고구려 왕'

고구려 부흥운동은 어땠는가. 안승은 보장왕의 서자 혹은 외손자라고도 하고 연정토의 아들이라고도 한다. 그는 고구려가 멸망한 후 사야도에 피산하여 있다가, 670년 고구려 부흥운동을 일으킨 검모잠에 의해 왕으로 추대되었다.

검모잠은 대형이라는 관등을 갖고 있던 자로 유민들을 규합하여 당나라 관리와 승려 법안 등을 죽이고 대동강 남쪽 한성(황해도 재령)으로 옮겨 부흥운동을 본격적으로 전개하던 중이었다.

안승과 검모잠은 처음부터 신라와 연계를 모색했다. 당과 신라가 일대 접전을 벌이고 있었던 때이므로 이것은 당연하다 하겠다. 하지만 이것은 고구려 왕족의 부흥운동의 한계를 일거에 보여준다.

그들이 정말로 고구려 부흥을 염원했다면 아마 북만주 벌판에 터를 잡았을 것이다. 둘은 신라에 구원병을 요청하고 문무왕은 안승을 '고구려 왕'으로 봉한다.

당군이 대대적으로 공격해오자 그 대처 방안을 놓고 안승과 검모잠 사이에 내분이 생긴다. 신라가 필요한 것은 왕족 안승이었다. 안승은 검모잠을 죽인 후 무리를 이끌고 신라에 투항했다. 신라는 그를 금마저(익산)에 안치하고 674년 보덕국왕으로 봉하며 680년에는 문무왕의 누이와 결혼시킨다. 그는 신라 중앙 귀족에 편입되면서 보덕국과 격리된다. 바라던 바였을 게다. 684년 보덕국에서 주민 반란이 일어나는 것을 기화로 신라는 보덕국을 없애버린다.

이것도 아마 안승이 바라던 바였을까? 어쨌든 그는 전혀 고구려인답지 않다. 발해를 세운 고구려 유민들을 빼고, 진정으로 고구려인다운 용맹을 이어간 자가 정녕 그립다면 우리는 고선지를 만나야 한다.

고구려 자체의 그후

고선지는 고구려 유민 출신으로 당나라에서 활동한 장군이다. 그는 무장답지 않게 용모가 말쑥하고 수려했다고 한다. 아버지는 그가 유약해질까 봐 근심하였다.

그러나 그는 일을 처리하는 데 영민하고 도량이 넓었다. 그리고 말타기와 활쏘기를 잘하였다. 그는 20세 때 아버지를 따라 안서로 갔고, 아버지 덕에 유격장군이 되더니 곧 자기 힘으로 아버지와 같은 지위에 올랐다.

그의 이름이 크게 알려진 것은 747년 소발율국 원정 때. 당나라가 서쪽으로 세력을 넓히자 토번(티베트)과 사라센 제국이 동맹을 맺고 오히려 동진을 시작한다. 그는 토번족 정벌 임무를 띠고 1만 명의 군사를 지휘, 토번족 군사기지인 연운보를 격파했다.

그리고 계속 진군, 세계에서 가장 험난한 지형 중 하나인 힌두쿠시 준령을 넘어 소발율국의 수도 아노월성을 점령하고 사라센 제국과 이어지는 유일한 교통로·교량을 파괴해버린다.

그때까지 그는 물경 72개국의 항복을 받았다. 이때의 공으로 그는 오대장군동정원의 지위에까지 이른다. 750년 제2차 원정 때 그는 사라센 제국과 동맹을 맺으려 한 석국을 토벌하고 국왕을 장안으로 호송, 그 공으로 개의부동삼사가 되었다.

그러나 문제가 발생한다. 장안의 문신들이 그 국왕을 참살, 분노한 서역 각국과 사라센이 연합군대를 편성하여 탈라스 대평원으로 쳐들어왔다.

고선지는 7만의 정벌군을 거느리고 3차 원정에 나서지만 패하고 만다. 카를루크가 동맹을 가장했다가 배후에서 기습한 것이 주원인이지만, 적군의 사기가 악에 받친 만큼 드높기도 했다.

755년 밀운군공이라는 봉직을 받았다. 이해 11월 안녹산의 난이 일어난다. 그는 토벌대 부원수로 출전하였다. 그러나 그의 무운은 여기서 끝난다. 반란군이 동관으로 쳐들어오자 그는 담당 지역인 협주를 떠나 동관으로 향했는데 그것이 무단 이탈로 무고되어 참형에 처해진 것이다.

고선지야말로 고구려 자체의 '그후'이다. 고선지를 세계사상 가장 천재적인 전략가로 평가하는 사가들이 많다. 하지만 그보다 더 중요

고래뼈로 만든 프랑크족 손궤, 7세기 후반.

하게, 종이 제조법이 유럽에 전파된 계기가 바로 고선지의 탈라스 전투였음이 밝혀졌다. 751년 사라센에 잡힌 중국인 전쟁 포로 중에 종이 기술자가 있었던 것이다. 얼마나 고구려다운가. 그는 자신의 무공으로 세계 문명 발전에 기여했다.

물려받은 것

하지만 이제 다시 주역의 시선으로 돌아가자. 문무왕의 재위 기간은 661~681년. 그 21년 동안을 그는 백제부흥군, 고구려 및 당나라와의 전쟁으로 다 보냈다. 그가 외교를 몰랐던 것은 아니다. 그리고 당연히 전쟁도 알았다. 진덕여왕 시절에 벌써 그는 당나라에 가서 활발한 외교 활동을 벌였다. 660년 신라·당나라 연합군이 백제를 멸할 때 그도 참가하여 큰 공을 세웠다.

태종 무열왕은 멸망한 백제와 망해가는 고구려, 그리고 당과의 연합을 그에게 물려주고 세상을 떠났다. 그가 선택할 여지는 별로 많지 않았다. 고구려 정벌은 그가 원했단들 막을 수가 없는 흐름이었다. 당군과의 연합도 그랬다. 당이 신라마저 합병하려는 생각을 포기하지 않는 한 당과의 대결전도 피할 수 없는 일이었다.

그는 이 모든 필연을 스스로 감당하면서 신라의 국권과 신라의 삼국 통일을 지켜낸다. 그리고 그것은 거시적으로 위대한 결단처럼 보인다. 필연을 감당하기로 한 결단. 그것이야말로 가장 위대한 것 아니겠는가.

그가 복신과 도침, 그리고 지수신의 백제 부흥운동을 진압한 이야기는 이미 한 것으로 충분하다. 이때는 김유신이 엄존했다. 고구려를 멸망시킨 이야기도 이미 했다. 이때도 김유신은 고령인 채로 엄존했다. 그러나 그게 마지막이었다. 김유신은 소정방을 접준 지 얼마 안 되어 세상을 뜬다.

삼가 선왕의 뜻을 받들어 당과 더불어 백제와 고구려에 죄를 묻고 그들을 굴복시켰으니 나라가 이제 안정되었습니다. 감히 아뢰옵나니 신이여, 들으소서……

668년 고구려 정벌을 마치고 문무왕은 선조의 사당에 그렇게 고했다. 그리고 이듬해 왕은 군신을 모아놓고 죄인에 대사면령을 내리고 곡식을 꾼 가난한 백성들의 빚을 탕감해준다. 그건 분명 더 큰 전쟁을 위한 준비였다.

당과의 결전

당과의 균열이 본격화된 것은 고구려 멸망 직후부터다. 문무왕은 외교적 노력을 게을리하지 않았다. 고려 부흥군을 지원하고 옛 백제 땅을 점령하며 당과 전투를 벌이는 중에도 그는 꾸준히 당에 사신을 보내 협상을 꾀한다.

당나라 장군 설인귀가 당에 거역하는 신라를 그냥둘 수는 없다는 엄포의 서한을 보내자 문무왕은 답신을 보내는데, 애원과 결사 항전 의지를 절묘하게 섞은 명문이다.

당군의 도움을 받는 일. 페르난드 레거, <곡예사>.

"태종 문황제께서 선왕께 이렇게 말한 적이 있다. '짐이 고구려를 정벌하려는 것은 오로지 너희 신라가 양국 사이에 끼여 고통받는 것이 가엾어서이다. 짐은 토지를 탐내지 않으니 내가 양국을 평정하면 평양 이남과 백제의 토지를 너희 신라에게 주어 길이 편안케 하겠다.' 그 말에 감읍하여 신라인들은 열심히 힘을 모았다…… (중략) 조그만 신라가 남으로 웅진에 보내고 북으로 평양에 바친다. 백성들은 모두 지쳤고 소나 말이 거의 다 죽었다. 농사 지을 시기를 놓쳐 곡식이 제대로 익지 못한다. 비축했던 양곡은 거덜이 났고 신라인들은 초근목피조차 부족했지만 웅진의 당군들을 배불리 먹였다…… (중략) 그들 의복이 해어졌으므로 철따라 의복을 보내주었고…… (중략) 1만의 당병

이 4년 동안 신라에서 의복과 식량 문제를 해결했다. 유인원 장
군 이하 병사들이 모두 가죽과 뼈는 비록 중국에서 컸으나 피
와 살은 모두 신라가 키운 것이다……. (중략) 이제 당은 웅진
을 구원하겠다는 구실로 수많은 배를 동원, 신라를 치려 한다.
이는 고기 파는 사람이 사냥개를 잔뜩 부리다가 들짐승이 모두
잡히니 오히려 사냥개를 핍박하는 격이다……. (중략) 신라는
당을 감히 배반하지 않았다. 바라건대 총관은 군대를 출동시키
기 전에 자세히 헤아려 황제께 말씀드리시오."

가야 출신 강수

이 글에는 당시 신라가 처한 상황이 매우 사실적으로 또 감동적
으로 그려져 있다. 그리고 그 사실성의 감동이 곧장 항전 의지로 승
화될 듯하다. 그 미묘한 뉘앙스가 위 글을 아주 탁월한 외교 문서로
읽히게 한다. 위 문서를 작성한 자가 바로 가야 출신 강수이다.

뒤통수가 튀어나왔으므로 무열왕이 그런 이름을 지어주었다 한다.
그는 유학에 정통하여 당의 문서를 막힘없이 해석했고 특히 외교 문
서 작성에 탁월한 솜씨를 발했다.

가야의 배 모양 토기,

강수의 관직이 높아지자 주위 사람들과 부모가 지위에 걸맞는 아내를 맞이하라고 권했지만 강수는 조강지처론을 폈고, 강수의 부인도 그와 비슷하여 강수가 죽은 후 국가에서 지급한 위문품을 모두 절에 시주하고 혼자 힘으로 살았다.

어쨌거나 문무왕은 설인귀와의 문서 교환 후 사비성을 점령하고 아찬 진왕을 도독에 임명, 백제고지에 대한 지배권을 장악한다.

같은 해 바다에서 당의 운송선 70여 척을 공격, 커다란 전과를 올린다. 신라가 백제의 고지를 완전 점령한 후 당군과의 전투는 치열해진다. 672년 이래로 당나라는 백제·고구려 정벌 때와 맞먹는 대군을 동원하여 침략해왔다. 신라는 대동강에서부터 한강에 이르는 전선에서 당군과 여러 차례 격전을 벌이지 않으면 안 되었다.

문무왕은 석문전투에서 신라 장군들이 서로 먼저 공을 세우겠다고 다투다가 참패를 겪자 재빨리 사죄의 글과 조공품을 보내 시간을 벌었다. 그리고 군열을 재정비했다. 당이 다시 침략해오자 신라군은 일곱 번 싸워 일곱 번을 다 이긴다.

격노한 당 황제는 문무왕의 왕위를 박탈하고 당에 머물던 문무왕의 동생 김인문을 새 왕으로 임명, 신라로 귀환케 한다. 이때가 신라로서는 가장 위급한 때였다. 김인문을 왕으로 하고 유인궤를 계림도대총관, 이필과 이근행을 부관으로 한 대군은 신라로서는 막아내기 힘든 것이었다.

문무왕은 다시 사신을 보내 조공을 바치며 사죄한다. 당 황제의 노여움이 겨우 풀리고 문무왕은 왕위를 회복했다. 김인문은 오던 도중 당나라로 발길을 돌렸다.

김인문, 삼국 통일의 이면(裏面)
그는 당에서 임해군에 봉해진다. 그리고 여생을 그곳에서 보낸다.

김인문. 그는 무열왕의 둘째 아들이자 문무왕의 친동생이다. 어려서부터 학문을 좋아하고 예서를 잘 썼으며 활쏘기와 말타기에 능했다. 23세 때에 당나라에 가서 좌령위장군이라는 직함으로 5년 간 백제 정벌에 따른 구체적 문제를 협의했다.

656년 아버지 태종 무열왕의 요청으로 귀국, 국내 전략을 점검했고, 압독주 군주로 장산성 축조를 감독하고는 658년 다시 당나라로 간다. 660년 그는 소정방이 거느리는 당 해병과 육군 13만 군대의 제2인자로 백제 정벌에 참여한다. 기벌포에서 백제군을 무너뜨리고 김유신 군대와 합류했던 그 당군이다.

소정방의 의자왕 압송 때 그도 당나라로 갔다가 이듬해 다시 귀국 고구려 정벌군에 참가했다. 662년 다시 당으로 들어가 고구려 정벌 실패 원인을 분석하고 664년 압송되었던 백제 왕자 융과 함께 귀국, 백제 구귀족의 회유 및 포섭에 나서다가 융이 웅진도독으로 임명되자 그와 화친의 맹약을 맺었다.

이로써 신라는 고구려 정벌에 힘을 쏟을 수 있게 된다. 같은 해 7월 그는 품일과 함께 한산의 군대와 웅진의 병마를 이끌고 고구려 돌사성을 함락시켰다. 665년 당에 들어갔다가 그 이듬해 귀국, 이적의 고구려 정벌에 따른 신라 협조 사항을 전달한다.

668년 유인궤와 고구려 정벌 최종 작전을 수립하고 대당총관으로 김유신을 도와 북진을 시작하다가, 김유신이 풍병으로 출정하지 못하자 신라군 사령관으로서 평양성을 함락시켰다. 이적이 고구려 왕족을 당으로 압송할 때 그도 따랐다.

김인문은 삼국 통일의 이면사(裏面史) 그 자체다. 당과 신라의 관계가 악화되면서 그는 볼모로 전락한다. 그러나 그는 면회온 의상에게 당이 신라를 대대적으로 공격하려 한다는 정보를 주고 즉시 본국에 전하게 한다.

당 황제의 명을 받아 당군을 이끌고 형의 왕위를 빼앗으러 오던 그의 심정은 어땠을까? 그가 왕 자리에 욕심이 있었던 것은 아니다. 그러나 그에게는 신라 왕보다, 형제애보다, 신라에 의한 삼국 통일의 보존이 더 중요했다. 그래야 하는가, 그래야만 하는가? 그래야만 한다면, 그래야만 한다……. 김인문은 당에서 여생을 보냈다. 그는 끝까지 좋은 대우를 받았다.

지루한 전쟁

당에 대한 신라의 항쟁은 675년 절정에 달한다. 설인귀가 신라 숙위 풍훈을 안내자삼아 쳐들어오지만 신라 장군 문훈이 이를 격파 1천4백 명을 죽이고 병선 40척, 전차 1천여 필을 노획한다.

이어 이근행이 20만 군대를 이끌고 쳐들어오지만 신라군은 매초성(양주)에서 그들을 크게 격파했다. 이 매초성 승리로 육로를 통한 당군의 침입로는 차단된다. 설인귀는 해로로 계속 남하하지만 그 이듬해 기벌포에서 신라 장수 사찬 시득의 신라군에게 격파된다.

그리하여 당나라는 676년 안동도호부를 평양에서 요동성(요양)으로 옮기게 된다. 그렇다. 신라가 스스로 신민으로 되지 않는 한 당이 차지할 수 있는 한반도는 애초부터 또 역사적으로 거기까지였다. 사실 고구려를 무너뜨린 것만 해도 대단한 성과 아니었던가.

당이 강력한 제국이었던 것은 사실이다. 그러나 더 강력한 미국도, 더군다나 20세기 최첨단 무기를 동원한 절멸 전쟁으로도 약소국 베트남을 무너뜨리지 못했다.

대동강에서 원산만에 이르는 이남 영토에 대한 신라의 통일을 과소평가해서는 안 된다. 물론 고구려 영토는 많이 빼앗겼다. 하지만 고구려는 그 당시 고구려의 성격상 빼앗고 빼앗기고 할 성격의 것이 아니었다. 신라는 삼국 통일을 끝까지 사수했다.

그리고 '우리나라'라는 개념도 그때부터 구체화되는 것으로 보아
야 한다. 고구려는 그때부터 우리나라의 '그리움'이지만, 동시에 삼
국 간 분쟁이 없었더라면, 고구려는 애당초 우리나라가 아닐는지도
모른다. 아, 그러나, 아니, 그러므로 얼마나 위대한 공(空)인가.

평화 시대의 지도자

기나긴 전쟁이 끝나자 문무왕은 서울을 위엄 있게 꾸미고 싶어
먼저 성곽을 쌓으려 했다. 그러나 의상이 말린다. 왕이 정도를 행한
다면 비록 풀언덕 땅에 금을 긋고 성이라 하여도 백성이 감히 넘보
지 않을 것이나 그렇지 못하다면 장성이 있더라도 재해를 면하기 어
려울 것……

문무왕은 즉시 깨닫는다. 그렇다, 이젠 전쟁의 시기가 아니고 평
화의 시기다……. 백성들의 생활을 안정시키는 것이 급선무였다. 무
기를 녹여 보습을 만들자……. 그는 나라 건설의 지도자로 거듭난다.

문무왕은 유언을 남긴다.

"부덕한 몸이 어지러운 시절을 만나 전쟁터에 나가 서를 치고
북을 토벌하여 국토를 안정시켰다……. (중략) 무기를 녹여 농기구
를 만들고 백성들의 세금을 가볍게 했으며 부역을 줄였다……. 아,
산천은 변하고 세대는 바뀌게 마련이다. 호화롭던 영웅들의 무덤
도 마침내 한 무더기 흙으로 돌아간다. 어린 목동이 그 위에 노래
하고 여우와 토끼가 그 곁을 구멍 뚫고 들락거린다. 아, 헛되나니.
재물을 허비하고 인력만 낭비할 뿐, 죽은 넋을 살릴 수는 없는 것
……. (중략) 내가 죽거든 화장하라. 상례는 지키되 검약하기 바란
다. 불필요한 지방의 세금을 다 폐지하고, 불편한 율령과 격식도
곧 개혁하라……. (하략)"

바닷속의 능. 대왕암.

왕이 죽자 유언대로 동해 큰 바위 대왕암에 장사를 지냈다.

문무왕의 득천(得天)

신라인들을 괴롭힌 것은 당나라뿐이 아니었다. 아니, 당나라는 신라를 오히려 살린 면도 있었다. 신라와 불구대천의 원수로 지내던 것은 일본. 일본은 때로는 고구려·백제의 연합군으로 신라를 위협했고, 때로는 해적으로 신라 해안을 빈대떼처럼 괴롭혔다.

문무왕이 수장을 원한 것은 죽어서도 왜적을 막겠다는 일념에서였다. 자, 설화가 나올 대목이다. 문무왕은 호국룡이 되어 왜적을 막겠다고 유언하고 죽는다.

유언에 따라 문무왕을 수장(水葬)한 신문왕은 감은사(양북면 용당리)를 짓고 선왕이 호국룡이 될 것을 기원한다. 그러던 어느 날 꿈에 문무왕이 나타나 자신이 용이 되어 득천한다는 사실을 알려주었다.

신문왕은 감포읍 대본리 언덕에 전망대를 쌓고 호국룡의 득천을 지켜보았다. 과연 문무왕이 용으로 득천하면서 왜적의 침입 경로가 되는 동해 열두 섬을 차례로 쳐버린다. 마지막 섬 울릉도마저 치려 했으나 울릉도는 조선을 지키는 맥이라 하며 옥황상제가 말렸다. 용을 본 전망대를 이견대라 부른다. 호국룡이 쳐버린 섬들은 지금도 바닷물 밑으로 그 흔적이 보인다.

문무왕 이야기는 이 뒤로도 이어진다. 그러나 그것은 명백히 통일 신라의 평화와 관련된 것이다. 의상이 누구였지? 그리고 원효…….
그렇다. 삼국 전쟁기에서 통일신라기로 넘어가는 과정을 자연스러운 이행으로 파악하기 위해서는 원효와 의상의 생애가 걸맞겠다.

의상과 원효 19장

이행의 모태로서 불교

의상과 원효는 선덕여왕의 남성화이다. 즉 신라
가 삼국 통일을 이루고 통일신라로 넘어가는 시
기의 정신적 모태 역할을 한다. 그 둘을 매개로
관음보살이 다시 등장, 통일신라를 상징하는 대
표적인 보살로 심화된다. 그러나 두 사람이 못
이룬 일이 무엇인가. 깨달은 것과 못 깨달은 것
너머에 무엇이 있는가?

첩자로 취급당하다

원효와 의상 모두 귀족 출신이다. 나이는 원효가 7세 위다. 원효는 진평왕 39년에 태어나 신문왕 6년에 죽었다. 의상은 진평왕 47년에 태어난 성덕왕 1년에 죽었다.

원효 어머니가 원효를 밤나무 밑에서 출산했으므로 사람들은 그 나무를 사라수라고 불렀다. 또 밤이 이상하게 커서 사라율이라 했다. 그는 소년 시절 화랑의 무리에 속했다가 곧 출가를 결심, 자기 집을 헐어 초개사라는 절을 세웠다.

그리고 648년(진덕여왕 2년) 황룡사로 들어갔다. 이때부터 그는 일정한 스승을 모시지 않고 각종 불전을 두루 섭렵 수도에 정진, 장차 한국 불교사 최대의 학자이자 사상가로 대성하게 된다.

그는 고구려에서 망명하여 완산주에 머물던 보덕이나 원광, 그리고 자장한테 배웠을 것이다. 의상을 만난 것도 그 즈음이었을 게다. 그들은 자장들의 가르침에 만족치 못했다. 게다가 혈기까지 겹쳤다.

당으로 가자. 불교는 당에서 배워야 해…….

그들은 곧 의기투합했다. 하지만 요동까지 갔던 두 사람은 고구려 국경 수비대에게 그만 잡히고 만다. 이때가 651년경, 고구려와 신라 사이에 전운이 감돌고 신라 승려들이 고구려에서 첩자 취급을 당할 때다. 그들은 수십 일 간 감옥에 갇혔다가 겨우 풀려난다.

그후 딱 10년 후인 문무왕 1년, 그들은 다시 기회를 잡는다. 당 사신의 배를 얻어 탈 수 있게 된 것. 이때 원효의 나이 45세였다. 의상이야 그 동안 공부만 했을 테고 원효는 무얼 했을까?

파계(破戒), 사랑, 그리고 설총

그는 이미 신라에서 큰 스님 대접을 받고 있었다. 때는 태종 무열왕 때. 태종 무열왕도 원효를 큰 스님으로 공경했다. 그런데 그런 원효가 온 거리를 휘젓고 다니며 노래를 부른다.

누가 자루 없는 도끼를 내게 다오
하늘 버틸 기둥을 찍어내겠다

자루 없는 도끼는 여성기(女性器)다. 하늘 버틸 기둥은 나라의 동량. 누가 내게 여자를 주면 내 씨를 뿌려 인재를 낳게 하겠다는 뜻이었다. 사람들은 뜻도 모르고 따라 불렀다.

태종 무열왕이 원효의 뜻을 금방 알아차린다. 스님이 참한 여자를 얻어 나라에 훌륭한 인물을 낳고 싶어하는구나…….

요석은 태종 무열왕의 둘째 딸로 남편을 백제와의 싸움에서 잃은 과부였다. 그녀가 원효를 흠모했을까, 아니면 원효가 그녀를 지목했을까? 어쨌든 태종 무열왕은 그녀와 원효를 짝지워주기로 한다.

왕은 궁리에게 묘안을 짜내게 한다. 그런데 이 묘안은 원효와 이미 내통이 된 바였다. 문천교를 지날 때 궁리와 마주치자 원효는 일부러 부딪치며 다리 밑으로 떨어졌다.

궁리는 온몸이 흠뻑 젖은 원효의 옷을 말려준다며 요석궁으로 데려간다. 그후 원효는 요석궁에 머물렀고 얼마 지나지 않아 요석이 임신을 했다. 그녀가 낳은 아이가 설총이다.

설총이 누군가. 이두문자를 창안한 사람이다. 서동요에서 이미 보았던 이두문자는 세종대왕이 한글을 창제할 때까지 우리나라의 세속사를 기록한 유일한 언어였다. 왕조사는 물론 갈수록 한자가 통용되었다. 설총은 그밖의 방면에도 뛰어난 업적을 남겨 신라 10현 중 한 명으로 추앙받는다.

그건 그렇고 원효의 이 행동은 호국 불교인가, 아니면 세속화인가? 우리는 섣불리 답을 내릴 수가 없다. 편협한 호국이라기에는 한 생명의 탄생을 통해 호국하는 면면성과 깊이를 갖고 있으며, 세속화라기에는 요석이 풍기는 성(性)에서 성(聖)으로의 육감적인, 매우 신라다운 향기가 거의 관음보살의 현신인 듯하다.

사실 자장의 염원이 문수보살을 뵙는 것이었다면 원효와 의상의 소원은 관음보살을 뵙는 것이다. 그 이야기는 나중에 하자.

요석, 관음보살, 해골

요석과의 일 이후 앞서 말했듯이 의상과 다시 당나라로 떠날 채비를 한다. 배가 정박한 항구로 가다가 둘은 어느 동굴에서 머물게 되었다. 원효는 한밤중에 목이 말라 손을 더듬거리다가 무슨 바가지 같은 것에 담긴 물을 매우 시원하게 들이키고 잠이 든다.

그런데 아침에 깨어보니 그 바가지는 사람의 해골이었다. 원효는 해골에 담긴 물을 마신 것이다.

우왝, 왝. 원효는 먹은 것을 다 토해낸다. 하지만 그때 깨달음이

색즉시공 공즉시색. 바
실리 칸딘스키, <꿈의 즉
흥>

왔다. 어제 물을 마신 것도 나고, 역해서 토해내는 것도 나다. 물도 똑같은 물이다. 이것은 어찌된 일인가. 아, 모든 것이 나의 마음에 달렸다. 눈에 보이는 것, 해골은 끔찍한 것이라는 감정, 이런 것은 다 허상이다……

그는 토해낸 것을 도로 마시고는 당나라 유학을 포기하고 돌아온다. 진리란 결코 밖에 있는 것이 아니다. 안에서 찾아야 한다…… 결국 의상은 혼자 당으로 떠났다.

이것은 또 무슨 이야기인가? 호국 불교의 뉘우침, 아니면 그 반대? 그 어느 것도 아니다. 이제까지 역사 이야기 책에는 요석 이야기와 해골바가지 이야기의 순서가 거꾸로였다. 즉 당나라 유학을 포기하고 돌아온 원효가 요석을 잉태시킨다.

그러나 역사·연대상으로는 요석이 먼저이고, 해골바가지가 뒤인걸로 봐야 맞다. 이야기상으로는 어떨까? 이야기상으로는 요석이

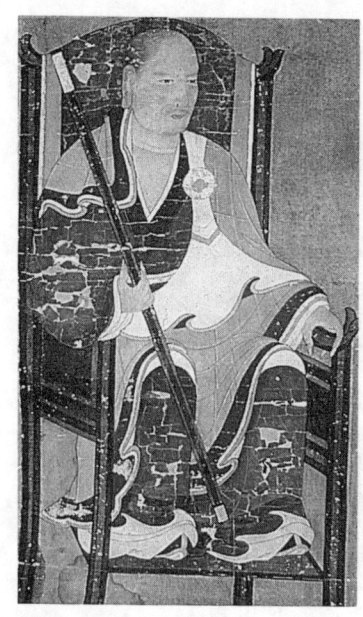
원효대사 진영.

나중이라야 맞을까? 아니다.

이야기상으로도 요석의 이야기가 먼저여야 원효의 사상에 더 걸맞다. 요석이 나중이라면 원효는 득도한 후 불교 대중화에 힘쓴 것으로만 일방화된다. 대중화의 업적이 아무리 뛰어난 것이었던들, 호국 불교의 불교적 비극을 벗어나지는 못할 것이다.

대중화와 심화

그러나 그게 아니다. 원효야말로 대중화되면서 깨달음이 더욱 깊어지는 경우다. 원광·자장의 비극이 원효에게서 극적으로 역전되며 해결되는 것이다. 서양 음악에서 바흐의 경지와 그렇다.

그에게 중생 계도의 길이야말로 구도의 길이고 깨달음에 이르는 길이다. 원효의 길은 세속화되고 호국화되면서 오히려 불교의 최고 진리에 도달한다. 파계 자체가 바로 그 경로였다.

무애, '모든 것에 거리낌이 없어'야 죽고 나는 것의 괴로움에서 벗어난다는 원효 사상의 핵심은 요석·해골바가지 순서를 거치면서 무르익고, 또 거꾸로 그 무애 사상이 그 순서를 가능케 하는 것이다.

파계승 원효는 승복을 벗고 세속의 복장을 취하며 스스로 소성거사라 하였다. 그는 어느 날 광대들이 큰 박을 가지고 노는 것을 보더니 광대와 같은 복장을 하고 불교의 이치를 노래로 지어 불렀다. 그것이 <무애가>이다. 그 노래 덕에 더벅머리 아이조차 부처라는 이름을 알고 나무아미타불, 염불을 욀 줄 알게 된다.

그는 이따금씩 미친 행동도 서슴지 않았고 술집이나 기생집에도 들락거렸다.

어떤 때는 《화엄경》에 주를 달아 그것을 강의하기도 하고, 어떤 때는 가야금 등을 들고 사당에 가서 음악을 즐겼다. 여염집에서 유숙하는가 싶더니 명산 대천을 찾아 좌선을 한다. 한날 한시에 여러 곳에 똑같은 모습을 나타내고, 어떤 때는 온 천하를 다 뒤져도 자취조차 없었다. 행적이 일정하지 않음은 물론 교화 방법도 그때그때 달랐다.

단 한 개의 대들보

원효가 자신의 명저 《금강삼매경소》를 지을 때 다음과 같은 일이 있었다고 전한다. 국우왕이 1백 명의 고승대덕을 초청하는 인왕경대회를 열 때에 상주 사람들이 원효를 천거했다. 다른 승려들이 반대한다. 그자는 하고 다니는 짓거리가 중이 아니다……. 원효는 초청되지 않았다.

그후 왕후가 종기를 앓게 되었는데 백약이 무효였다. 명산 대천을 찾아다니며 왕이 기도를 드리자 무당이 나타나 '다른 나라에서 약을 구하라'고 일러준다. 여기서 무당은 매우 중요한 의미를 갖는다.

원효는 불교를 토속화하여 승려를 무당과 같은 것으로 보았다. 원효는 사실 전통적인 승려보다 '서민백성의 병을 고치고 한을 풀어주는' 무당에 더 가까웠다.

왕은 무당 말대로 사신을 당나라로 보낸다. 사신 일행이 바다에 이르자 바닷물 속에서 한 노인이 솟아올라 사신들을 용궁으로 데려갔다. 용왕이 사신에게 말한다. 경들의 왕비는 청제의 셋째 공주다. 용궁에 일찍부터 《금강삼매경》이라는 불경이 전해오는데 원만하게 열린 보살행을 일러주는 불경이다. 왕비의 병을 계기로 이 불경을 그대 나라에 전하려 한다……

원효는 바다 용의 권유를 받고 《금강삼매경》에 대한 주석서 세 권을 노상에서 짓는다. 그리고 후에 황룡사에서 강해를 하게 되었다.

왕을 비롯하여 왕비와 공주, 여러 대신들과 여러 절에서 온 고승들이 모두 모여들었다. 원효의 설법은 도도하고 질서정연해서 오만한 고승들 입에서 찬탄의 소리가 절로 새어나왔다.

강설을 끝내고 원효가 말한다. 지난날 나라에서 1백 개의 서까래를 구할 때는 그 속에 끼지 못했는데, 오늘 아침 단 한 개의 대들보를 가로지르는 마당에 나 혼자 그 일을 하는구나……. 고승들은 모두 부끄러워하며 깊이 뉘우쳤다고 한다.

그는 그후 조용한 곳을 찾아 수도와 저술에 전념했다. 그의 저술은 현존하는 것만 20부 20권, 전하는 것까지 포함하면 무려 1백여 부 240권이다. 이중에서도 특히 《대승기신론소》는 중국 고승들이 즐겨 인용하므로 '해동소(동쪽의 경전)'라 불렸고, 《금강삼매경론》의 '론'은 인도의 마명 용수 같은 고승이 아니고서는 부여받기 힘든 명칭이다.

보리암, 경남 남해군 이
동면 상주리.

원효의 미련

그는 위로 불교의 모든 종파 간 논쟁들을 불식시키려 '화쟁 사상'을 폈고 아래로 부처와 중생을 둘로 보지 않는, 철저한 자유의 중생심을 주장, 왕실을 중심으로 귀족화된 불교를 민중화했다. 이 둘은 완벽하게 동전의 양면을 이룬다.

원효가 입적하자 설총이 그 유해를 수습하고 데드마스크를 만들어 분황사에 안치하였는데 설총이 절을 하니 원효 상이 문득 돌아보았다. 지금도 여전히 그런 자세라고 한다. 원효는 무엇이, 어떤 미련이 남아 있었을까?

유학승 의상

그러나 그 전에 당나라로 유학간 의상을 살펴보자. 그는 중국에 도착하여 양주 주장 유지인의 성대한 대접을 받았다. 그의 길은 탄탄대로였다. 그가 당대의 최고승인 지엄을 찾았을 때 지엄은 최고의 예를 갖추어 그를 제자로 맞아들인다.

거기에는 이런 이야기가 전한다. 지엄은 의상이 찾아오기 전날 밤 꿈을 꾸었다. 해동에 큰 나무 한 그루가 나서 가지와 잎이 번성하는데 그것이 급기야 중국을 덮는 것이다. 그 위에 봉의 집이 있어 올라가보았더니 마니보 구슬 한 개가 있어 그 밝은 빛이 멀리까지 비추고 있었다. 그것이 바로 의상임을 지엄은 알아본 것이다.

지엄은 중국 화엄종의 2대조로서 화엄학의 기초를 다진 인물이다. 그런 지엄이 의상에게 쏟는 정성은 지극했다. 의상은 《화엄경》의 미묘한 뜻과 은밀한 부분까지 분석하면서 그에게 넓고 깊은 화엄 사상을 전수받는다.

그가 당나라에 있던 기간은 8년. 38세부터 44세까지다. 이때 그는 남산율종의 개조인 도선율사와도 교유했다. 그가 19세 연하인 동문

현수와 맺은 교유는 특히 유명하다.

의상이 신라로 돌아온 후에도 현수는 의상에게 저술과 서신을 보냈고 의상은 금을 선물로 보냈다. 용수는 지엄이 죽은 후 화엄종의 3대조가 된다. 의상은 중국에서도 이름을 떨쳐 《송고승전》에 그 행적이 기록된다.

《삼국유사》는 그가 위에 언급했던 김인문의 군사 기밀을 전하기 위해 서둘러 귀국했다고 쓰고 있다. 《송고승전》은 화엄대교를 펴기 위한 것이라 했다. 이 둘은 서로 모순되지 않는다. 그의 불교사상 또한 호국과 진리의 이분법을 극복할 만큼 깊고 높았다.

의상의 관음

귀국한 그해 의상은 강원도 동해안으로 간다. 그곳 가파른 절벽에 관음보살이 살고 있다는 말을 들었던 것이다. 그는 그곳을 낙산이라 이름짓는다. 서역에서 보살이 머무는 곳이 보타낙가산, 보타는 빼고 낙가산을 그냥 낙산으로 한 것이다.

관음보살이 바로 그곳에 있었다. 의상은 관음굴 밑으로 가서 마음과 몸을 깨끗이 하고 기도를 올렸다. 일주일이 지나자 불법을 지키는 여덟 장군신인 팔부중이 그를 들어올려 굴 속으로 안내한다. 허공을 향해 절을 하니 수정 염주 한 꾸러미가 그에게 내렸다. 염주를 받고 의상이 굴을 나오는데 동해 용이 여의주 한 알을 바친다. 그러나, 아뿔싸……

경황 중에 정작 관음보살의 진신은 보지 못한 것 아닌가. 의상이 다시 일주일 동안 간절히 기도를 드린다. 관음. 그게 공인 것을……. 진신이라니 헛되고 헛된 것을……. 그러나 그의 안타까움을 달래려 관음보살이 말한다. 산꼭대기에 한 쌍의 대나무가 솟아나리니 그 자리에 불당을 지으라……

의상이 산꼭대기로 가니 과연 대나무가 솟아나왔다. 그곳에 절을 세워 관음상을 모셨다. 그러자 대나무가 도로 없어지는 것이다. 그렇게 관음은 나타났던가, 아니면 사라졌던가? 그게 색인가. 모두가 다 마음 속에 있는 것을……

의상은 그것을 알았을까? 의상은 그 절을 낙산사라 이름짓고 염주와 여의주를 낙산사에 보관시키고는 먼 길을 떠난다.

의상대사 진영.

원효의 관음

관음은 관음답게 의상에게 나타났지만, 그건 의상다운 것이기도 했다. 원효에게 관음은 관음다우면서 원효답게 나타난다. 의상이 떠나간 후 원효가 낙산사로 향한다.

그가 남쪽 들녘에 이르렀을 때 백의의 여인이 논 한가운데서 벼를 베고 있었다. 원효가 희롱한다. 그 벼를 나 주시게나. 몸을 달라는 뜻인가? 여인이 화답한다. 흉년 들어 벼가 아직 여물지 않았소…… 중생이나 잘 보살피라는 뜻인가?

한참을 가다가 원효는 다리 밑에 이르렀다. 한 여인이 생리대를 빠는 중이었다. 원효가 물 한잔을 달라고 하니 그녀가 빨래 중인 더러운 물을 퍼준다.

원효는 그 물을 쏟아버리고 깨끗한 냇물을 떠서 마신다. 아하, 원효. 해골바가지의 깨달음을 벌써 잊었던가. 예술에는 진리의 높음과 낮음이 없다는 말인가. 원효가 물을 마실 때 들 한가운데 소나무 가지에서 파랑새 한 마리가 날아와 그에게 뭐라 하더니 훌쩍 사라진다.

저리 가보라……. 소나무 밑에는 신발 한 짝이 떨어져 있다. 무슨 소리야……. 원효가 드디어 낙산에 도착한다. 관음상 아래를 보니 신발 한 짝이 마저 있다.

그제서야 원효는 오던 길에 만난 여인들이 모두 관음의 진신임을 깨닫는다. 원효는 그래도 굴 안에 들어가 정식으로 관음을 만나고 싶었다. 그러나 관음이 마침내 노했던가, 풍랑이 너무 심해 끝내 굴 안에 들지 못하고 그곳을 떠났다.

아하, 그도, 그 위대한 원효도 모자랐던가. 그러나 그 안타까운 모자람은 후세를 위해 또 얼마나 위대한 공(空)인가. 아니, 그가 못 본 게 무엇인가. 그는 관음보살을, 아름다움을, 그 생애까지 다 보았다.

그게 색인가……. 공이 색으로 전화하는 사이, 색이 공으로 전화하는 사이. 그 사이, 아니 그 전화의 속도 혹은 태도만이 진(眞)인가.

두 길의 합

원효와 의상은 서로 배척하지 않는다. 다만 만나지는 않고 관음보살을 공통 매개로 자신을 드러내고 제갈길로 뻗어나간다. 그렇다. 그 두 길의 합이 바로 신라를 전쟁의 삼국 통일기에서 평화의 통일신라기로 이행시킨 길이었다.

화엄 사상이 크게 유포된 것은 전적으로 의상의 공이다. 화엄대교를 위해 그가 건설했다는 절은 그 숫자가 수십에 달한다. 모두 믿을 만한 것은 아니지만 화엄대교를 위해 그가 얼마나 애를 썼는가를 보여주는 증거로는 부족함이 없다.

그의 제자는 물경 3천 명. 당시에 성인으로 불린 오진, 지통, 표훈, 진정, 진장, 도융, 양원, 상원, 능인, 의적 등이 모두 그의 제자다.

공즉시색 색즉시공. 히
에로니무스 보스, <세속
적인 기쁨의 정원>.

　표훈과 진정은 명저를 남겼고 지통은 원효에게까지 영향을 미쳤
다. 그는 언제나 세예법(더러움을 씻는 법)을 좇아 일체 수건을 쓰지
않고 저절로 물이 마르도록 했다. 그리고 의복과 병과 탁발도구 세
가지말고는 몸에 아무것도 걸치지 않았다. 성곽을 쌓던 문무왕에게
정도를 논했던 것은 이런 맥락에서였다.

　그는 많은 저작을 남긴 편은 아니다. 하지만 관세음보살을 향한
기도문인 261자의 ≪백화도량발원문≫이 명문이며, ≪화엄일승법계
도≫ 한 권만으로도 그의 깊이 있는 사상이 여실하게 드러난다. 이
저서는 ≪화엄경≫에 나타나는 법성(法性)의 바다를 천명한 것으로
비로자나불의 한없이 깊은 의미를 밝히는 것이 목적이다.

　하지만 우리는 이 장을 역시 원효로, 원효다운 설화 하나로 끝내
자. 의상은 너무도 장학생 냄새가 나지 않는가.

현세와 타계를 연결하는 통로

사복은 신라 10성 중 한 사람이다. 그는 과부의 아들이었는데 12세가 되어도 말을 못하고 기어다녔다. 그래서 이름이 사복이다. 그러던 그가 어느 날 어머니가 죽자 원효를 찾아가 '말을 하며' 청한다. 그대와 내가 옛날에 경을 싣고 다니던 암소가 죽었으니 장례를 치러주자……. 이에 원효는 사복을 따라가 시체 앞에 축원한다.

나지를 마라, 죽는 것이 괴롭다. 죽지를 말아라, 나는 것이 괴롭다……. 사복이 그 말도 너무 길다며 줄이라 하니 원효는 '죽고 사는 것이 모두 괴롭다'고 하였다. 생략을 통해 더 높은 경지가 열린다는 것을 사복은 원효에게 가르쳐준 셈이다.

두 사람은 상여를 메고 활리산 기슭으로 가서 장사를 지낸다. 사복이 게를 읊었다. 옛날 석가모니 부처는 사라수 사이에서 열반하셨네. 지금 또한 그와 같은 이가 있어 연화장계관에 들어가려 하네…….

게를 마친 후 그는 풀뿌리를 뽑고 시체를 업고는 무덤 속으로 들어갔다. 그러자 땅이 갑자기 합해졌다. 그 지점은 현세와 타계를 연결하는 통로였다.

빠진 이야기들 20장

더 큰 세 나라

삼국의 역사를 간략하게 재정리하고 빠진 이야
기들을 모아본다. 근간에서 소외된 이야기들을
모아 재정리의 틀 속에 넣음으로써 우리는 좀더
열린, 자유분방한 삼국사에 접할 기회를 갖게 될
지도 모른다. 이 열린 시야는 세 나라에서 더 큰
세 나라로 도약시키는 데 도움이 될 것이다.

정리 — 고구려

　고구려가 강력한 고대 국가 체제를 완성한 것은 대체로 1세기 후
반 태조 때이다. 중앙의 계루 집단이 나머지 네 개 집단을 강력히
통제하게 된다. 네 개 집단은 자치권을 가졌지만 무역·외교·전쟁
권은 박탈당한다.

　이때부터 고구려족은 한군현의 간접적인 영향에서 벗어남은 물론,
그 군현들을 조직적으로 또 대규모로 공격하게 된다. 동시에 옥저
방면 등에 대한 독자적인 정복도 개시된다.

　계루부가 나머지 네 개 부를 통합해가는 과정은, 동시에 계루부
내의 권력 투쟁 기간이었다. 태조왕 이전의 고구려 왕은 성이 해씨
이고, 태조왕부터 고씨가 된다. 부자 세습제를 통해 왕권이 더욱 강
화된다.

　형제 세습의 경우 왕이 살아 있을 때도 왕제가 상당한 권한을 갖
게 되고, 왕은 왕족 대표로서의 의미가 고작일 수밖에 없는 면이 엄

존한다. 그러나 부자 세습제가 확립되면서 왕은 일약 초월적 존재가 되는 것이다. 고구려 왕실에서 취수혼의 관행이 파기된 것은 3세기 초이다.

왕권을 강화하는 일은 상부 구조 차원에서만 진전된 것이 아니다. 고국천왕 당시 미천한 출신의 을파소를 국상으로 등용하여 진대법을 실시한 것은 공동체 관계가 해체됨에 따라 늘어나던 빈농들을 귀족이 장악하는 것을 막기 위한 조치였다.

4세기에 접어들며 고구려는 크게 팽창한다. 내적으로 충실해진 고구려의 호전적 국력이 중국 5호 16국 시대의 대혼란을 기화로 폭발하는 것이다. 그러나 요동 지역을 차지하려는 세력은 고구려뿐만이 아니었다.

고구려는 선비족 모용씨가 세운 전연과 힘겨운 대결을 벌이다가, 342년 전연 침공으로 수도가 함락되는 마당에 백제까지 북으로 팽창, 고국원왕이 전사하는 국가 위기 상황까지 맞게 된다.

고구려의 소수림왕이 내정을 일대 개혁, 율령을 반포하고 불교를 수용한 것은 이즈음이다. 이것은 규모가 늘어났지만 더 이상의 팽창이 불가능한 상태에 걸맞는 통치 체계를 확립하기 위한 것이다.

태학 설립은 관료 체제를 확립하는 데 매우 중요한 요소였다. 불교는 고구려 영역 안의 여러 족속들이 지닌 신화와 설화들을 포용하고 한 단계 고양된 종교와 철학의 세계로 규합할 수 있는 보편적인 정신 세계였다.

무력 자체가 갖는 과거 회귀 본능

광개토대왕과 장수왕은 다시 회복한 국내 안정을 발판으로 국제 정복 무대에 복귀, 동북아시아에서 독자적인 세력권을 형성하는 데 성공한다. 고구려는 광대한 땅을 통치하면서 중국에 맞섬은 물론 신라·백제를 거의 식민지로 거느리게 된다. 신라에 의한 통일 전에 고구려에 의한 한반도 통일이 '군사적'으로 있었다고 해도 과언은 아니다.

그러나 광개토대왕·장수왕 이후, 아니 바로 그 시절부터 군사적 강함 자체가 태학과 불교로 상징되었던 국가 체제를 오히려 혼란시킨다.

고구려는 과거 유목민 족장 군웅할거 시대로의 복귀 본능을 스스로 극복하지 못하고 끊임없는 권력 암투에 시달리게 된다. 군사력 '만' 강한 나라야말로 나라로서는 취약할 수밖에 없다는 진리가 검증되는 대목이다.

531년 안장왕이 피살되고, 544년 안원왕 사후의 왕위 계승권을 싸고 왕자들의 투쟁이 벌어져 무려 2천여 명의 사망자를 내게 된다. 이것을 고비로 고구려는 귀족들의 무력 분쟁의 소용돌이에 치명적으로 또 최종적으로 휘말려들게 된다. 무력 자체가 갖는 과거 회귀 본능을 스스로 극복하는 데 끝내 실패하는 것이다.

그 무력 본능의 종착역인 연개소문은 이렇게 말했다. 솥에는 세 개의 발이 있고 나라에는 세 가지 교가 있는 법. 우리나라에는 불교

인물군상도, 대안리 제1호 무덤 현실 서벽.

와 유교만 있고 도교가 없으니 위태로운 것이다……

이 말은 혹시 자신이 위태로움의 결정적인 원인이라는 것을 알았다는 뜻일까? 고구려 보장왕이 도교에 빠져 불교를 믿지 않으므로 보덕법사는 법력으로 승방을 날려 남쪽으로 옮긴다.

고구려 문화는 동북아시아를 점거했던 경험을 바탕으로 국제적인 면모를 갖추지만 그 예술에 있어 '아름다움의 비극'을 벗어나지 못했다. 문자는 한자와 설총 이전의 이두였고, 천문 기상학, 야금술, 건축술 등이 발달했다.

정리 — 백제

백제는 건국기, 한성 시대, 웅진 시대, 그리고 사비 시대를 거쳐 멸망에 달했고 부흥 운동은 성공하지 못했다. 건국 시대는 247년(고이왕 14년), 백제가 목지국을 병합하고 마한이 맹주국을 장악했을 때까지이다. 방계 출신이던 고이왕이 직계였던 사반왕을 폐위시키고 반대 세력을 제거, 정치 권력을 증대시킨다.

그는 좌장을 설치하여 병마권을 장악했고 좌평을 설치, 귀족 회의를 주관케 했다. 왕의 지위가 격상된다. 그는 또 16관등제의 토대를 놓았다. 그렇게 백제가 고대 국가의 토대를 갖추게 된다.

그렇게 열린 한성 시대는 직계와 방계가 번갈아 왕위에 오르다가 근초고왕대에 와서 직계의 왕위 계승권이 확립된다. 근초고왕은 당시 귀족 세력의 대표격이었던 진씨 부족의 여자를 왕비로 맞아들여 왕권 지지 기반을 확대한다. 그는 또 담로제라는 지방 통치 조직을 구성, 지방에 대한 통제력을 강화시키는 데도 성공한다.

백제의 선택과 미래

그리하여 근초고왕과 근구수왕 때 백제도 대외 정복 활동을 개시

한다. 그러나 백제는 기본적으로 농업국이었고, 나라 존속을 위해서는 평화 공존 정책이 최우선적이었다.

백제가 스스로 전쟁에 가담, 판세를 삼국 전쟁으로 만든 것은 무엇보다 백제 자체에게 비극이다. 최소한 근구수왕은 그 사실을 알았다. 그는 백제 최대 영토의 국경에 말 발자국을 남겼고, 그것이 지금도 남아 있다.

중국을 중심으로 한 국제 정세로 보아 삼국의 정립은 백제가 고구려와 신라 사이의 평화 중재자로서 중국을 배후에 거느리는 수밖에 없었다.

근초고왕 대부터 백제의 정복 전쟁이 시작되고 그때부터 일본과의 관계가 밀접해진다. 혹시 백제는 스스로 전쟁을 일으킬 경우 일본이 마지막 도피처가 될 수밖에 없다는 것을 본능적으로 깨달았던 것 아닐까?

한반도가 통일되어 중국과 일본 사이 평화 중재자 역할을 정말로 하게 된다면, 그것이야말로 백제 꿈의 실현일 것이다. 하지만 그것이 가능할 것인가? 중국이 국제 정세의 중심이었던 너무 옛날의 꿈은

백제왕 신사, 일본 대판부 히라카타시 주크.

불필요한 꿈이지 않을까?

제2차 세계대전을 일으킨 군국주의 일본의 '동양 평화'를 위한 꿈이 벌써 낡디낡은, 그래서 그토록 어처구니없고 그토록 왜곡되고 끔찍한, 백제의 꿈이 아니었을까? 비정하다, 역사는. 정말 비정하다.

백제는 불교 못지않게 유학을 장려했다. 그러나 백제의 유학도 백제의 불교도 백제 바깥에서, 문화 전달의 매개 혹은 통로 혹은 결말로 빛을 발할 뿐, 백제라는 국가의 정신적 틀을 견고하게 해주는 역할을 하지 못했다. 백제는 사라짐으로써 백제다.

정리 — 신라와 고구려, 백제, 그리고 지금

신라가 고구려와 백제 두 나라를 병합한 것은 혁거세거서간 1년(서기전 577년)~흘해이사금 47년(356년) 간의 연맹 왕국 완성기, 내물마립간 1년(356년)~지증왕 15년(514년) 간의 귀족 국가 태동기, 법흥왕 1년~진덕여왕 8년(654년) 간의 귀족 세력 연합기를 거쳐 도달한 전제왕권기에서다.

이 기간은 태종 무열왕 1년(654년)에서 혜공왕 16년(780년)에까지 이르는데, 신라의 삼국 통일기이자 황금기이다.

하지만 고구려와 백제 이야기는 여기서 결코 끝나지 않는다. 아니, 정말 이제부터 시작인 것인지 모른다. 백제와 고구려가 '무엇이었던가' 혹은 '무엇이어야 했던가'라는 질문으로 계속 등장할 것이기 때문만은 아니다.

더 근본적으로 신라의 삼국 통일에 의해 한국사는 새로운 한·중·일의 국제적 차원으로 한 단계 올라서게 되어 그것이 신라·고구려·백제의 소(小)삼국이 대(大)삼국으로의 대폭발인 면이 있다는 점이다.

아니, 그 정도가 아니다. 맹목적이고 무력 지향적인 정치 지향이 스스로 망하고(고구려), 유약의 문화 지향도 스스로 해체되고(백제), 불교라는 철학적 예술 혹은 예술적 철학의 틀을 통해 그 이해(理解)로의 중심 지향과, 난해(難解)로의 상상력 풍부한 열림의 절묘한 결합을 통해, 불교와 민중적 심성의 예술적인 결합을 통해, 국가라는 총체를 한 단계 더 질 높게, 다양하면서도 깊게 아우른 신라가 우뚝 선다.

소비에트가 맹목적인 정치 지향으로 스스로 비인간화되면서 멸망을 겪기 무려 1천2백 년 전이다. 두렵지 않은가.

어쨌거나 우리는 근간에서 소외시켜 빼먹고 온 이야기들을 한데 모아 삼국 시대 편을 마무리짓자. 그것은 보충임은 물론, 색다른 재검토의 계기로 될 수도 있고 혹시 통일신라로 이어지는 보다 근본적인 방법일지도 모른다.

간통

488년 신라 소지왕(479~500년)이 천정천으로 나들이를 갔을 때이다. 까마귀와 쥐가 와서 사람 말을 한다. 이 까마귀가 가는 곳을 따라가보시오…….

왕이 기사에게 명하여 그렇게 시켰다. 까마귀가 남쪽 피촌(남산 기슭)에 이르렀는데 돼지 두 마리가 싸우고 있다.

그것을 구경하다가 기사는 그만 까마귀를 놓쳐버렸다. 이를 어쩌나……. 기사가 안절부절못하고 있을 때 웬 노인이 나타나 글월이 담긴 봉투를 올렸다. 겉봉에는 이렇게 쓰여 있었다.

'봉투를 뜯어보면 두 사람이 죽을 것이고, 그냥 두면 한 사람이 죽을 것이다.'

왕이 그 봉투를 두고 난감해 한다. 두 사람이 죽느니, 떼지 않고 한 사람이 죽는 게 낫겠다……. 그러나 점술가가 아뢴다. 그 '한 사

라파엘 코로넬, <모두 함께>.

람'은 왕을 말함입니다……. 그렇지. 한 사람이 더 중요하다는 뜻일 수도 있겠군……. 왕이 봉투를 열 것을 명하니, '거문고 갑을 쏘라!' 고 적혀 있었다.

왕은 곧 궁중으로 돌아와 거문고 갑을 쏘았다. 놀랍게도 그 속에 는 분향 수도를 하던 승려가 비빈과 은밀히 간통하고 있었다. 왕은 두 사람을 처형하게 했다.

낮말은 새가 듣고 밤말은 쥐가 듣는다는 뜻인가, 아니면 왕은 몇 사람의 목숨보다 귀하다는 뜻? 무엇보다 쥐가 듣고 새가 본 것을 사 람 말로 옮길 수 있다면 이 세상은 생각보다 훨씬 더 추악하다는 뜻 이 아닐까?

이 사건 이후 해마다 정월 3일을 정해 모든 일에 조심하고 움직 이는 것조차 삼가하게 되었다. 그리고 15일을 오기일, 까마귀를 기리 는 날로 정해 찰밥으로 제사지냈다 한다.

성기와 배설

22대 지증왕은 음경 길이가 한 자 다섯 치나 되었다. 거기에 맞는 여자가 흔할 리 없다. 할 수 없이 사자를 전국에 파견하여 그것을 감당할 여자를 찾게 하였다.

어느 날 사자가 모량부에 이르렀는데 개 두 마리가 북처럼 커다란 뭔가를 양쪽에서 물고 서로 으르렁대는데 가까이 가보니 똥이다. 이 거대한 똥을 누가 누었을꼬?

똥이, 여자 똥이 그만하다면 그녀 물건도 매우 클 것 아닌가. 사신이 이리저리 수소문하는데 한 소녀가 일러준다. 모량부 상공의 딸이 빨래를 하다가 숲속에 숨어 눈 것입니다……

그러고 보니 그녀도 마을 사람들한테 그 크기를 이미 들통난 처지였을까? 하여간에, 사신은 그녀를 직접 찾아가보았다. 신장이 자그만치 일곱 자 다섯 치나 되는, 거인 여자였다.

사신이 본대로 왕께 아뢰자 왕은 수레를 보내 그녀를 데려오게 한다. 그리고 황후로 맞으니 신하들이 모두 경하했다. 이 성기와 배설의 거대 향연은 불교적 성(聖)을 위한 성(性)의 불교적 과장이다.

상대등 알천의 괴력

28대 진덕여왕은 즉위하자마자 친히 태평가를 짓고 비단을 짜서 그 가사를 수놓아 당 황제에게 바쳤다. 유신의 아우 김흠순을 석방해달라고 청할 때이다. 당 황제는 크게 흡족하여 김흠순을 석방함은 물론 그녀를 계림국왕으로 고쳐 봉한다. 태평가 내용은 당나라 황제의 높은 덕을 칭송하는 내용이다.

그 진덕여왕 시대 어느 날 알천, 임종, 술종, 호림, 염장, 유신 등이 남산 오지암에 모여 국사를 의논하고 있었다. 알천은 진덕여왕의 즉위에 반대했던 귀족 세력의 대표. 호림은 자장의 아버지이다.

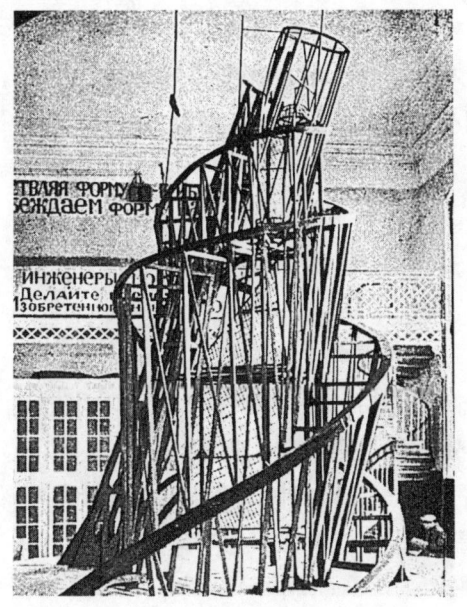

진정 강한 것. 블라디미르 타틀린,
<제3인터내셔널 기념비>.

갑자기 큰 호랑이 한 마리가 좌중을 덮친다. 여러 사람이 놀라 자리에서 벌떡 일어났건만 알천만은 미동도 하지 않고 태연히 담소를 계속하면서 한 손으로 호랑이 꼬리를 붙잡아 땅에 메쳐버렸다. 호랑이는 즉사했다.

알천은 그토록 힘이 셌고, 그러므로 상좌에 앉았다. 알천의 세력이 막강했음을 보여주는 대목이다. 그러나 그것뿐인가. 이젠 힘만으로 안 된다는 것을 보여주기도 한다. 다른 모든 이들은 마음 속으로 유신을 따랐던 것이다.

대식가 김춘추

태종 무열왕 김춘추는 문희를 통해 태자 김법민과 김인문 등 여섯 명의 아들을 낳았고 다른 비를 통해 딸을 포함 다섯 명의 자녀를 더 두었다. 그는 하루에 쌀 서 말과 꿩 아홉 마리를 먹었는데 660년 백제를 멸한 후에는 점심을 거르고 아침과 저녁만 먹었다.

하루에 쌀 여섯 말, 술 여섯 말, 그리고 꿩 열 마리. 성안의 물건 값은 베 한 필에 벼가 30석, 혹은 60석이었다. 모두 성군의 시대라고 하였다.

혀만 남은 승려

혜현은 백제의 승려이다. 그는 삼론학에 능통했고 수덕사에 머무르며 《법화경》을 강하다가 번거롭다 하여 달라산으로 은거하였다. 그러나 그의 덕을 흠모하는 사람들이 곳곳에서 모여들었다.

그가 죽은 후 유해를 거두었는데 오직 혀만 생시와 다름없이 남아 있었다. 사람들이 그 혀를 석탑에 안치하고 공경하였다 한다. 백제는 그렇게 태초의 말씀인가?

백제 멸망의 징후들

그리고 백제가 망하게 될 징조는 정말 괴이하고 초현실적이다. 망하기 전 해 백제 오회사에 크고 붉은 말이 나타나 밤낮으로 여섯 시간을 돌아다녔다. 2월에 숱한 여우 떼들이 의자왕의 궁궐에 들어왔는데 그중 백여우 한 마리가 좌평 책상에 올라앉았다.

4월에 태자궁의 암탉이 참새와 교미를 했고, 5월에는 사비수 부여 강 언덕에 길이 세 길의 큰 고기가 나와 죽었다. 그 고기를 먹은 사람들은 모두 죽었다.

9월에 궁중 홰나무가 사람 울음소리를 냈고, 밤에 귀신이 궁궐 남쪽 길에서 울부짖었다. 멸망년인 660년 2월에는 서울의 우물물이 모두 핏빛으로 변했고 서해 바닷가에 물고기가 숱하게 나와 죽었다. 아무도 그것을 먹을 수 없었다. 사비수 물이 또 핏빛으로 화했다.

백제 무늬 전돌, 부여 규암면 외리 출토.

4월에는 개구리 수만 마리가 나무 위로 몰려들었고 서울 백성들이 이유 없이 놀라 달아나 마치 누가 잡으러 오는 것처럼 보였다. 이때 놀라 자빠져 죽은 사람이 수백 명. 재물을 잃은 자는 수도 없이 많았다.

6월에 배가 큰 물결을 따라 절 안으로 들어오는 듯한 광경이 왕흥사 중들 눈에 비쳤다. 사슴처럼 큰 개가 사비수 언덕까지 와서는 왕궁을 향해 울부짖다가 흔적도 없이 사라졌다. 귀신 하나가 궁에 와서 '백제는 망한다, 백제는 망한다.'고 울부짖더니 땅속으로 들어갔다.

멍청해라. 이제서야 의자왕이 괴이한 생각이 들기 시작한다. 사람을 시켜 땅을 파보니 석 자쯤 밑에 거북이 한 마리가 나타난다. 그 등에 이렇게 쓰여 있다.

'백제는 온달이고 신라는 초승달이다.'

백제는 기울고 신라는 점점 가득 차게 된다는 뜻입니다…… 무당이 아뢰자 의자왕은 격노하여 무당을 죽였다. 아첨꾼이 말을 고친다.

온달은 성한 것이고 초승달은 이지러진 것이니 신라가 미약하다는 뜻 아니겠습니까……

왕이 기뻐한다. 그렇게 멸망은 완벽하게 오는 것인가. 태종 무열왕은 그 백제 괴변들을 당나라에 고하며 군사를 청했다. 망할 당시 백제는 5부 37군 2백 성 76만 호가 있었다.

밀교승 명랑

당나라가 신라를 대대적으로 공격하려 한다는 정보를 의상에게서 전달받은 문무왕이 신하들을 불러 대책을 논의할 때다. 각간 김천존이 아뢴다. 명랑법사가 용궁에 들어가서 비법을 전수받고 돌아왔으니……

남산 남쪽 신유림에 사천왕사를 세우고 도량을 열면 막을 수 있다……. 명랑이 말한다. 그렇다. 불교만으로는 당을 물리치는 데 역부족이다. 밀교까지 동원되어야 한다. 당병이 무수히 국경에 다가와 바다 위를 순회하니 일이 다급해진다. 언제 사천왕사를 세운단 말인가……

목탑 중심 기둥 주변에 배치한 사천왕상, 사천왕사지.

임시 절을 만들면 됩니다……. 명랑이 풀로 오방신상을 만들고 자신을 우두머리로 하여 밀교의 명승 12명을 동원, 밀법을 쓰게 한다. 그러자 당병과 신라 병사가 접전을 벌이기도 전에 거센 풍랑에 집채만한 파도가 일었다. 당나라 배는 모두 침몰했다. 후에 절을 다시 지어 사천왕사라 이름하였다.

애국자 구진천

구진천은 문무왕 때 활 만드는 기술자로 관등이 사찬에 이르렀다. 그가 쇠뇌를 만들어 쏘면 1천 보 밖의 것을 맞출 수 있었다 한다. 당나라 고종은 문무왕 9년 사신을 보내 강제로 구진천을 데려갔다. 그가 만든 나무 활의 성능이 신비한지라 제작 비법을 배우고 싶었던 것이다.

그는 고종의 위협에도 불구하고 그 비법을 끝내 가르쳐주지 않았다. 구진천의 목숨을 건 함구가 당군을 막고 신라를 지켜준 더 현실적인 힘이었는지 모른다.

의상의 제자들

지통은 의상의 10대 제자 중 한 명이다. 그는 이량공의 하인이었는데 7세 때 까마귀가 날아와 영축산에 기거하는 낭지의 제자가 되라고 일러주었다. 그는 신승(神僧)으로 일찍이 구름을 타고 중국 청량산에 가서 강설을 듣고 순식간에 돌아오고 했으며 최소 135세까지 살았다 한다.

그가 머물던 암자는 옛날 가섭불의 절터이고, 서천국과 그곳 두 군데에서만 혁목이 자랐으므로 사람들은 그를 십지보살의 하나로 떠받들었다.

그가 수도할 때 영축산 서북쪽 반고사에 원효가 있었고, 원효도

낭지의 가르침을 받는 처지였으므로 지통은 원효와 자주 접촉했다. 원효는 그를 위해 ≪초장관문≫과 ≪안심사심론≫을 저술하였다.

그가 의상의 제자가 된 것은 그후의 일이다. 그렇게 그의 불교 사상은 3대에 걸친 불교 사상의 평화·신세대적인 계승·종합·현실화 과정이다.

진정 또한 의상의 10대 제자 중 한 사람이다. 그는 심오한 불교 사상보다는 불심과 효심을 결합한 일화로 유명하지만 이 또한 불교 현실화의 한 사례임에는 틀림없다.

그는 출가 전에 군무에 종사했는데 틈만 나면 품을 팔아 홀어머니를 봉양하였다. 어느 날 승려가 와서 절 짓는 데 쓸 쇠붙이를 보시하라고 하자 어머니는 다리 부러진 솥을 내놓았다. 그것은 집안에 쓸 만한 유일한 자산이었다.

그는 어머니의 보시를 크게 기뻐하면서 질그릇에 밥을 지어 봉양하였다. 그러던 중 의상이 태백산에서 설법한다는 소문이 나돌자 그가 어머니에게 말한다. 어머님께 효도를 다 마치면 의상대사님의 제자가 되어 불도를 배우겠습니다……

어머니가 무척 놀라며 흡족해 하는 한편 정색하며 말한다. 나 때문에 네가 출가를 못한다면 나를 지옥에 빠뜨리는 것과 같으니 어서 출가하라……

진정이 효도를 다할 것을 고집하지만 어머니가 더 완강하시다. 3일 만에 진정은 태백산 의상의 제자로 들어가 화엄학을 공부하였다. 그 3년 후 어머니의 부고가 온다.

그는 7일 동안 선정(禪定)에 들어 어머니의 명복을 빌었다. 그것을 안 의상은 제자들과 함께 소백산 추동으로 가서 3천 명의 대중에게 90일 동안 ≪화엄경≫을 강했다.

강의가 끝나는 날 밤에 어머니가 진정의 꿈에 나타나 말했다. 너의 효심과 불심으로 나는 하늘에 환생했노라…….

개인적 효심과 불심의 갈등이 거대한 불심의 효심 혹은 효심의 불심으로 전화된다. 후에 보겠지만 이 효심=불심이 전시의 화랑도 정신을 대체하는 가장 강력한 공동체 정신으로 자리잡게 된다.

그건 그렇고, 어머니는 전생에 이미 보살이었던가? 그녀 또한 관음보살이었던가? 아, 삼라만상과 부처와 보살과 그 모든 것이 일체 중생인 우리 마음 속에 있는가?

역대 왕조 계보 　부록

한국사 연표

역대 왕조 계보

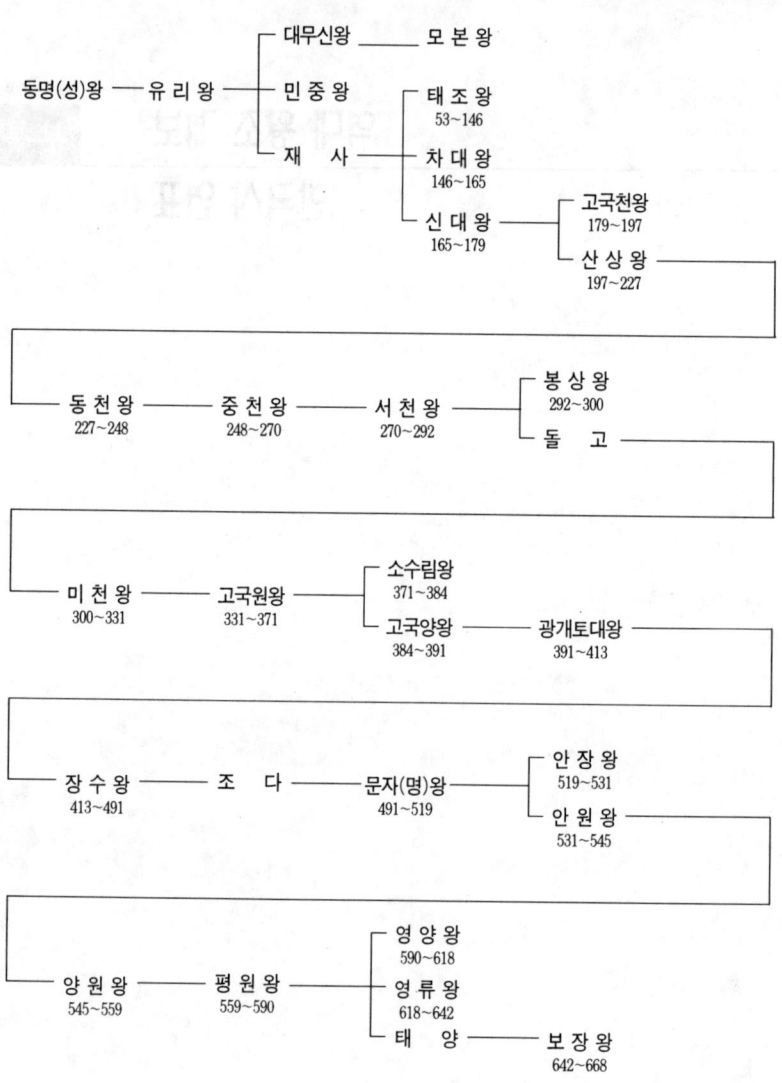

동명(성)왕 ── 유리왕 ┬ 대무신왕 ──── 모 본 왕
                    ├ 민 중 왕
                    └ 재 사 ┬ 태 조 왕
                            │   53~146
                            ├ 차 대 왕
                            │   146~165
                            └ 신 대 왕 ┬ 고국천왕
                                  165~179   179~197
                                          └ 산 상 왕
                                                197~227

동 천 왕 ── 중 천 왕 ── 서 천 왕 ┬ 봉 상 왕
227~248   248~270   270~292   292~300
                                  └ 돌 고

미 천 왕 ── 고국원왕 ┬ 소수림왕
300~331   331~371   371~384
                      └ 고국양왕 ── 광개토대왕
                            384~391   391~413

장 수 왕 ── 조 다 ── 문자(명)왕 ┬ 안 장 왕
413~491   491~519   519~531
                                  └ 안 원 왕
                                        531~545

양 원 왕 ── 평 원 왕 ┬ 영 양 왕
545~559   559~590   590~618
                      ├ 영 류 왕
                      │   618~642
                      └ 태 양 ── 보 장 왕
                                      642~668

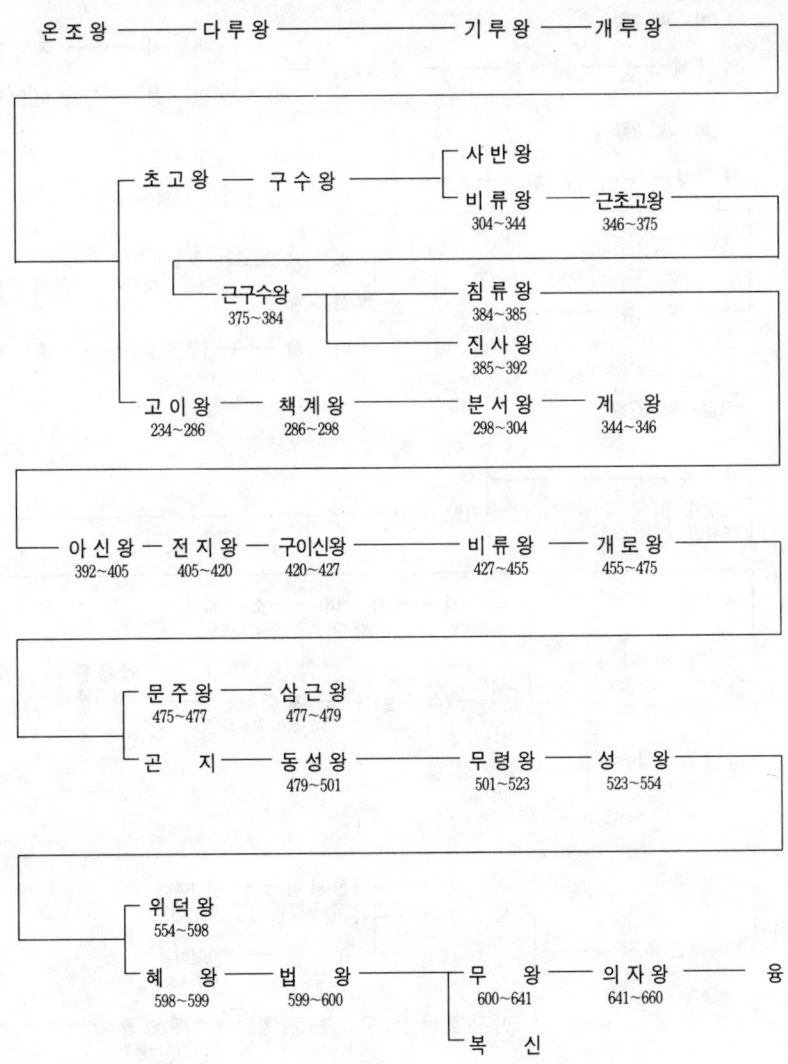

온조왕 ──── 다루왕 ──────────── 기루왕 ──── 개루왕 ─┐

초고왕 ── 구수왕 ─┬─ 사반왕
                 └─ 비류왕 ──── 근초고왕 ─┐
                    304~344   346~375

근구수왕 ──┬── 침류왕 ─┐
375~384   │   384~385
           └── 진사왕
               385~392

고이왕 ──── 책계왕 ──────── 분서왕 ──── 계 왕
234~286   286~298   298~304   344~346

아신왕 ── 전지왕 ── 구이신왕 ──────── 비류왕 ──── 개로왕 ─┐
392~405   405~420   420~427   427~455   455~475

문주왕 ──── 삼근왕
475~477   477~479

곤 지 ──── 동성왕 ──────── 무령왕 ──── 성 왕 ─┐
            479~501   501~523   523~554

위덕왕
554~598

혜 왕 ──── 법 왕 ──┬── 무 왕 ──── 의자왕 ──── 융
598~599   599~600 │   600~641   641~660
                     └── 복 신

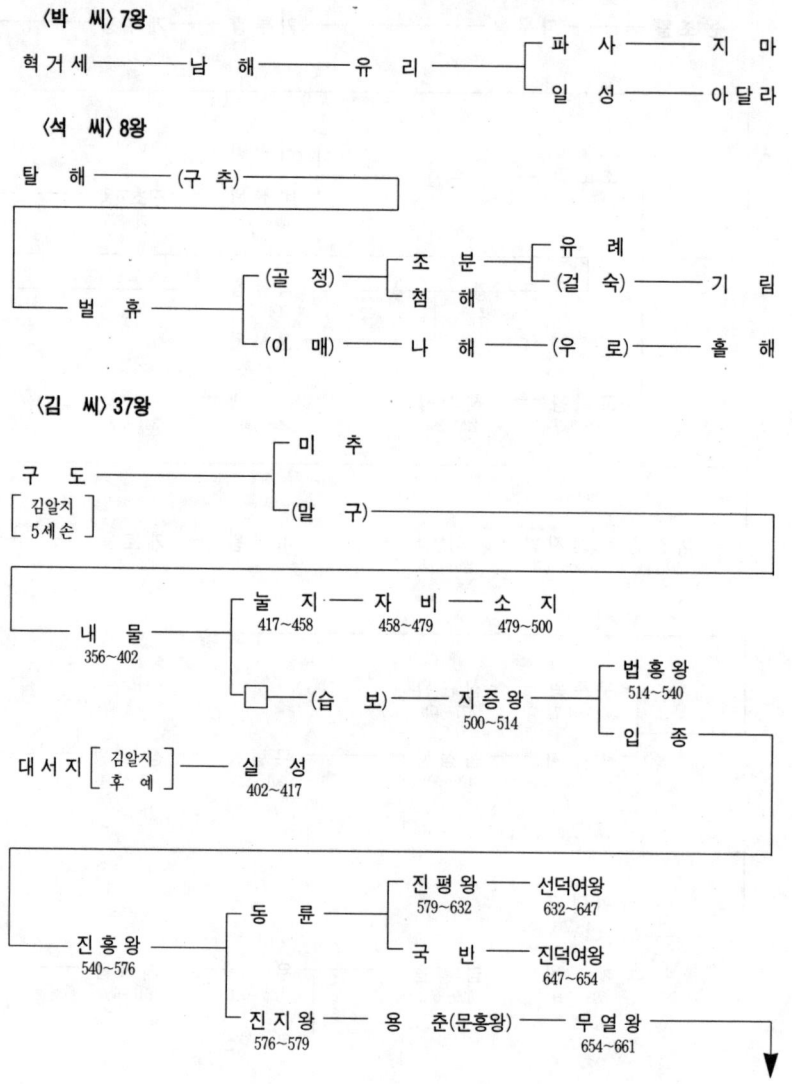

〈박 씨〉7왕

혁거세────남 해────유 리──┬── 파 사 ──── 지 마
　　　　　　　　　　　　　　　└── 일 성 ──── 아 달 라

〈석 씨〉8왕

탈 해 ──── (구 추)

벌 휴 ──┬── (골 정) ──┬── 조 분 ──┬── 유 례
　　　　　　　　　　　└── 첨 해 　　└── (걸 숙) ──── 기 림
　　　　└── (이 매) ──── 나 해 ──── (우 로) ──── 흘 해

〈김 씨〉37왕

구 도 ──┬── 미 추
[김알지
 5세손] └── (말 구)

내 물 ──┬── 눌 지 ── 자 비 ── 소 지
356~402 　 417~458 　 458~479 　 479~500

　　　　└── □ ── (습 보) ──── 지 증 왕 ──┬── 법 흥 왕
　　　　　　　　　　　　　　　　　　500~514 　 514~540
　　　　　　　　　　　　　　　　　　　　　　└── 입 종

대 서 지 [김알지
　　　　　후 예] ── 실 성
　　　　　　　　　　402~417

진 흥 왕 ──┬── 동 륜 ──┬── 진 평 왕 ──── 선덕여왕
540~576 　　　　　　　　579~632 　　　 632~647
　　　　　　　　　　　└── 국 반 ──── 진덕여왕
　　　　　　　　　　　　　　　　　　647~654
　　　　　└── 진 지 왕 ── 용 춘(문흥왕) ──── 무 열 왕
　　　　　　　576~579 　　　　　　　　　　654~661

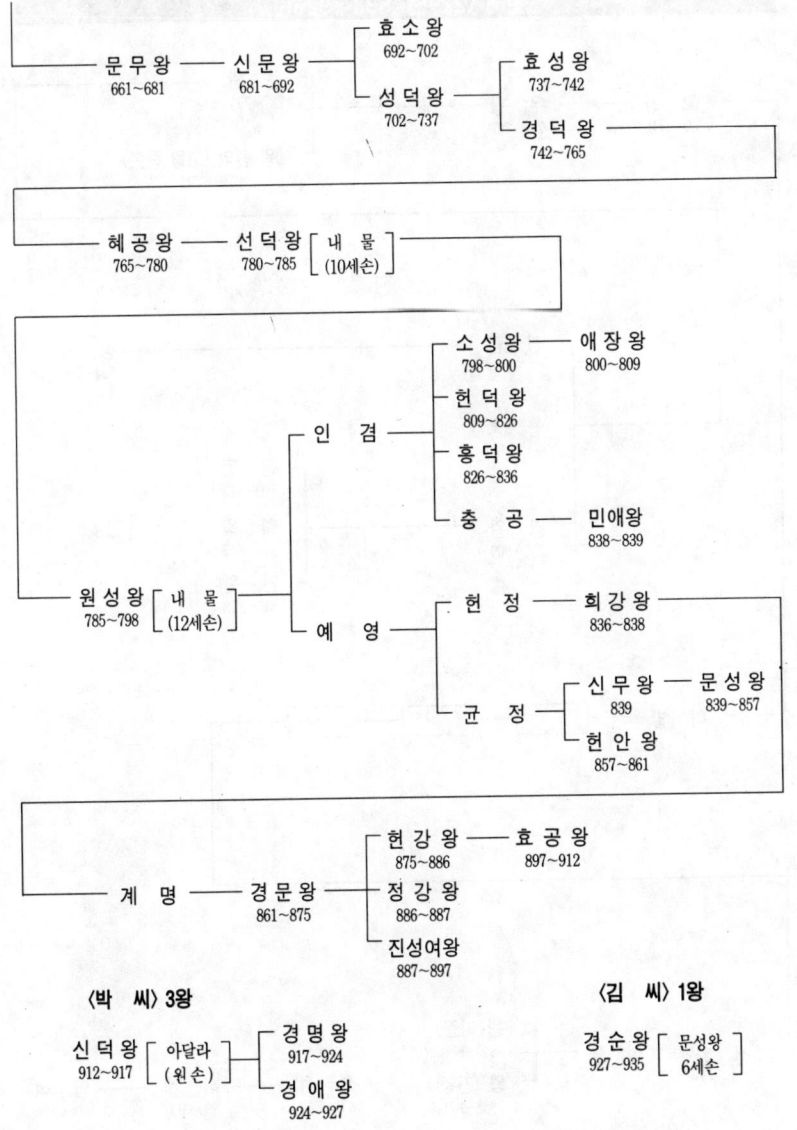

문무왕 ── 신문왕 ── 효소왕
661~681   681~692   692~702

성덕왕 ── 효성왕
702~737   737~742

경덕왕
742~765

혜공왕 ── 선덕왕 [내 물]
765~780   780~785   (10세손)

소성왕 ── 애장왕
798~800   800~809

헌덕왕
809~826

인 겸

흥덕왕
826~836

충 공 ── 민애왕
838~839

원성왕 [내 물]
785~798   (12세손)

헌 정 ── 희강왕
836~838

예 영

균 정 ── 신무왕 ── 문성왕
839   839~857

헌안왕
857~861

헌강왕 ── 효공왕
875~886   897~912

계 명 ── 경문왕 ── 정강왕
861~875   886~887

진성여왕
887~897

〈박 씨〉3왕

신덕왕 [아달라] ── 경명왕
912~917   (원손)   917~924

경애왕
924~927

〈김 씨〉1왕

경순왕 [문성왕]
927~935   6세손

발해 〈229년. 698~926년〉

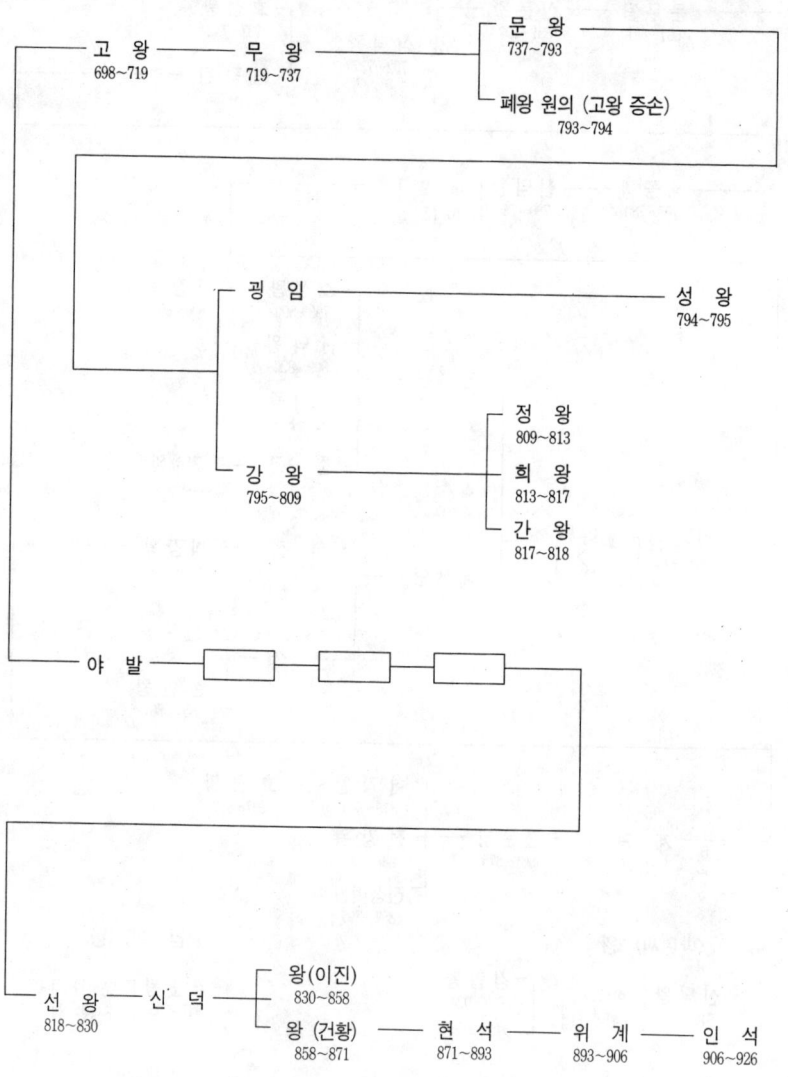

고 왕 —— 무 왕 ——————— 문 왕
698~719   719~737   737~793

└ 폐왕 원의 (고왕 증손)
  793~794

굉 임 ————————————— 성 왕
                                  794~795

┌ 정 왕
│ 809~813
강 왕 —————— 희 왕
795~809   813~817
└ 간 왕
  817~818

야 발 ——□——□——□

선 왕 —— 신 덕 ┬ 왕(이진)
818~830   830~858
              └ 왕 (건황) ——— 현 석 ——— 위 계 ——— 인 석
                858~871   871~893   893~906   906~926

한국사 연표

고구려	백제	신라
184 요동 태수의 침략을 격퇴		
	190 신라를 공격	
191 좌가려 등의 모반을 평정하고 을파소를 국상으로 함		
194 진대법 실시		
209 국내성에서 환도성으로 도읍을 옮김	216 사도성 아래에서 말갈 침입군을 대파	209 포상팔국을 침
233 오왕 손권의 사신, 고구려로 도망하여 옴	234 구수왕 죽고 사반왕 즉위. 왕이 어리므로 고이왕 즉위	236 골벌국, 신라에 투항
238 위의 사마선왕과 연합하여 요동의 공손연 군대를 격파		248 고구려와 화친
		251 왕, 처음으로 남당에서 정사를 돌봄.
	255 신라의 귀곡과 봉산성을 공격	

156 선비족의 단석괴, 북흉노를 격파하여 몽고 고원 통일
166 로마 사절, 중국에 옴
184 후한, '황건적의 난'이 일어남
208 후한, 조조가 승상이 됨. 적벽대전
220 후한 멸망. 삼국 시대 시작
226 사산조 페르시아 성립
230 사산조 페르시아, 조로아스터교를 국교로 함

고구려	백제	신라
259 고구려군, 위지해가 이끄는 위의 침략군을 양백에서 대파	260 관위 16품과 6좌평과 공복제(公服制)를 정함	261 13대 미추이사금 즉위
300 국상 창조리, 반란을 일으켜 왕을 폐하고 미천왕을 옹립	285 박사 왕인이 논어, 천자문을 일본에 전함 304 분서왕, 낙랑의 자객에게 피살. 11대 비류왕 즉위	307 신라를 국호로 사용하기 시작함
313 낙랑군을 멸망시킴 331 미천왕 죽고 16대 고국원왕 즉위		
371 백제의 공격으로 고국원왕 전사 372 전진의 승려 순도에 의해 불교가 전래됨. 태학 설립 373 율령 반호	360 〈서기〉 1권 편찬됨 371 고구려의 평양성을 공격, 고국원왕 전사	
	375 고흥 〈서기〉를 편찬	382 중국의 전진과 외교 관계 수립
391 19대 광개토대왕 즉위 393 평양에 9사를 창건	384 동진으로부터 승려 마라난타, 불교를 전함	

279 진, 오를 멸망시키고 중국을 통일
313 로마, 콘스탄티누스 1세에 의한 기독교 공인
316 중국, 5호 16국 시대
325 니케아 종교 회의
366 전진, 돈황 석굴 착공
375 게르만족 대이동 시작
392 로마, 기독교가 국교로 승격됨

고구려	백제	신라
395 백제의 침입을 패수에서 대파	394 고구려와 수곡성에서 싸워 패함	402 왜와 우호 관계를 맺고 내물왕의 왕자 미사흔을 볼모로 보냄
408 고구려와 북연, 서로 사신을 보내며 화친	405 일본에 한학 전함	
413 광개토대왕 죽고 장수왕 즉위	409 왜, 사신을 보냄	412 내물왕의 아들 복호를 고구려에 볼모로 보냄
		415 왜병을 독도에서 격퇴
		418 복호, 박제상과 함께 귀환
		419 미사흔, 왜국에서 탈출
427 집안에서 평양으로 환도	428 왜, 사신을 보냄	429 저수지를 새로 쌓음
468 말갈과 함께 신라의 실직성을 공격	475 고구려의 침입으로 개로왕 전사하고 한성 함락됨. 문주왕 즉위와 웅진 천도	
494 부여왕, 고구려에 항복해옴	493 왕, 신라에 청혼하자 이벌찬 비지의 딸을 보냄	

409 북위, 후연을 격파하고 황하 이북 병합
420 유유, 동진을 멸망시키고 송을 건국
439 중국, 남북조 시대 시작
465 동로마, 콘스탄티노플 대화재로 대부분을 손실
470 영국, 7왕국 시대 시작
476 서로마 제국 멸망
486 프랑크 왕국 건국

고구려	백제	신라
		502 우경 실시
		503 신라로 국호 정함
		512 이사부, 우산국을 항복시킴
	525 무령왕릉 만들어짐	520 율령 반포. 백관의 공복(公服) 제정
		527 이차돈 순교, 불교를 공인함
		532 금관가야를 통합함
	538 성왕, 도읍을 사비로 옮기고 국호를 남부여라고 고침	545 거칠부 등에 명하여 《국사》 편찬
552 왕산악, 칠현금을 개조하여 거문고를 만듦	552 서부달솔, 노리사치계 등, 일본에 불교를 전함	555 국경을 설정하고 북한산에 진흥왕순수비를 세움
		562 이사부 등으로 대가야를 통합(가야 모두 멸망)
		576 원화 제도 시작
	581 선운사 창건	
	588 건축가, 미술가 집단을 일본에 파견	
598 요하에서 수군 30만의 1차 침입 격퇴	593 아좌태자, 일본에 가서 〈쇼토쿠태자상〉을 그림	

535 북위, 동서로 분열
553 동로마, 동고트 왕국을 멸망시키고 이탈리아는 동로마령이 됨
581 북주가 무너지고 양견의 수가 발흥
589 수의 중국 통일
593 일본, 쇼토쿠 태자의 섭정 시작

고구려	백제	신라
608 담징과 법정 일본에 종이, 묵, 수차 등의 기술을 전하고 호류사 금당벽화를 그림		
612 수, 113만 대군으로 2차 침입. 을지문덕, 살수에서 대파		
613 수 양제, 우문술 등을 거느리고 고구려 3차 침입. 고구려 이를 격퇴		
618 수의 4차 침입 격퇴	616 신라의 모산성을 공격	
		625 고구려가 조공의 길을 막는다고 당에 호소.
		629 김유신 등이 고구려의 낭비성을 격파
631 천리장성의 축조 시작(16년 후 완성)	634 왕흥사 완공	634 연호를 인평으로 바꿈
	636 신라의 독산성을 공격	
	641 무왕 죽고 의자왕 즉위	
642 연개소문, 정권 장악하고 영류왕을 죽이고 보장왕을 옹립	642 고구려와 함께 신라의 당항성 탈취	

606 페르시아군이 소아시아를 침입
610 사라센, 마호메트가 이스람교를 성립
618 당의 건국
626 당, 이세민이 태자 건성을 살해
628 당의 중국 통일 완성
632 사라센, 마호메트가 이별의 순례를 함
634 사라센, 전 아라비아를 통일함

고구려	백제	신라
645 용동 백암 2성 함락 647 당의 2차 침입군을 격퇴 648 당의 3차 침입군을 격퇴 658 당, 설인귀 등으로 고구려를 공격	649 신라의 석토 등 7성을 탈취 660 신라, 당의 연합군에게 사비성 함락됨.	648 김춘추, 아들 김인문을 당에 보내어 백제 정벌을 요청 654 진덕여왕 죽고 태종 무열왕 즉위 660 김유신, 소정방의 당군과 합세하여 백제를 총공격. 백제, 황산벌에서 패하고 웅진성에서 항복 661 무열왕 죽고 문무왕 즉위
662 연개소문, 당군을 격파 666 연개소문 죽음. 아들들의 불화 667 당의 이적, 고구려 공격 668 신라, 당의 연합군에 고구려 멸망 669 당, 평양에 안동도호부 설치	663 왕자 풍, 고구려에 망명	662 탐라, 신라에 항복 666 한림 등을 당에 보내 고구려 정벌군 요청 668 고구려 도읍을 함락. 대동강 이남 지역을 통합

651 당, 사라센의 사신 방문, 이때 이슬람교 전해짐
655 사라센, 리키아 해전에서 동로마 함대 궤멸
659 당, 정권이 점차 측천무후에게로 넘어감
661 사라센, 알리가 암살되고, 정동 칼리프 시대 끝남
664 로마 교회, 아일랜드와 불화 해소

상상하는 한국사 2

첫판 1쇄 펴낸날 · 1996년 5월 30일

지은이 · 김정환
펴낸이 · 김혜경
편집주간 · 김학원
기획실 · 김수진 조영희
편집부 · 한예원 김선경
디자인 · 장찬희 김진
영업부 · 이동흔 엄현진 강진호
관리부 · 김대안 임옥희 최미선
인쇄 · 백왕인쇄문화
제본 · 정민제본

펴낸곳 · 도서출판 푸른숲
출판등록 · 1988년 9월 24일 제 11-27호
주소 · 서울시 서대문구 충정로 3가 270, 우편번호 120-013
전화 · (기획실) 362-4457~8 (편집부) 364-8666
        (영업부) 364-7871~3
팩시밀리 · 364-7874

값 7,500원
ISBN 89-7184-110-9 04910

* 저자와의 협약에 의해 인지는 생략합니다.